T0046497

El cerebro de la gente feliz

FERRAN CASES
Y SARA TELLER

El cerebro
de la gente feliz

Supera la ansiedad con la ayuda
de la neurociencia

Grijalbo

Papel certificado por el Forest Stewardship Council®

MIXTO
Papel procedente de
fuentes responsables
FSC® C117695

Penguin
Random House
Grupo Editorial

Primera edición: octubre de 2021
Quinta reimpresión: julio de 2022

Printed in Spain – Impreso en España

ISBN: 978-84-253-6083-1
Depósito legal: B-12.879-2021

Compuesto en Pleca Digital, S. L. U.

Impreso en Romanyà Valls, S. A.
Capellades (Barcelona)

GR 6 0 8 3 B

Índice

SEGUNDA PARTE
¿Qué puedo hacer para solucionarlo?

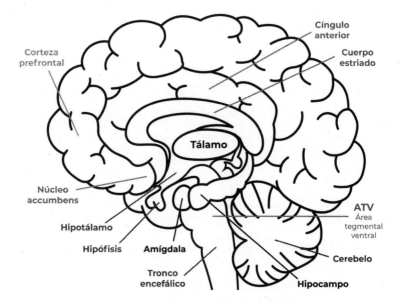

Corteza
prefrontal

Cíngulo
anterior

Cuerpo
estriado

Tálamo

Núcleo
accumbens

Hipotálamo

Hipófisis

Amígdala

Tronco
encefálico

ATV
Área
tegmental
ventral

Cerebelo

Hipocampo

Introducción

A veces me pasan ideas por la cabeza así, de repente, sin estar yo buscándolas. No sé si te sucede lo mismo. La cuestión es que cierta tarde calurosa, de hará algo más de un año, esa idea cruzó por mi cerebro como un rayo. «Voy a llamar a Sara», me dije.

—Tengo una idea.

Soy consciente de que, cuando llamo a alguno de mis amigos y empiezo con esa frase, la mayoría tiembla. Pero Sara siempre tiene respuestas bonitas para mí.

—Genial, ¡cuéntame!

—Es sobre mi tercer libro, me gustaría que lo hiciésemos juntos. Quiero hacer «la guía definitiva sobre la ansiedad».

A veces me flipo un poco, lo sé.

—Qué guay, me encantaría. ¿Y en qué estabas pensando?

—Me gustaría contar mi experiencia con la ansiedad pero no como siempre la he relatado. Quiero profundizar en esas anécdotas que poco a poco me hicieron superarla, y me encantaría que, después de cada historia, tú explicaras qué pasaba en mi cerebro en aquel instante. Sería un libro de neurociencia con toda la información necesaria para aquel que esté viviendo esta situación, y leer mi historia ayudaría a quien sufre ansiedad a verse reflejado y empoderado en su proceso.

—¿Cuándo empezamos? —respondió Sara.

Creo que en ese momento ninguno de los dos éramos conscientes del trabajo que conllevaría.

Así empezó a gestarse este libro que acabas de comenzar y que espero y deseo que te cambie la vida por completo.

Llevo diez años dedicando mis días al estudio de la ansiedad. Antes de trabajar en ello a nivel profesional, estuve quince años lidiando con ella.

Durante el último año he publicado dos libros que hablan del tema y he ayudado a través de mis cursos a miles de personas a seguir el camino adecuado para superar esta patología mental.

Una de mis obsesiones en este camino personal ha sido dar una información correcta sobre todo lo que rodea a la ansiedad. En mis talleres cuento con un equipo de profesionales que abarcan todo este conocimiento, desde la psicología hasta la filosofía pasando por la neurociencia. En este libro, la culminación de esta pequeña obsesión, he trabajado junto a Sara Teller, neurocientífica y física, que ha hecho un trabajo titánico. Sara habla de manera sencilla y amena sobre una materia de gran complejidad, para que tú y yo la comprendamos sin necesidad de tener un máster en neurociencia. Sin ella, este libro no existiría. Ahora que lo pienso, creo que ninguno de mis proyectos habría visto la luz. Muchas gracias, Sara, por poner luz en el camino.

0

¿Qué haces aquí?

Conocí a Sara por una de esas carambolas que te regala la vida. Por entonces yo daba clases de qigong en un centro budista cerca de la Sagrada Familia, en Barcelona. Esa herramienta, entre otras, me sacó de mis parálisis por ansiedad y aquello me convenció de que tenía que compartirla con el mundo.

En cada clase aparecían alumnos nuevos dispuestos a probar. Y un día se presentó Ferran.

Con Ferran compartíamos edad y nombre, pero además habíamos ido juntos al cole desde pequeños. Hacía años que no nos veíamos, y fue una grata sorpresa encontrarnos allí.

—Pero ¿qué haces aquí? —preguntó él nada más verme.

—Soy el profe —respondí.

Su cara de asombro habló por él. Años después me comentó cuánto le había sorprendido que alguien con mi «personalidad» hubiera terminado dedicándose a dar ese tipo de clases. Y no se equivocaba; aunque en ese momento yo era incapaz de verlo, mi objetivo era convertirme en una especie de maestro zen con poderes sanadores. Pero ya llegaremos a ese punto de mi historia.

Ferran siguió viniendo a mis clases semana tras semana. Hasta que un día nos decidimos a ir a tomar algo después de la sesión.

—Mi pareja sufre ansiedad y no sé cómo ayudarla. ¿Crees que le puede ir bien asistir a clase? —me preguntó.

—Claro, esta herramienta le irá genial, sobre todo para rebajar los síntomas.

Días después apareció Ferran en clase con su pareja, Sara. A Sara no le gustó el qigong. Hoy en día sigo intentando convencerla de lo maravilloso que es, y ella hace lo mismo conmigo respecto al yoga. Los dos conocemos de sobra los beneficios de ambas disciplinas, pero es evidente que no hay una única puerta de entrada para cada persona.

Pasadas unas semanas empecé a trabajar la ansiedad de Sara. Procuré contarle y enseñarle todo lo que había aprendido sobre esta patología, y empezó a mejorar. Pero Sara no fue una alumna corriente, ella podía ir más allá.

—Todo esto que me cuentas sobre medicina china y respiración, sobre energía y movimiento, tiene una explicación científica. Lo sabes, ¿no? —me decía Sara.

—La verdad, no tenía ni idea, pero me alegro de que así sea.

Sara resultó ser neurocientífica y poseía un amplio conocimiento sobre el tema.

En ese instante, ella y yo empezamos a forjar una buena amistad. Debatíamos entusiasmados acerca de la ansiedad; yo le contaba mi experiencia, y ella me ilustraba sobre cómo reacciona el cerebro ante esta dolencia.

De repente todo empezó a cuadrar en mi cabeza. Gracias a lo que mi nueva amiga me explicaba, mis conocimientos sobre la materia tomaron forma, y razonamientos que antes aplicaba sin base sólida adquirieron rigor.

Años más tarde creé Bye bye ansiedad, un curso pensado para que todo el que esté dispuesto pueda superar esta patología psicológica. En él, la doctora Teller desempeña uno de los papeles más importantes: intentar que cualquiera de nosotros, sin tener ni idea de ciencia, llegue a comprender cómo funciona el cerebro cuando sufrimos ansiedad. Con eso, pierdes el miedo, pues el conocimiento te hace libre, y cuando eres libre el temor deja de existir. Y ya sabes qué pasa con la ansiedad cuando no sientes miedo, ¿verdad?

PRIMERA PARTE

¿Qué me está pasando?

1

¿Por qué estos pinchazos no me dejan dormir?

PARTIDO, CIGARROS Y PUÑALADAS

Era un sábado por la mañana, y en aquella época trabajaba en el museo Picasso de Barcelona vendiendo imanes de las Meninas, entre otros trastos inútiles con reproducciones del artista para los turistas. Las largas colas para conseguir un souvenir hacían que la impaciencia aflorara en los clientes.

Gestionaba el estrés como podía. Hacía ya unos años que había empezado a sentir vértigos y náuseas cuando me sentía nervioso. Pero esa mañana empecé a notar, además, unos ligeros pinchazos en la zona izquierda del pecho, como pequeñas puñaladas en el corazón.

No le di más importancia. «Es un poco de flato, debido al cansancio», me dije. El insomnio era otro de mis compañeros en aquella época, y llevaba una rutina de sueño de entre tres y cinco horas por noche.

Mi jornada en el museo empezaba temprano, pero también terminaba pronto. A las dos de la tarde estaba en casa para comer. Me preparé algo de comida basura, como cada día, posiblemente una hamburguesa y una cerveza, y me dispuse a ver la televisión un rato. Las noticias del día no eran muy esperanzadoras, el mundo daba bastante miedo.

De repente me vibró el móvil: «Ey, tío, esta tarde quedamos en Arkam para el partido a las siete». Era mi amigo Marc obligándome de manera sutil a ver al Barça en un bar del barrio que se ponía a reventar para esos eventos (parecía que estuvieras en el campo: ponían el himno antes de empezar el partido y todo el aforo enloquecía con aquellas cuatro notas).

Yo no era de aglomeraciones, de grandes conciertos o discotecas. Me agobiaba y me daban todos los males solo de pensar en meterme en un sitio de esos. Pero, cuando tenía veinte años, la presión social era más fuerte que mi personalidad, así que ni me planteé la posibilidad de no ir a ver el partido.

Me monté en el ciclomotor y me dirigí a la cita con mis amigos. El bar estaba repleto de gente y humo —por aquel entonces se podía fumar dentro de los locales—, y tuve que ir sorteando forofos para llegar a las primeras filas, delante de la gran pantalla donde se emitía el partido.

«Me han guardado un sitio, genial», pensé. Ya no había escapatoria. Pedí una cerveza, encendí un cigarrillo e intenté hablar de algo con el de al lado, sin mucho éxito debido al ruido.

El partido empezó, y una tos sospechosa se apoderó de mí. Tenía muchas ganas de vomitar, pero estaba dispuesto a aguantar como un campeón para no dar la nota.

El malestar me acompañó durante todo el partido.

Por fin llegué a casa. Me di una ducha y me dispuse a dormir. Me tumbé en la cama y la cabeza empezó a darme vueltas, sentía que me iba a desmayar en cualquier momento. Conocía bien la sensación de vértigo y mareo, la sufría desde aquel día fatídico en primero de bachillerato. (Ya llegaremos a eso, creo que vale la pena que conozcas mi primer viaje lunar). Los mareos iban acompañados de fuertes pinchazos en el pecho, era como si me estuviesen clavando espadas continuamente justo entre los dos pezones. Y de golpe y porrazo se me durmió el brazo izquierdo. La alarma de peligro se disparó. Ese era el síntoma típico de ataque al corazón.

«Tengo que ir al médico», pensé. Vivía delante de un hospital, bastaba con bajar a la calle y cruzar. Pero el miedo me tenía tan paralizado que fui incapaz; decidí tomar una pastilla para dormir y que mañana fuera otro día.

Corriendo delante de un mamut

Supongo que te estarás preguntando por qué le pasó eso a Ferran. A priori, ir a ver un partido de fútbol en un bar no tendría que disparar la ansiedad.

Bien, para entenderlo tenemos que hacer un viaje al pasado y remontarnos a millones de años atrás, cuando aparecieron los primates. Hace cinco millones y medio de años que surgieron los primeros homínidos, nuestros antecesores más

5.500.000 años	200.000 años	AHORA
Primates homínidos	**Homo sapiens**	
Prehistoria	Paleolítico	

100.000 años
**Última evolución
del cerebro**
Science Advances, 2018

atrevidos que decidieron ponerse de pie, y a lo largo del tiempo fueron desarrollándose especies que seguro que te suenan, como *Homo habilis*, *Homo erectus*..., hasta llegar a *Homo sapiens*, a la que pertenecemos y que surgió hace aproximadamente doscientos mil años. No somos tan viejos como te parece, en años de evolución eso es ser un bebé.

Te cuento esto por dos razones. La primera es porque, según varios estudios, la última evolución de nuestro cerebro ocurrió hace unos cien mil años. Entonces aún estábamos en el Paleolítico, en la época de la caza y la recolección. ¿Qué significa eso? Pues que al cerebro aún no le ha dado tiempo a adaptarse a todos los cambios tan vertiginosos que hemos vivido los últimos cien años (móviles, ordenadores, plasmas, internet...), ¡seguimos teniendo un cerebro primitivo! Y nos creíamos tan listos...

La segunda es porque, por otro lado, seguimos vivos como especie gracias a tener este maravilloso cerebro en nuestra azotea. Por selección natural tenemos este y no otro.

> Mejor que sepas cuanto antes que la finalidad primordial de tu cerebro es sobrevivir.

¿Y qué ha conseguido principalmente que sigamos vivos como especie? Pues agárrate que esto te va a sonar fuerte: el miedo.

¿Por qué? Pues porque el estrés es la respuesta natural asociada al miedo que el organismo activa ante una amenaza y que nos ayuda a responder de la mejor manera posible ante el desafío o peligro. Seguro que ya te suena lo del mecanismo

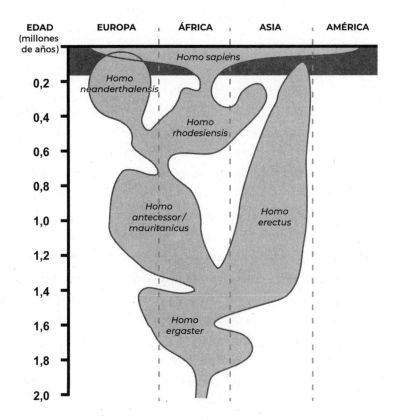

de lucha-huida que activa la ansiedad. Este nos prepara para la acción, ya sea huir o bien luchar ante esa amenaza, que por aquel entonces sería probablemente un mamut, un tigre o alguien que nos quería robar la novia.

Así que la ansiedad ha sido un mecanismo adaptativo, de supervivencia, que hace que aumente la actividad mental para tomar la mejor solución ante el desafío, mejora la capacidad y la velocidad de decisión haciéndonos reaccionar rápido ante la amenaza sin pensarlo mucho, y aumenta la atención.

¡Gracias a que sentimos miedo seguimos vivos como especie y como individuos! ¿A que ya no te sientes tan rarito?

Pero ¿por qué Ferran tenía pinchazos y el brazo dormido esa noche? Eso tiene fácil explicación. Para ello debo presentarte a una amiga mía: la amígdala. Espero que a partir de aquí os hagáis íntimos; te hablaré mucho de ella a lo largo del libro.

La amígdala está situada en el sistema límbico, una parte muy primitiva del cerebro, y es la que procesa toda la información que recibimos de los sentidos ante una posible amenaza y decide si es peligrosa o no. Cuando considera que sí lo es, manda un mensaje a otra parte del cerebro llamada «hipotálamo». Esta es maravillosa ya que también regula el sueño, el sexo y la alimentación, factores que se ven afectados cuando tenemos ansiedad. Ya verás como ahora todo te empieza a cuadrar. A continuación, el hipotálamo le manda otro mensaje a la hipófisis y esta lo envía a las glándulas suprarrenales, que dan salida a tres hormonas que se liberan en la sangre y llegan a todo el cuerpo para controlar la respuesta al estrés. Estas son la adrenalina, la noradrenalina y el cortisol.

Las dos primeras hacen que aumente la concentración de sangre en las extremidades, el consumo de oxígeno, el ritmo cardiaco, la sudoración, se dilatan las pupilas, se relajan los músculos gastrointestinales y se eleva la presión arterial, entre muchas otras cosas. El cortisol aumenta el nivel de glucosa en sangre para nutrir el organismo, consume las reservas del cuerpo para liberar más energía, y disminuye la respuesta inmunológica con el mismo objetivo.

Últimamente también se habla de una tercera opción, que es la de quedarte paralizado. Luego hablaremos de esto.

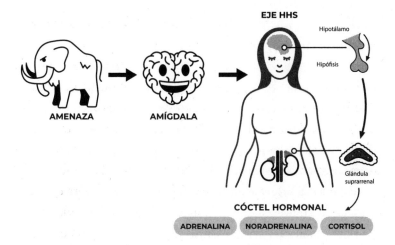

Todas estas funciones hacen que el cuerpo se prepare para atacar, luchar contra la amenaza o bien huir. En el mejor de los casos, salir por patas.

La adrenalina y la noradrenalina son hormonas de activación rápida, son las primeras que se liberan en el organismo. Cuando Ferran entra en el bar y tiene que enfrentarse a toda esa gente para llegar a sus amigos, siente ese pánico repentino que invade su cuerpo en un segundo. Esa sensación la causan estas dos hormonas, que tardan de tres a cinco minutos en abandonar el cuerpo. Por el contrario, el cortisol, también llamado «la hormona del estrés», tarda más en liberarse y se distribuye por el cuerpo cuando la cosa se ha puesto realmente seria. Ya no se trata de un simple susto, sino de una amenaza real que perdura en el tiempo. Por ejemplo, cuando llevamos un rato corriendo con un tigre detrás, y entonces necesitamos mucha más energía para salir victoriosos. Espero que no te encuentres nunca en esta situación, la verdad.

Básicamente, lo que hace el cortisol es coger toda la energía que tenemos y bloquear todo lo que no nos es útil en ese momento, como el sistema reproductivo, el digestivo o el inmunitario, para poder sobrevivir sí o sí. Y hay que tener en cuenta que, una vez que se libera, el cortisol tarda unas horas en retirarse, y ahora entiendes por qué esos síntomas se quedan contigo un rato después de cada ataque. Sé que probablemente ahora estés pensando: «Yo tengo esos síntomas todo el día». Ya llegaremos a eso, también tiene explicación.

Vale, lo del tigre está muy bien, seguro que ya lo habías oído.

Pero ¿qué pasa actualmente? Que nosotros no tenemos a ningún felino que nos persiga, al menos donde yo vivo no los hay sueltos por la calle. Hoy en día, nuestro tigre tiene otra cara: no presentar un informe a tiempo, una pelea con el jefe, discutir con la pareja, perder a un amigo, la precariedad laboral, padecer una enfermedad...

El 98 % de las tareas que nos provocan estrés son cotidianas.

En general, nos sentimos estresados cuando pensamos que no tenemos los recursos necesarios para afrontar una situación. Uno de los que consideramos que más nos falta es el tiempo.

Estoy segura de que si tienes este libro entre las manos es porque eres una persona autoexigente. ¿He acertado? Pues no es que sea la pitonisa Lola. La gente que sufre ansiedad aspira a llegar a un nivel de perfección tan alto respecto a sus capacidades, que se estresa. Si este es tu caso, no te preocupes, cambiarlo está en tus manos, como iremos viendo a lo largo del libro.

El cerebro tiende a tenerlo todo controlado, puesto que esto nos garantiza la supervivencia. Pero un exceso de intento de control puede llevarnos a un estado de ansiedad alto y en consecuencia dejamos de disfrutar del placer. Justo lo que le pasaba a Ferran en el bar.

Nuestras experiencias pasadas, nuestras creencias y nuestra personalidad influyen en el grado de amenaza con que percibimos una situación. Por eso hay personas que ante la «misma amenaza» no se sienten en peligro. Ahora ya sabes por qué tu compañero de trabajo está tan tranquilo a tu lado, mientras tú estás bañado en sudor frío y pasándolo fatal.

> Si cambiamos nuestra forma de ver la realidad, puede cambiar la propensión a padecer estrés o ansiedad.

Por desgracia las malas noticias no terminan aquí, pero mantén la calma porque las buenas también llegarán más adelante. Hay otras cosas que nos pueden provocar estrés y que no estamos considerando, como, por ejemplo, estar mirando el móvil de manera constante o tener muchas pestañas abiertas en el ordenador. Sobreestimular al cerebro crea estrés. Se ha comprobado que cuando hacemos dos o más cosas a la vez no prestamos el cien por cien de atención y la efectividad se reduce. Por ejemplo, leer y escuchar son tareas que implican a las mismas áreas del cerebro. No se pueden realizar bien si se hacen a la vez. Hay otras actividades como leer y oír música que no necesitan de las mismas conexiones para ser procesadas y pueden simultanearse, aunque de nuevo no estarás prestando toda la atención a ninguna de las dos cosas.

¿Y cuál es el problema con todo esto? Pues que el cerebro interpreta como un peligro cualquier estímulo que nos provoca inquietud y responde igual que ante ese tigre o mamut de hace miles de años, esto es, con el mecanismo de lucha-huida: activando la amígdala y liberando todas las hormonas de las que hablábamos antes. ¡Y ya tenemos el show montado!

Santana me quiere matar

Pasado mi primer ataque, la ansiedad decidió que nuestra relación no sería distante, sino más bien de esas que te ahogan y crean dependencia.

Acabábamos de cambiar de siglo y en la radio no paraba de sonar «Corazón espinado» de Carlos Santana. A mí me reventaba ese tema; lógicamente la guitarra del autor me encantaba, y el tema no me parecía mal, pero la mente me llevaba a darle más y más vueltas a los pinchazos que sentía en el corazón. «Lo mío sí que es un corazón espinado y no lo de este tío que canta», pensaba.

Desde mi primer ataque, esa maldita opresión en el pecho no había cesado y los pinchazos iban a más cada día. Creo recordar que fue ese año cuando comencé a trabajar en una famosa tienda de ropa en el paseo de Gracia. Había empezado a estudiar Audiovisuales por las tardes y para poder financiar los estudios busqué un trabajo por las mañanas. El sueldo no era excesivo, pero me daba para todo lo que necesitaba. La crisis del 2008 aún no había entrado en escena, así que, evaluando hoy mi sueldo, te aseguro que era un dineral comparado con lo que pagan ahora por el mismo trabajo.

Lo único que se me pedía era que supiera doblar vaqueros y que vendiera el máximo de pantalones posible a toda víctima que entrara por esa puerta corredera. Siempre había sido bueno en eso de dar la chapa, y, si creía en el producto que vendía, no tenía ningún problema en contar a los demás todos los beneficios que les podía reportar obtenerlo. Ahora que lo pienso, creo que hoy sigo haciendo lo mismo, aunque con un producto que realmente puede cambiar vidas. Bueno..., ya llegaremos a este punto.

Como decía, justo habíamos hecho el *unboxing* del nuevo siglo y yo tenía unos veintipocos recién cumplidos. Pero... ¿cómo estaba mi ansiedad en ese momento?

Pues mal, muy mal. Cada día me levantaba y me dormía con los mismos síntomas: pinchazos en el pecho, una opresión terrible y el brazo izquierdo dormido. Lo más terrible era que me había acostumbrado a vivir con ello. Y eso es muy peligroso, porque acostumbrarse a algo así provoca mucho cansancio, y el agotamiento termina en depresión, hasta que un día dejas de tener ganas de vivir. Llegué a ese punto en mi vida más joven de lo que crees; más adelante me gustaría reflexionar sobre ello. Pero volvamos a ese preciso instante del que te estaba hablando.

Un día cualquiera en mi vida seguía este patrón: a las diez entraba a trabajar, así que, apurando el tiempo, me despertaba media hora antes y me tomaba un café mientras me vestía y acicalaba. En menos de veinte minutos estaba encima de la moto camino del trabajo. Empezaba mi jornada y hacía todas las tareas repetitivas y aburridas que tenía encomendadas hasta la hora en que me soltaban.

Durante ese tiempo los pinchazos siempre se intensificaban, sobre todo en rebajas, cuando había que atender a cinco personas a la vez.

A las dos de la tarde subía al ciclomotor, que me llevaba de un sitio a otro a gran velocidad (o eso creía yo), en dirección a casa de mis padres. Al llegar la comida estaba servida. No degustaba precisamente, engullía al más puro estilo «Triki» con sus galletas, pues a las tres empezaba mi primera clase en la universidad; eso me daba un margen de diez minutos máximo para comer y diez más para llegar y aposentar el culo ante mi pupitre. No sé cómo lo conseguía, pero siempre llegaba puntual. Bueno, sí, el precio, sin duda, era mi salud.

Las clases duraban hasta las nueve de la noche, y al terminar aún creía que tenía tiempo para el ocio. ¡Cómo no! Para todo un día de trabajo y estudio mi recompensa eran los amigos, las cervezas y el fútbol. Sí, aún seguía atrapado allí.

Durante las clases, los pinchazos se reducían para convertirse en apretones molestos que me hacían levantar la mano varias veces a lo largo de la tarde para pedir permiso y escaparme al baño. Una vez sentado en el frío trono no salía nada, lo que me hacía sospechar que algo no iba bien. Creo que la ansiedad te lleva a explorar tus miedos hasta ese punto. Pero ya abordaremos esto más adelante. Ahora pretendo que entiendas qué es la ansiedad generalizada y que Sara te pueda contar qué pasa por tu cabeza cuando se manifiesta.

No pienses que cuando terminaba la universidad y me escapaba de juerga con mis amigos la ansiedad desaparecía o iba a menos, ni por asomo. Dolor de cabeza y pinchazos muy fuertes que intentaba calmar a base de alcohol me atacaban todas las noches. Durante esos años, hasta que la bebida no me dejaba tambaleante, mis síntomas seguían allí. Cuando llegaba a casa la rutina era una ducha, un somnífero y a dormir. Al día siguiente vuelta a empezar.

La coctelera hormonal

¿Qué pasa si sentimos un montón de estrés o ansiedad de forma prolongada? Pues que la amígdala estará constantemente activándose, y el cóctel hormonal que el cuerpo prepara como un experto *bartender* empezará a sobresaturarnos. Si este estado se dilata en el tiempo, acabaremos padeciendo lo mismo que Ferran en esa etapa de su vida: trastorno de ansiedad o ansiedad generalizada.

> El trastorno de ansiedad puede aparecer por una situación puntual o un evento traumático en que la emoción sea tan intensa que se graba de forma muy pronunciada en el cerebro y, a partir de ahí, se queda a vivir contigo.

La ansiedad generalizada o trastorno de ansiedad se define como un estado de alta tensión prolongado en el tiempo que se manifiesta en ausencia de una amenaza inmediata o aparente. Cuando sufrimos ansiedad nos sentimos todo el día en pánico y muchas veces sin razón alguna. Después te cuento por qué pasa esto.

En una situación de ansiedad generalizada, la amígdala se encuentra alteradísima de tanto como se ha hiperactivado. En este estado pierde la capacidad de distinguir si el estímulo es realmente amenazante o no, así que, por si acaso, siempre acaba inclinándose por la opción «cagarse de miedo», identificando como una amenaza todo aquello susceptible de serlo. El cerebro se vuelve conservador. Es un clasicón incorregible, la verdad.

Si la amígdala está todo el tiempo activándose, los niveles de las tres hormonas de las que hablábamos antes aumentan en exceso en el organismo.

Este exceso causa una sintomatología que quizá te resulte familiar:

- Hipertensión
- Dolores de cabeza, migrañas
- Dolor muscular, bruxismo
- Nauseas, mareos
- Visión borrosa, temblor de ojos
- Caída de pelo
- Opresión en el pecho
- Sensación de ahogo y nudo en la garganta
- Parestesias
- Sequedad de la piel
- Problemas en las tiroides
- Apatía, extremo cansancio
- Disminución de las defensas
- Problemas estomacales

- Irritabilidad
- Alteraciones del sueño
- Alteración del ciclo menstrual
- Trastorno alimentario
- Bloqueo mental
- Deterioro del sistema inmune

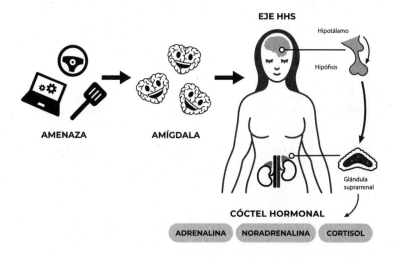

Supongo que, por desgracia, casi todos estos síntomas te suenan. En concreto, estar intoxicado de cortisol es lo que a la larga puede dañar más al organismo, ya que, como vimos antes, bloquea el sistema inmune y este se acaba deteriorando, lo que aumenta las probabilidades de padecer alguna enfermedad.

El cortisol puede ser también el responsable de que no estés durmiendo del todo bien, ya que, junto a la melatonina, regula el ciclo de vigilia y sueño. En condiciones normales, estos dos amigos actúan de forma opuesta: cuando te despiertas empieza a aumentar el cortisol, dándote energía y actividad. Esta hormona siente que es invencible al mediodía y después empieza a disminuir para que puedas relajarte al llegar la noche y así dormir bien. Mientras tanto la melatonina hace todo lo contrario, reproduce el ciclo al revés.

Pero ¿qué pasa cuando padeces ansiedad? Pues que el exceso de cortisol por las noches hace más complicado coger el sueño. Esto es exactamente lo que le pasaba a Ferran y de ahí la imposibilidad de dormir sin un somnífero.

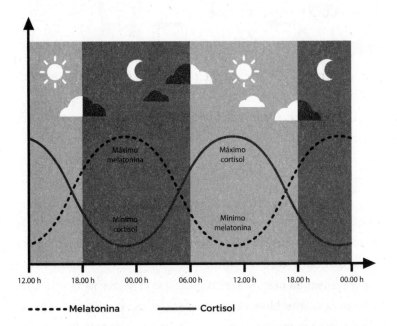

Más adelante dedicaremos un capítulo al tema del sueño, somos conscientes de que es imprescindible hablar de ello, pero es largo de explicar, ya que hay otros factores que pueden estar influyendo en la falta de un descanso adecuado.

2

¿Qué ha cambiado en mi cerebro?

El día en que Julia me invitó a un café, hacía ya cinco años que mis mareos y pinchazos en el pecho me acompañaban desde el amanecer hasta el ocaso.

En todas mis conferencias explico que una de las peores cosas que he hecho con mi ansiedad ha sido ocultarla durante demasiado tiempo. Hoy en día, estoy expiando mis pecados y cuento mi historia delante de cientos de personas sin problema.

Creo que no lo hacía conscientemente, en parte supongo que un chaval de veinte años no quiere que sus compañeros le vean como un inútil. Me acuerdo perfectamente del día que se me acercó Julia después de clase de griego.

—Te veo pálido... ¿Te encuentras bien? —me dijo.

Cuando se te bloquean las cervicales la sensación es que estás flotando como Armstrong el día que dio ese primer paso sobre la Luna. No recuerdo la cara que se te queda, pero estoy convencido de que sí, de que estaba pálido como el papel.

—Sí, muy bien, gracias —respondí mientras ponía mi expresión más seductora.

—¿Te gustaría ir a tomar un café después de clase?

Tengo muy presente a mi antigua compañera de clase, era una chica muy cariñosa y bastante popular en la universidad. Y además yo la encontraba guapísima. No estaba ni mucho menos en mi mejor momento, pero, cuando la chica que te gusta te propone tomar un café, sería muy mala decisión declinar la invitación, así que acepté.

Mis palpitaciones habían aumentado minutos antes de llegar a la cita. Y sentía como si el corazón fuera a salírseme del pecho diciéndome: «Hasta luego, chaval, yo me largo, aquí te quedas con tus mierdas».

Pero lo mantuve en su sitio y entré en la cafetería.

Era un lugar que conocía bien, todos los estudiantes íbamos allí después de clase. Conocer el campo de batalla me tranquilizaba, sabía bien dónde estaban el baño y la salida, eso era algo que siempre intentaba tener controlado allá donde fuera. Pero, por otro lado, que las mesas que nos rodeaban estuvieran llenas de compañeros cotillas con ganas de ver cómo se desarrollaba la cita me hacía sentir mucho peor.

Hablamos largo rato sobre el campus y nuestro futuro profesional, pero en algún momento ella se percató de que algo no iba bien.

—¿Me estás prestando atención? No paras de mirar alrededor. Oye, hace un tiempo que te noto raro, dime qué te pasa —dijo Julia.

—La verdad... —me tembló la voz—, no lo sé muy bien, me siento nervioso, tengo agujas que me atraviesan el pecho y estoy en un colocón constante, como si en realidad no estuviera aquí.

No sabía cómo explicarlo mejor porque, en realidad, no tenía ni idea de qué era la ansiedad y cómo funcionaba. Si ahora pudiese volver a ese preciso instante, le daría a Julia una *master-*

class sobre el tema. En ese momento no me entendió, y lo arregló con una bonita sonrisa de complicidad. No tengo más recuerdos de Julia desde esa tarde, o sea que supongo que nos distanciamos sin más, igual que me pasó más adelante con muchos otros compañeros.

De un cerebro-Sauro a un Homo-cerebro

Es evidente que Ferran no tenía ni idea de qué era la ansiedad en esos primeros años combatiendo la patología. También diré a su favor que en la primera década del siglo xxi se hablaba mucho menos que ahora de todo esto. No te preocupes que no te voy a dejar sin esta información. Me gustaría empezar mostrándote alteraciones que ha habido en el cerebro en estos últimos cientos de años, pero antes necesito que conozcas algunas partes de este órgano, algo que te será de gran ayuda para entender qué te está pasando. Para ello me gustaría presentarte a un colega norteamericano, el doctor Paul MacLean (1913-2007).

El neurocientífico explicó de manera muy simple y útil cómo está estructurado tu seso según la teoría evolutiva del cerebro triuno.

A nivel evolutivo, el cerebro se puede descomponer en tres partes:

1. Cerebro reptiliano
2. Cerebro emocional
3. Cerebro racional o humano

Te voy a contar a grandes rasgos lo más importante de cada parte.

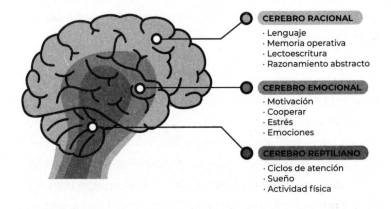

CEREBRO RACIONAL
· Lenguaje
· Memoria operativa
· Lectoescritura
· Razonamiento abstracto

CEREBRO EMOCIONAL
· Motivación
· Cooperar
· Estrés
· Emociones

CEREBRO REPTILIANO
· Ciclos de atención
· Sueño
· Actividad física

Primero se creó el cerebro reptiliano, formado por el troncoencéfalo, común en todos los mamíferos y reptiles. Se encarga de regular funciones básicas del cuerpo como la respiración, el latido del corazón o el metabolismo. También es responsable de los actos automatizados, las habilidades que dominamos y las respuestas reflejas e involuntarias.

Dentro de esta parte del cerebro se encuentra el famoso cerebelo, que, entre otras cosas, afina los movimientos motores y es importante en el aprendizaje de tareas que se ejecutan de forma automática como montar en bicicleta o conducir. Podríamos pensar que toda esta estructura es inconsciente, pero no es así. Pues dentro del cerebro reptiliano está el mesencéfalo, otra palabrucha difícil de recordar. Este es crucial para la conciencia. Y nos interesa mucho a los ansiosos, porque ahí es donde encontramos una estructura de neuronas, llamadas ARAS, que van hacia el tálamo y actúan como interruptor sobre el nivel de conciencia. Un fallo en estas produce algunos trastornos en el sueño, o incluso un coma o el estado vegetativo. Casi nada.

Si seguimos avanzando en la evolución cerebral, veremos que un tiempo después se desarrolló el cerebro emocional, formado por el sistema límbico. Aún existen controversias sobre qué partes del cerebro forman el sistema límbico, pero si de algo estamos seguros es de que en este se incluye la amígdala, el hipocampo, el hipotálamo y el tálamo. De todos estos nombres que parecen villanos de Marvel, quiero que te quedes con dos: amígdala e hipocampo.

La amígdala actúa como una fábrica química y genera las emociones como el placer o el miedo. Es también responsable de nuestra supervivencia, ya que activa el mecanismo de lucha-huida.

El hipocampo es la zona encargada de almacenar ante todo la memoria a corto plazo y está relacionada con la capacidad de aprendizaje y de atención. Almacena los sucesos peligrosos en forma de recuerdos que nos ayudarán a actuar frente a las amenazas del tipo: si cruzo en rojo me chafan.

Lo curioso es que están unidos una al otro, y puedes pensar: ¿por qué? ¿Se aman locamente y no se quieren soltar jamás de la mano? Pues no, de momento no conocemos que tengan una relación patológica de dependencia. Están unidos porque, frente a una amenaza, el cerebro hace un análisis comparativo entre la nueva situación y los recuerdos almacenados. El resultado determinará la respuesta.

Recuerdo cuando de pequeña, debía de tener tres años, vi por primera vez una chimenea de leña en una casa de campo a la que fuimos a pasar las Navidades con la familia. Atraída por la curiosidad de una futura científica, quise comprobar empíricamente qué ocurría al tocar el fuego. A partir de ese día, mi cerebro almacenó esa información para que así, en una nueva situación en que el fuego esté presente, sepa que no tengo que tocarlo. Si me he vuelto a quemar alguna vez ha sido sin querer, te lo aseguro.

La conexión entre la amígdala y el hipocampo es lo que hace que un recuerdo se quede grabado con su carga emocional. Hay cosas que se deben recordar también no tanto a nivel de «dolor físico» como también a nivel de «dolor emocional». Si alguien me excluye de un grupo o mi pareja me maltrata, guardaré aquello como una memoria cargada de una emoción negativa. Este recuerdo me ayudará a discernir la próxima vez que no debo juntarme con esas personas. Dicen que hay quien necesita tropezar varias veces con la misma piedra para que ese mecanismo le funcione bien. Es posible.

Y seguimos avanzando hacia aquella parte de la que estamos tan orgullosos como especie, el raciocinio.

El cerebro racional se encuentra en la corteza cerebral o neocórtex. Es el responsable de los programas mentales más complejos: lenguaje, comprensión, cultura, razonamiento, pensamiento abstracto...

De entre todo el reparto de esta obra shakespeariana, hay un personaje estrella con el que te tienes que quedar: la corteza prefrontal, que encontrarás justo detrás de la frente. Es la pieza clave de todo y la que nos diferencia del resto de los animales. Está vinculada con actividades cognitivas complejas: la planificación de actividades, la selección de la conducta adecuada para cada contexto social, la dirección de la atención, la elección de objetivos, la autorregulación, el autocontrol, la toma de decisiones... En definitiva, es imprescindible para sobrevivir, por ejemplo, a una cena de etiqueta.

La corteza prefrontal es la última parte que se ha formado en el cerebro.

> Solo somos conscientes de algo cuando pasa por la corteza prefrontal.

Cómo se relacionan

La relación del sistema límbico con la corteza prefrontal es esencial. Esta conexión es la que hace que puedas racionalizar tus emociones y no te dejes llevar por ellas. Digamos que, si existe poca conexión, eres más agresivo, impulsivo e «inconsciente», es decir, más primitivo. Es posible que en la vida te hayas cruzado con algún caso, en Tinder abundan.

No sé si conoces el caso de Phineas Gage. Si no es así, es imprescindible que lo hagas, pues es una historia brutal.

Phineas P. Gage se dedicaba a limpiar las calles de Cavendish a media jornada y trabajaba en la construcción del ferrocarril el resto del día. El señor Gage falleció el 21 de mayo de 1860 cerca de San Francisco, mucho antes de que los hippies invadieran la ciudad, más o menos doce años después del día en que debió morir y se salvó.

Cuenta la historia que nuestro protagonista jugaba con pólvora, una roca y una barra de hierro. Ahora no recuerdo muy bien cuál era su objetivo con esa combinación diabólica de objetos. El caso es que, con la barra clavada en la roca y el explosivo de por medio..., ¡boom!, la barra salió disparada hacia el cielo decidiendo pasar antes a través de la cabeza de nuestro amigo.

El hierro atravesó el cerebro de Phineas, de abajo arriba, y se perdió unos metros más allá, lleno de sangre y sesos. Pero la guadaña no visitó a Gage ese día, apareció muchos años después. Lo que sí hizo la barra fue tocar la conexión entre el sistema límbico y la corteza prefrontal, así que el bueno de Phineas Gage, antes amable, comprensivo y amigo de sus amigos, se convirtió en un ser caprichoso, irreverente e irrespetuoso con los compañeros.

Esta historia totalmente surrealista me chifla. Si buscas por internet, verás que el señor Phineas tiene fotos posando con la barra que le atravesó el cerebro. Por lo visto se la llevaba a todas partes, emulando el bastón de Gandalf. La cuestión es que, gracias a la historia de Phineas Gage, te puedo hablar un poco del inconsciente.

EL DÍA EN QUE LE ROBÉ A UN BANCO

Uno de los peores empleos que he tenido para ganarme un sueldo ha sido trabajar para una empresa de montaje y desmontaje de actos culturales.

Esta empresa llevaba todos o casi todos los espectáculos que se gestaban en Barcelona. No voy a decir el nombre, pero si vas a algún concierto en la ciudad verás su logo por todas partes.

Empecé a trabajar con ellos en la etapa de la primera edición de *Operación Triunfo*, un programa que gustó mucho en 2001. De allí salieron artistas de la talla de Bustamante, Bisbal, Chenoa o Rosa de España, para que te hagas una idea. Era un trabajo muy físico, había que montar los escenarios antes de los conciertos y desmontarlos al terminar. Debo decir que tenía sus ventajas, como conocer a los artistas y poder charlar con ellos de tú a tú. Bustamante, por ejemplo, me pareció un tío muy simpático. También me dio la oportunidad de estar cerca de AC/DC, un grupo que me flipa.

En esa época ya sufría grandes crisis de ansiedad, y no sé qué te pasa cuando estás así de jodido, pero el hecho es que se te va la cabeza y pierdes la capacidad de raciocinio, dejas de saber qué está bien y qué está mal y te mueves por impulsos emocionales. En mi caso al verse cumplidos me rebajaban esa sensación horrible en el pecho. Me explico.

Durante mi colaboración con esa empresa me destinaron a CaixaForum. Se trata de un museo con exposiciones temporales y donde se montan también todo tipo de espectáculos y talleres. El día que me dieron el trabajo me puse muy contento, pues me hacía ilusión participar en un espacio cultural de esa categoría y ver cómo funcionaba por dentro un lugar tan atractivo. En mi cabeza solo lo podían llevar filósofos superinteresantes y artistas bohemios que decidían cómo hacer llegar el arte y la cultura al mundo.

Después de unas semanas trabajando allí, pensaba: «Este sitio está dirigido por banqueros, economistas y niños de Esade con corbata que no han sabido apreciar el arte en su vida, lo único que buscan es hacerse ricos». Y esto no te lo cuento porque sea mi opinión, sino porque guarda relación con lo que hice, teniendo esa idea en mi cabeza.

Te he comentado lo impulsivo y emocional que te vuelves cuando estás sufriendo ansiedad generalizada durante años. Yo en ese momento había experimentado una transformación al estilo de Phineas Gage, el caso que te ha contado Sara en el extracto anterior.

Un día de finales de diciembre, hicieron la cena de Navidad en CaixaForum solo para altos ejecutivos de la Caixa. Algunos machacas estábamos sirviendo mesas, y en mi caso montando el acto y esperando a que terminaran para desmontarlo. Después de una cena digna de tres estrellas Michelin, les regalaron el lote de Navidad a cada uno. Consistía en un proyector, una tablet y algunas cosas más que no recuerdo. Estamos hablando del año 2001, para que te hagas una idea del precio de ese lote. Dos ejecutivos no habían podido asistir, con lo que sobraron dos lotes. Y, de manera impulsiva, mi compañero de trabajo y yo nos quedamos uno cada uno. «Nos lo merecemos, todo el día currando para esta gente», debimos de pensar. Nos pillaron, claro, eso está lleno de cámaras de vigilancia; tuvimos que devolverlos y nos echaron del trabajo. Por suerte no nos cayó una denuncia.

Era la primera vez que robaba algo en mi vida, al menos algo de tanto valor. De pequeño, de los tres a los doce años, estudié en una pequeña escuela delante del parque Güell. Mis compañeros de clase y yo solíamos meternos con los pantalones remangados hasta la rodilla dentro de la fuente del dragón. No sé si conoces este parque tan famoso de Barcelona, pero en la puerta de la entrada principal hay una fuente formada por un gran lago con unos dos palmos de agua y un dragón estilo Gaudí en medio, que echa agua por la boca. Los turistas extranjeros tiraban monedas en el agua porque creían que les daba suerte, y nosotros las pescábamos para poder comprar chuches en la tienda de dos calles más abajo. Hasta aquel día, en eso había consistido mi historial delictivo.

Mi ansiedad fue a mucho más después de aquello y empecé a

sentir los primeros síntomas de entumecimiento en los brazos, que luego se convertirían en parálisis. Me costó mucho tiempo de terapia perdonarme ese acto, me sentía fatal por lo que había hecho. No era mi forma de ser, pero ahora entiendo muchas cosas: necesitaba salir de ese infierno de trabajo y no tenía el valor para dejarlo, así que de alguna manera mi ansiedad me ayudó a hacerlo. Tal vez no fue la mejor manera, seguro que no. Pero, desde la distancia, no deja de ser una vivencia más. No permitas que el miedo te lleve a esos extremos; se pueden solucionar las cosas de otra manera y sin que tu entorno se vea perjudicado.

Todo aquello que hago y no me entero

Uno de los trastornos que se ha dado en el cerebro en estos últimos años es que la amígdala está constantemente hiperactivada.

Pero ¿y esto qué repercusión tiene en la práctica?

Pues, además de todo lo que ya hemos visto, como la amígdala es la parte «emocional», también incrementa la impulsividad, hace que no razones tanto las cosas y que te dejes llevar más por las emociones. Exactamente lo que le pasó a Ferran haciendo sus pinitos como ladrón de guante blanco. En principio podríamos verlo como algo positivo: dejarse llevar por una emoción como el amor tiene sus recompensas.

> Cuando sufres ansiedad, la emoción que prima en tu cuerpo es el miedo, y en él se basarán todas las decisiones que tomes.

Esto hace que cueste mucho avanzar, ya que el miedo oscurece el camino. Verte estancado, dependiente de los demás, te hace ocupar un lugar pequeño en tu mundo físico y personal, te va mellando por dentro, y acabas desgastado e irritado emocionalmente, lo que te llevará a cometer muchas veces tonterías que no pensabas hacer de manera racional.

Además, el hecho de que lo decidas todo a través de impulsos te lleva a caer en los peores hábitos para el cuerpo y para el cerebro. Buscas la gratificación instantánea porque no puedes ver más allá, no atisbas la gratificación a largo plazo que va asociada con ese «cuidarse de verdad». Decides rebajar la ansiedad comiéndote un trozo de chocolate, yéndote de compras o tomando unas cervezas con los amigos. El azúcar, como el alcohol y el consumismo compulsivo, crea adicción y luego te deja un sabor de culpabilidad en el cuerpo.

Eso es justo lo que nos contaba Ferran que le pasaba cuando salía con sus amigos después de la universidad. Y en el fondo no quieres volver a hacerlo, pero al día siguiente se repite y te ves de nuevo buscando en el frigorífico esa porquería que sabes que poco bien te va a hacer. Como veremos más adelante, la falta de control se produce porque la amígdala se ha convertido en una pequeña dictadora en tu cabeza.

Lo que busca el cerebro en todo momento es neutralizar una situación. Cuando tomas una decisión, lo que quieres es salir del estado negativo en que te encuentras; por eso vas a por el chocolate, porque te estás sintiendo mal y quieres aplacar ese sentimiento, encontrarte bien ¡ya!

Mientras nos encontramos en ese estado de ansiedad buscamos la satisfacción a corto plazo, motivados en gran medida por la búsqueda del placer y la evasión del dolor. Me quedan por explorar dos zonas cerebrales que se ven afectadas cuando tienes ansiedad. Soy consciente, mientras escribo esto, de que a lo mejor se te hace un poco pesada toda esta información. Pero aguanta, luego hablaremos de soluciones y te ayudaremos a ponerte las pilas. De todas maneras, quiero recordarte que, según el método Bye bye ansiedad de Ferran, el primer nivel a coronar para superar la ansiedad es la información. Saber qué pasa y por qué nos pasa nos tranquiliza y nos hace conocer a nuestro enemigo, así es mucho más fácil vencerlo el día que subamos al ring.

Hablemos pues del hipocampo. Ya hemos visto que es el que almacena los sucesos peligrosos en forma de recuerdos y el que nos ayudará a actuar frente a las amenazas. En una situación de peligro, el cerebro hace un análisis comparativo entre la nueva coyuntura y los «recuerdos» que tengo guardados, por lo que mi respuesta ante la amenaza se basará en la experiencia. Pongamos un ejemplo para entenderlo mejor. Cuando de niña toqué el fuego y me quemé, el hipocampo guardó en la memoria ese suceso para que en la próxima ocasión supiera que «el fuego quema» y no me muriera. ¡Cada vez que me acerco al fuego mi hipocampo salta alarmado!, puesto que, como ya sabes, el fin último del cerebro es sobrevivir. Ferran no tenía ningún referente de lo que le podía pasar si cometía un delito; después de ver el resultado nunca más lo hizo.

Si estamos constantemente sintiéndonos amenazados, el hipocampo está todo el tiempo activo buscando en su baúl de los recuerdos situaciones similares para poder combatir la actual. Esta hiperactivación hace que el hipocampo se reduzca, lo que causa pérdidas de memoria, problemas de concentración, alteración en la capacidad de aprendizaje y desorientación, entre otras. Esto ya te va sonando a tus síntomas de ansiedad, ¿verdad?

> Cuando tenemos ansiedad, el cerebro (la amígdala y el hipocampo) está alterado. Esto provoca que siempre estén en modo de alarma, liberando mucho más cortisol del necesario ante amenazas menores. ¡La memoria y la capacidad de aprendizaje también se ven afectadas!

Por último, la corteza cerebral, la parte racional del cerebro, pierde el control de la parte emocional (la amígdala), de ahí que desaparezca la noción de lo que es correcto, de lo que te va a ir bien hacer. Cuando esto sucede te resulta más complejo tomar buenas decisiones, razonar con todos los puntos de vista posibles, prestar atención, organizar bien las tareas diarias y poseer la capacidad de resolver problemas..., entre ellos tener ansiedad.

TAMPOCO FUNCIONA, MALA SUERTE

—¿Tú alguna vez taichí? —dijo el maestro al verme por primera vez.

—No —contesté.

Y la siguiente hora la pasé estático como si estuviera abrazando un árbol imaginario, en un rincón del tatami.

Hacía ya un tiempo que había empezado con mi búsqueda para salir de la ansiedad cuando fui a parar a clases de taichí. Mi madre llevaba unos años practicándolo y me había recomendado ir a probar, así que le hice caso.

El centro se encontraba en un antiguo piso del Eixample, de estos enormes que dan a un gran espacio abierto interior. Al entrar, dos figuras en forma de tortuga y dragón te invitaban a cruzar un largo pasillo lleno de espadas y cuadros de señores orientales hasta llegar a una gran sala.

Allí un grupo de jóvenes practicaban un curioso baile parecido al kung-fu, que había visto de pequeño en las películas de Jackie Chan.

Me quedé un rato observando ese movimiento suave y fluido. Recuerdo que me fijé en que muchos de los alumnos, todos mayores que yo, cerraban los ojos al practicar, un poco como si estuvieran en trance.

Al rato se me acercó el maestro Lee. (Me encantó que se llamara igual que el actor de cine; ahora sé que Lee es como Juan en España, todo dios se llama así). Me preguntó si sabía de qué iba todo aquello. El señor Lee era un hombre peculiar, mayor y con una larga perilla que descendía desde su barbilla. Se le podían ver los dientes amarillos siempre que sonreía, mientras sostenía una delgada pipa de bambú en la boca. Con un solo vistazo supo lo que necesitaba.

—Tú no respirar bien —me dijo con su castellano robótico—. Tú hacer árbol.

Pasé mi primera semana de taichí en un rincón de la clase adoptando la forma del árbol y respirando, mientras los demás hacían esos bailes tan chulos en mis narices. Casi lo dejo al segundo día.

Pero lo cierto es que gracias a esa práctica aprendí dos cosas: a escuchar mi cuerpo y a respirar de manera diafragmática. Ya te contaré mis avances cuando Sara hable del tema. Pero de momento permíteme que avance hacia donde quiero llegar con mi historia.

Pasé un año entero de clases con el maestro y el resto de los alumnos. A la semana me sacó del rincón y empecé a hacer lo que él llamaba la forma de trece del profesor Cheng. Hoy la sigo practicando cada mañana. Mis síntomas empezaron a disminuir a las pocas semanas y a los meses desaparecieron por completo. Estaba alucinando, lo había probado todo: medicación, horas interminables con la psicóloga, flores de Bach, hierbas milagrosas..., y nada terminaba de funcionar. ¡Había encontrado la solución!

Te haré un *spoiler* antes de que cierres el libro y corras a internet a buscar el centro de taichí más cercano a casa. Tampoco terminó de funcionar, y te contaré por qué.

Con los años he descubierto que las cosas no funcionan si se hacen de manera puntual. El taichí, el qigong, el yoga o la meditación van muy bien para calmar los síntomas de la ansiedad, pero solo cuando los practicas cada día.

Ya hace años que una de las clases que más me gusta impartir en mis talleres es la de hábitos, justamente por esto, porque es cuando comienzo a ver resultados en mis alumnos. Ya te enseñaré más adelante cómo implementarlos y también tú empezarás a mejorar. Pero antes me gustaría que entendieras por qué pasa esto.

Sara fue la que me dio la respuesta el día que me empezó a hablar de conceptos como la plasticidad y las conexiones neuronales.

Kame Hame Ha cerebral

Sé que hay muchas preguntas por resolver, prometo contestarlas todas, pero ya que Ferran me pasa la pelota aprovecho para empezar hablando de la plasticidad neuronal y de circuitos neuronales. La plasticidad neuronal es un concepto que está muy de moda. Que el cerebro sea capaz de ir creando y eliminando conexiones, que cambie constantemente, quizá ya no te parezca algo sorprendente, pero lo es y mucho.

> Las conexiones que más utilizas se van reforzando, y aquellas que no te son útiles se debilitan hasta desaparecer.

Hace relativamente pocos años los científicos estábamos centrados solo en el estudio de las neuronas y no prestábamos tanta atención a las conexiones. Sabíamos que nacemos con muchísimas neuronas (unos 100.000 millones) y que con el tiempo se van perdiendo (cada día mueren unas 100.000), ya que las neuronas no se reproducen. De hecho, pensábamos que solo los niños y adolescentes podían sacarle potencial a su cerebro, ya que a nivel cuantitativo son los que más neuronas tienen.

Sin embargo, ahora sabemos que las conexiones son las piezas clave del cerebro, lo que nos distingue unos de otros. Gracias a la plasticidad neuronal, el cerebro puede evolucionar más de lo que imaginábamos.

> Eso de que utilizamos solo un 10 % del cerebro no es verdad; de hecho, a nivel evolutivo no tendría sentido disponer de un 90 % del cerebro sin usar. ¡Con todo lo que consume!

Esto nos demuestra cómo la información puede condicionar a las personas. Pensar «Mi cerebro no puede cambiar» quizá condicionó a mis padres para excusarse al repetir sus mismas conductas una y otra vez. «Cariño, yo es que soy así. Ya soy mayor y no puedo cambiar», me decían siempre que intentaba señalarles algún comportamiento que valía la pena modificar.

> El cerebro es cambiante, a cualquier edad podemos seguir aprendiendo y moldeándolo.

Sí que es cierto que no podemos cambiar radicalmente de la noche a la mañana. Existe una parte, aproximadamente el 40 % de lo que tú eres, que viene determinado por la genética. De hecho, también se cree que uno de los motivos por los que las neuronas no se reproducen es porque, si cada día nacieran muchas nuevas, acabarías perdiendo aquello que te hace sentir estable, tu identidad, ese «yo» continuo que percibes como inmutable. Aunque, volviendo a este tema, sí que me gustaría especificar que se sabe que en algunas partes del cerebro (como en la zona subgranular del giro dentado del hipocampo o en la zona subventricular de los ventrículos laterales) existe lo que se llama «neurogénesis», la generación de nuevas neuronas. Estas nuevas neuronas no se producen a partir de otras neuronas, sino que vienen de células troncales (células madre).

Por otra parte, el cerebro no solo está lleno de neuronas y conexiones, también anidan otros tipos de células como las gliales, que son las que cuidan de las neuronas. Vendrían a ser como sus madres, y las superan en número.

> Saber que en tu cerebro están creciendo nuevas neuronas, ser consciente de que es cambiante, ¡es la leche!, pues te indica que puedes hacer algo para mejorar.

Hemos cambiado los protagonistas de la película, ya no son las neuronas. El papel principal lo toman ahora las conexiones. Y eso convierte este filme en una superproducción, te lo aseguro. Dejas de ser un personaje plano: según cómo esté «cableado» tu cerebro, dependiendo de qué neurona se conecta con cuál, serás de una manera o de otra.

Todo esto lo sabemos porque a partir de diferentes técnicas de visualización de la actividad neuronal podemos observar en vivo qué conexiones se activan y cuáles no. Una de ellas es la fMRI (imagen por resonancia magnética funcional, por sus siglas en inglés), en la que puedes ver neuronas iluminadas, brillando solo cuando están activas. Cuando una neurona habla, le pasa un impulso nervioso a otra a través de la conexión y se iluminan. Una vez leí que era como imaginarte un árbol de Navidad en el que hay bombillas brillando. Puedes tener esa imagen en la cabeza. A veces se ilumina un grupo de bombillas (módulos neuronales), otras veces otros, y en ocasiones se iluminan todos a la vez.

Aunque el símil es bonito y nos sirve para entender este embrollo, ya te digo que en el cerebro no todo es tan mono ni está tan estructurado. En realidad, existe tal lío de conexiones entre estos módulos que a veces es difícil delimitarlos, y además cada uno puede participar en diferentes funciones. Por eso hay estudiosos del tema que están en contra de atribuir funciones al hemisferio izquierdo y al derecho, ya que existen conexiones entre uno y otro y es difícil cortar y decir hasta aquí te encargas solo tú de esto y hasta aquí la otra región. Al final, es como en una pareja dependiente, donde los dos miembros llevan mucho tiempo juntos y es difícil delimitar el cometido de cada uno. En fin, que todo es más complejo. Mi propósito es que lo entiendas para que después, cuando hablemos de hábitos, sepas lo que está pasando y por qué.

> Lo que hace que seas de una manera determinada está escrito en tus conexiones cerebrales. Si tuvieras el poder de abrir tu cerebro, cambiar todas las conexiones al tuntún y volver a cerrarlo, la persona resultante ya no serías tú; tu forma de ser habría cambiado por completo.

Una parte de este cableado viene predeterminada por cómo son nuestros padres o nuestra familia, por herencia. Pero el resto se forma a partir de la experiencia vivida en el colegio, la educación, la cultura, los amigos, la pareja... En el libro *Cerebroflexia*, de David Bueno i Torrens, leí un ejemplo que me encantó, y es que puedes imaginarte que la base genética, la parte condicionada del cerebro, es una hoja de papel, mientras que esa otra parte moldeable, cambiante gracias a la plasticidad neuronal, es todo lo que yo puedo hacer con ese papel.

Así que inicialmente el cerebro se constituye por una base genética que influye pero no determina nuestra manera de pensar y de ser. Si tienes familiares cercanos con ansiedad, habrá una parte genética que quizá te condicione. De hecho, se sabe que si tus padres padecen ansiedad tienes un 30-40 % de probabilidades de sufrirla, es decir, tienes más riesgo pero no es condicionante. El partido, eso sí, lo gana la plasticidad neuronal, todo lo vivido a través de tus experiencias y aprendizajes. Importa más la educación recibida, tu actitud ante la vida, tus hábitos y estilo de vida, que esa innata predisposición.

> Las experiencias y los aprendizajes dan forma al cerebro. Repetir mucho un pensamiento o conducta refuerza unas conexiones más que otras.

LA HERENCIA FAMILIAR Y SOCIAL

Espera, espera..., déjame que interrumpa a Sara un momento. Porque con el tiempo me di cuenta de que mi madre era la reina de las ansiosas y que sin duda había un patrón adquirido de ella muy interesante.

Mi progenitora es una gran mujer que siempre ha tirado de la familia con gran dedicación. Con un sueldo más bien bajo ha hecho milagros para que no nos faltase de nada, e incluso para que tuviésemos de todo. Eso sí, para conseguir su objetivo era una persona controladora, no se le escapaba nada, y me permito escribir en pasado no porque nos haya dejado, aún le queda mucha guerra que librar, sino porque creo que ha mejorado bastante este aspecto de su personalidad con los años.

La cuestión es que, de alguna manera, yo entraba en esa ecuación de control de todo, es más, ahora que tengo hijos lo veo, posiblemente era el principal foco de control. Así que de pequeño se me plantó una semilla de ¡cuidado, la vida es peligrosa!

Soy de los ochenta, y he vivido toda la vida en la ciudad de Barcelona. En esa época preolímpica, las aceras de algunos barrios estaban llenas de jeringuillas, había gente enganchada al caballo, y a los niños nos advertían una y otra vez de lo peligroso que era y que jamás cogiéramos una del suelo. Era tal el miedo, que había hasta campañas de televisión. También hacían mucho hincapié en contarnos a los peques que a la salida del colegio había un señor repartiendo pegatinas con droga. Dice la leyenda que lo hacían para engancharte de pequeño y que de adolescente cayeras en sus garras sin resistencia alguna. Era mentira, obvio, pero el miedo ya te lo habían inoculado. Lo curioso de estos bulos es que siempre tienes un amigo que resulta que a un amigo de su primo le pasó. En fin...

Era tal la cultura del miedo que recuerdo que cuando tenía ocho años pusieron una película de animación en la televisión sobre los efectos de la droga. Nos sentaron a todos a ver la peli, con la excusa de «son dibujos animados». Si cierro los ojos aún puedo ver escenas de ese metraje no apto para niños.

Pero todo eso fue a más, y ojo, no estoy culpando a la sociedad, mi generación podría haber acabado fatal, pero, como comentaba Sara, sin duda hay una herencia importante que después te va a tocar deshacer. Ya de más mayorcito los miedos que te metían en vena eran otros. Si no estudias una carrera, no serás nadie en la vida. No puedes llegar a nada si no sabes inglés. Y el miedo que más veo aún en todos los talleres: decide qué quieres hacer el resto de tu vida ahora que tienes diecisiete años. ¿Te suena todo esto? Pues yo lo llevaba grabado a fuego. Supongo que porque soy una persona emocional, que siento las cosas y muchas veces me cuesta expresarlas. Pero ya me abriré a nivel emocional más adelante, si lo consigo, porque estoy seguro de que nos hará entender muchas cosas.

Seguimos tirando del cable

Hemos visto que las conexiones se crean a través de la experiencia vivida y de los aprendizajes, pero te voy a contar un secreto. Cuando aprendes o vives algo con una fuerte emoción asociada, las conexiones que se establecen son más fuertes y duraderas. Por eso, algo traumático puede ocurrirme solo una vez y recordarlo toda la vida. Esto también es muy importante a la hora de enseñar: es mucho mejor que los alumnos aprendan siempre con una emoción detrás, que no se trate solo de escuchar una lección magistral y ya está, sino que el profesor le contagie su emoción, enseñe con amor, o que sea sorprendente y provoque motivación, curiosidad al estudiante. También se puede enseñar a través del miedo, como nos contaba Ferran, pero se ha comprobado que la calidad del aprendizaje en este caso se ve mermada y que aumentan los niveles de ansiedad y estrés.

Y es que ya lo dice Francisco Mora: sin emoción no hay aprendizaje. Y con su permiso a mí me gusta añadir: sin emoción no hay transformación.

Por lo que nos incumbe aquí quiero que le demos otra vuelta a esta frase: «Sin emoción no hay aprendizaje, no hay transformación».

Es importante que, en este camino hacia descubrir cómo funciona el cerebro, aprendas todo lo que se comenta en este libro con emoción, con motivación, con amor y deseo. Para conseguir que algo te transforme, ¡cógelo con ganas! Si quieres provocar grandes cambios en tu vida, ponle mucha emoción a aquello que vas a hacer, eso llevará a que se creen conexiones de una manera mucho más rápida y que puedas ver los resultados de manera más inmediata.

No pierdas la mirada curiosa de un niño, no dejes de tener ante la vida la actitud del eterno estudiante.

Autómatas y felices

Estamos en constante evolución. No es solo un estímulo exterior el que genera una actividad cerebral concreta que se expresa a través de la activación de determinados grupos de neuronas. Un pensamiento también genera esta actividad; de hecho, no pensar en nada también genera una actividad concreta (llamada «red neuronal por defecto»).

Lo que ahora es importante saber es que:

¡El cerebro no sabe diferenciar lo que es real de lo que es imaginario!

Por ejemplo, si ahora mismo cierras los ojos e imaginas que estás comiendo un limón, seguro que empiezas a salivar, o si piensas en la última situación de ansiedad que experimentaste, revives los síntomas y el cuerpo se tensa. Esto sucede porque el cerebro interpreta como real aquello que pensamos. Los pensamientos también hacen que ciertas neuronas o grupos de neuronas se activen. Cuando pienso en algo, determinadas neuronas se activan unas a otras. Si continuamente pienso en lo mismo o de la misma manera, estas neuronas se activarán siempre juntas y acabarán reforzando mucho sus conexiones. Podríamos decir que los pensamientos configuran el cerebro como si de un mapa viario se tratara. En él existen carreteras grandes como autopistas (conexiones que se han reforzado mucho por pensar invariablemente en lo mismo) y otras más pequeñas, carreteras secundarias (conexiones más débiles, creadas por pensamientos que no utilizas tanto).

La permanencia de las conexiones se produce por la repetición de la experiencia o el pensamiento y de su carga emocional asociada.

La cuestión es que, cuanto más grande es una carretera, más veloz puede pasar el coche por ahí y entonces tardará menos en ir de A a B. En el cerebro sucede lo mismo, la actividad neuronal tenderá a ir por la conexión fuerte. El cerebro siempre quiere optimizar recursos, ser eficiente. Para ahorrar energía, tu seso viaja por aquellos circuitos donde las conexiones son más fuertes, más rápidas. Es más costoso que la actividad se transmita por grupos de neuronas conectadas de forma más débil, de ahí que tendamos a pensar siempre de la misma manera, y que intentar cambiar nuestros pensamientos, y al final nuestra manera de ser, resulte tan arduo. De algún modo, el cerebro es perezoso, no quiere realizar algo que le cueste trabajo, y además le gusta siempre hacer lo mismo por motivos de supervivencia.

Si siempre hemos hecho y pensado lo mismo y seguimos vivos, el cerebro querrá perpetuar ese estado de certidumbre repitiendo siempre lo mismo, por si acaso.

Un día leí una frase que me cambió la forma de ver las cosas: «El objetivo del cerebro no es ser feliz, sino sobrevivir». Quizá para que no suene tan melodramático podríamos decir que el cerebro prefiere sobrevivir a ser feliz. Y he podido ver repetidamente en mis experimentos cómo, al destruir neuronas o grupos de neuronas, estas hacen todo lo posible por mantener su actividad como sea. De hecho, en una de mis publicaciones más recientes exponía cómo, al matar con un láser un grupo de neuronas dentro de una red, esta se reconfiguraba de manera que la actividad siguiera vigente.

Como decía antes, si piensas ahora mismo en que te estás comiendo un limón, probablemente sentirás que la boca se humedece, o si piensas en una situación difícil, probablemente te el cuerpo se tense de repente. Solo con imaginarnos algo, nuestro cuerpo responde a ello. ¿Y qué significa esto? ¡Pues que a partir de tus pensamientos puedes crear o mantener la ansiedad!

> Basta con que pienses en tus preocupaciones para que la amígdala se active y libere las hormonas del estrés.

Por eso, aunque te vayas de vacaciones al campo o a un spa a relajarte, si no dejas de preocuparte constantemente o de traer pensamientos negativos a la mente, el cuerpo seguirá respondiendo de manera fisiológica como si de verdad te estuviera persiguiendo un mamut.

Según la psiquiatra Marian Rojas-Estapé: «Las preocupaciones o la sensación de peligro prolongada (real o imaginaria) pueden aumentar los niveles de cortisol hasta un 50 % por encima de lo recomendable».

Como ya dije al principio, preocuparnos es completamente normal, es signo de querer controlar todo lo que sucede para que nada malo pueda pasar, pero en exceso todo resulta perjudicial. Según un estudio: «El 91 % de las cosas que nos preocupan NUNCA suceden». Y ¿qué puedo hacer contra esto? Pues hecha la ley, hecha la trampa.

> ¡Haz creer al cerebro que no existe amenaza alguna!

Ya..., y ¿cómo se consigue eso? Pues cada vez que te pongas tensa por algo, piensa en un paisaje que te produzca calma y bienestar, o en una persona a la que amas, algo que te tranquilice; como el cerebro no sabe distinguir lo que es real de lo que es imaginario, procesará que aquello que te estás imaginando sucede de verdad y el sistema nervioso empezará a relajarse de golpe. ¡Pruébalo!

Tener todo esto en mente nos ayuda a entender muchas cosas. Como ya mencioné, normalmente las personas que sufren ansiedad son personas autoexigentes, perfeccionistas y muy responsables, que se presionan mucho por querer hacerlo todo y además bien. Si te consideras incluida en este selecto grupo social, y sientes que no tienes los recursos suficientes para llegar a todo, es muy probable que empiece en ti la fiesta de la ansiedad.

Se dice que «más vale hecho que perfecto». En fin, el caso es que vivir bajo este miedo constante causa unas determinadas conductas y formas de pensar que se repiten una y otra vez.

LA LIE, LO RECONOZCO

Lo acepto, soy una persona exigente conmigo misma. Repetir esto en mi cabecita años y años me ha ayudado a trabajar mucho este aspecto de mi personalidad y a conseguir gestionarlo.

En mis peores épocas de ansiedad era tan exigente en todos mis actos, que lo gestionaba haciendo todo lo contrario. Me explico, porque a lo mejor te ves reflejado.

Cuando tenía que enfrentarme a un examen o a un trabajo alcanzaba tal nivel de ansiedad que aparecían los pinchazos y los tics nerviosos. Eso pasó las primeras veces, pero no más, porque ideé un «plan maravilloso»: no enfrentarme a los problemas. Era infalible, si tenía un examen y no estudiaba: no me exigía y la ansiedad no aparecía. ¿Me sigues? Tenía que presentar un trabajo: pues lo hacía mal y corriendo, buscando el «casi aprobado», y después con mi labia ya iría al profesor y le rogaría que me subiera la nota unas décimas para llegar al cinco. Esa empezó a ser mi técnica para todo, la no acción, aunque muy mal entendida y aplicada.

Pero mi plan tenía un defecto, de eso me di cuenta años después. Sufría el problema del efecto bola de nieve. Comerle la oreja al profesor para obtener mi pase directo al siguiente curso no siempre funcionaba, con lo que empezaron a quedarme asignaturas para septiembre. Eso significaba la última oportunidad para el aprobado, y allí ya no podía negociar con mi autoexigencia y la ansiedad aparecía como si llevara esperando ese momento todo el año. Y me pasaba ese mes con fuertes pinchazos, descomposición y tics en el ojo que intentaba disimular. Esta maravillosa técnica la utilicé para sacarme un bachillerato y tres años de audiovisuales, así que imagina, en fin...

Supongo que esa manera de actuar se convirtió en un automatismo, como apunta Sara, y a partir de ese momento la empecé a aplicar en todos los aspectos de mi vida. Estudiaba música y se me daba bien, pero no le ponía interés para no verme cara a cara con mi ansiedad y terminé por dejarlo. Jugaba al hockey y no era malo, llegué a estar en el Barça, pero jugaba con mi actitud de «Me da igual todo en la vida», y terminé por colgar los patines. Hasta me busqué una pareja estable que ni fu ni fa para no tener que exigirme mucho al estar con ella. Esa fue una de mis grandes cagadas, porque en ese aspecto entraban muchas emociones que agravaban la situación. Ya te contaré cómo mi manera de pensar y actuar llevó a que me casara y tuviese dos hijas con quien menos quería. Verás que es digno de una telenovela. Pero sigamos aprendiendo sobre las automatizaciones.

La noche de los muertos vivientes

Las conexiones entre neuronas establecen caminos cada vez más grandes y fuertes en el mapa cerebral. Y eso hace que se instaure un automatismo mental en la zona no consciente del cerebro.

Sucede igual con cualquier acto que repetimos mucho, como una habilidad que adquirimos a través de la práctica y que al dominarla también pasa a la parte no consciente del cerebro, como cuando aprendemos a conducir, por ejemplo. Al principio te cuesta mucho, no dominas el coche ni las señales para poder circular, y esto hace que estés prestando constantemente mucha atención. Todo ello supone un gran coste cognitivo para el cerebro. Tiene que crear nuevas conexiones, nuevos circuitos, gastar recursos. Pero, al final, de tanto repetir, de tanta práctica, estas conexiones se establecen, se hacen grandes, y la actividad puede fluir sin utilizar tanta «energía» en el camino. Entonces, cuando ya se ha establecido un hábito dentro de ti, te resulta tan fácil que incluso puedes mantener la atención en otras cosas mientras conduces. O crear una manera de actuar ante la vida, como la que nos contaba Ferran.

> A base de repetir y repetir una acción o un pensamiento, las conexiones se vuelven «autopistas», y el cerebro tiende a moverse por ellas para ahorrar recursos. Se crean programas automatizados que pasan a nuestro inconsciente.

¿Con qué propósito ocurre esto? Supongo que ya lo sospechas: sobrevivir. Volviendo automáticas ciertas acciones puedes dedicarles menos atención y recursos y ahorrar energía cognitiva. Los programas mentales automatizados a los que comúnmente llamamos «ir en piloto automático» nos liberan carga mental consciente para poder estar pendientes de hacer, crear o pensar otras cosas. Si no, sería muy agotador. Esto nos permite también poder predecir los acontecimientos venideros de forma rápida y segura. De hecho, el piloto automático inconsciente se anticipa unas milésimas de segundo al yo consciente. Eso quiere decir que, si vamos a cruzar la calle y de repente viene un coche, damos un paso atrás de forma totalmente inconsciente. ¡Acabas de salvar la vida!

De nuevo, es una ventaja adaptativa desde el punto de vista evolutivo. Si siempre tuviéramos que reflexionar antes de hacernos una idea de la situación y saber cómo actuar, nos habríamos extinguido hace tiempo.

El problema es que, al igual que le pasaba a Ferran, algunos de estos hábitos o programas automatizados no concuerdan con lo que queremos en la vida, pero ya han pasado a nuestro inconsciente y, por tanto, son muy difíciles de detectar y cambiar.

> El cerebro prefiere «lo malo conocido» porque ha conseguido que sigas vivo hasta el día de hoy. En realidad, no se trata de malo o bueno; se trata de si está siendo útil para ti o no.

Por qué nos enganchamos a hábitos físicos o a patrones mentales repetitivos que nos hacen sentir mal es algo que trataré más adelante, pero déjame decirte ya de entrada que tiene una explicación también en el campo de la neurociencia. Ahora lo que quiero que tengas claro es que los zombis existen. Así de claro. A lo mejor no caminan desorientados con los brazos por delante y se les cae la piel a trozos mientras te intentan devorar. Pero, si te dejas llevar, te conviertes en uno de ellos. Y empezarás a vivir constantemente en piloto automático, ejecutando las mismas cosas, pensando lo mismo una y otra vez. Reforzando esos programas automatizados en el cerebro. Esto crea una predisposición a seguir siendo como eres. Aquello que te ha resultado útil y te ha ayudado a seguir vivo seguirá vigente si no te esfuerzas en cambiarlo.

> «Casi todas nuestras acciones están dirigidas por subrutinas alienígenas, también conocidas como sistemas de zombis».
>
> DAVID EAGLEMAN

Según Joe Dispenza, el 5 % de la mente es consciente y el 95 % restante está dirigido por programas automáticos inconscientes, involuntarios, conductas memorizadas y reacciones emocionales habituales, con lo cual es lógico pensar que durante el 95 % del día vivimos de manera inconsciente.

Quizá alguien te ha dicho alguna vez: ¿otra vez estás así?

Somos repetitivos. Y, cuando nos dejamos llevar, quizá tengamos la sensación de que estamos siendo diferentes, pero pondría la mano en el fuego que es justo cuando estamos siendo más zombis e inconscientes de nuestras acciones o pensamientos. Si siempre repetimos los mismos patrones, ideas y conductas del pasado una y otra vez, al final nos convertimos en la vidente de turno, pues creamos un futuro predecible, réplica de nuestro pasado. Seremos siempre una versión pasada de nosotros mismos, no lo que somos en el momento presente.

¡Ser consciente o no ser consciente, esa es la cuestión!, diría un Hamlet ansioso en el siglo xxi.

Tener conciencia de lo que piensas, dices y haces, ¡esa es la clave! Es importante tomar autoconciencia de qué hábitos o programas automatizados mentales te están destruyendo o te resultan limitantes, e intentar cambiarlos por unos que te beneficien. ¡Gracias a la plasticidad neuronal es posible!

> «Mientras no hagas consciente tu inconsciente, el inconsciente dirigirá tu vida y a eso lo llamarás destino».
>
> CARL JUNG

Piensa que el cerebro no deja de ser como un músculo más del cuerpo. Todo es cuestión de entrenarlo para poder tomar conciencia y cambiar esos hábitos o formas de pensar por otros más beneficiosos para ti. Como ya he dicho, gracias a la plasticidad neuronal, a través de repetición y constancia puedo crear hábitos nuevos y volverlos automáticos. Los últimos estudios al respecto indican que son sesenta y seis días lo que se tarda en instaurar un hábito. (Parece ser que lo de los veintiún días que demostró Maxwell Maltz en 1950 se refería a que como mínimo hacen falta tres semanas para cambiar un hábito, en el mejor de los casos...). Tampoco es tanto, unos dos meses. ¿Cuánta gente va al gimnasio a muscular su cuerpo o sigue una dieta? Todo esto supone un esfuerzo y unos cambios de rutina. Puedes verlo justo así, cambiar tus pensamientos y tu estilo de vida como una cuestión de práctica, de trabajar, de muscular, de adquirir una nueva habilidad.

«Mantener la lucidez mental es un ejercicio tan duro como mantener la línea».

SHLOMO BREZNITZ

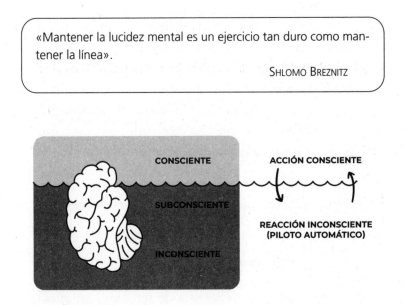

SEGUNDA PARTE

¿Qué puedo hacer para solucionarlo?

3

Revisando todo aquello que haces en tu día a día

DE JOVEN EMPRENDEDOR A *NEW AGER* LEVITANDO

En mi etapa como aspirante a productor audiovisual, caminaba con dos móviles en el bolsillo, de esos Nokia antiguos con los que jugabas a la *Snake*. Andaba de una reunión a otra intentando cerrar algún trabajito con alguna televisión que nos diera de comer los siguientes meses. Recuerdo tener esa sensación de estrés, de que no podía parar ni un segundo, porque si me detenía moría. En esa época tomaba cinco cafés al día, más de dos cervezas y algún que otro vaso de whisky para dormir. Fumaba un paquete de tabaco diario, me hacía el interesante y tenía unos pinchazos que intentaba disimular durante el día y que me hacían sufrir en soledad cuando el sol se ponía.

Fue en ese momento cuando mi cuerpo me detuvo en forma de parálisis y tuve que dejarlo todo para quedarme reposando en casa. No fue para nada una etapa bonita de mi vida, pero ahora la veo como una bendición. Tardé en recuperarme dos años. En esa época empecé a investigar sobre la ansiedad e inicié mis clases de taichí, aunque esa historia ya te la he contado.

Perdona porque te estoy haciendo dar un paseo por mi vida

algo desordenado, pero mi manera de contarte todo esto tiene un sentido, te lo aseguro. Y es que Sara te explique a continuación cómo funciona lo que haces en tu día a día y el poder que tiene eso en tu camino para salir de la ansiedad.

Cuando empecé con toda esta nueva aventura, una de las cosas que me vi obligado a hacer fue dejar mi trabajo; vendí mi parte de la productora a mis socios y me desentendí del tema. Durante ese primer año sabático hice varias cosas: taichí, qigong, meditación, psicología budista, coaching, programación neurolingüística (PNL), herboristería, medicina china... y un sinfín de cursos más para aprender a gestionar la ansiedad. Y todos ellos me llevaron a comprender muy bien su funcionamiento y cómo abordar los síntomas que me provocaba. Cabe decir que las parálisis desaparecieron y los pinchazos en el pecho menguaron mucho, hasta el punto de ser casi imperceptibles.

Funcionaba tan bien que me fui al extremo opuesto de mi personalidad. Yo soy una persona muy activa, nerviosa, lo que se dice «un culo inquieto». Y me convertí en una persona calmada, diría que demasiado, rozaba la apatía, con frases grandilocuentes y con una fuerte convicción de haber encontrado el camino. No solo el mío, el de la sociedad en general. En mis cursos me gusta llamar a esa etapa «la fe del converso». Como te conté al comienzo del libro, en ese momento impartía clases de qigong y fue cuando conocí a Sara.

Te aseguro que estuve unos años jugando a ser ese personaje. Hasta que por fin empecé a sanar y a ser yo de nuevo, el Ferran inquieto, siempre con ideas en la cabeza, el que habla rápido y se come las palabras y el que suelta una chorrada o una expresión malsonante cada tres frases. Volví a ser yo, pero esta vez sin ansiedad.

Aunque ahora me encanta reírme de esa época, también me trajo cosas buenas, pues empecé a implementar hábitos saludables que nunca he abandonado. Te aseguro que se puede hacer qigong todos los días y no ser un gurú con un traje de seda chino; se practica en pijama sin problema.

En conclusión, cuando aplicas nuevos hábitos, pasan muchas cosas buenas en tu vida; en realidad, esta da un giro y te empuja a conseguir los objetivos que te propongas. Y eso sucede porque a nuestro querido cerebro le ocurren cambios importantes cuando variamos de rutinas.

Si cambias los hábitos superas la ansiedad. Ahora bien, ¿qué nuevos hábitos hay que aplicar? ¿Cómo hay que aplicarlos? ¿Durante cuánto tiempo?

Cromañones con un iPhone en el bolsillo

Somos seres de hábitos, tendemos a seguir cada día las mismas rutinas. Igual que normalmente tendemos a pensar o actuar de la misma manera.

Cuando carecemos de rutinas y tenemos problemas o tareas por resolver, el cerebro está constantemente trabajando para encontrar qué hacer o cómo solucionar ese problema pendiente en lo que llaman la «memoria de trabajo».

Llevar una misma rutina diaria nos ayuda a sentirnos más liberados mentalmente, ¡da espacio para crear, pensar y hacer cosas nuevas!

Y eso es maravilloso, aunque ahora aún no te lo creas. Nos vamos a encargar de que veas las virtudes de todo esto para controlar la ansiedad.

Si cada mañana te levantaras pensando «¿Qué tengo que hacer hoy?», además de resultar agotador, no te permitiría construir nada más. Y sería muy difícil que consiguieras aquello que te propusieras en la vida.

> Una tarea que, una vez instaurada, se repite día tras día acaba volviéndose un hábito, y estos hábitos marcarán tu vida. Tal cual. Casi la mitad de tu día a día está lleno de ellos.

¿Eres consciente de todas las cosas que haces a diario y que no te benefician? ¿Sabes por qué las llevas a cabo? Uno no puede cambiar aquello que no «ve», así que te animo a que mires qué es lo que haces durante el día. Sé honesto contigo, puedes escribirlo en una libreta durante una semana, detalladamente. Como dijimos, el 40-45 % de lo que realizamos durante el día son hábitos, casi la mitad de la jornada funcionamos en piloto automático. Es interesante entonces ver cuáles de estos hábitos no nos están llevando hacia el camino deseado.

> Si te supera ponerte a observar qué hábitos están contribuyendo a incrementar tu ansiedad, lo llevas mal. Las excusas, la procrastinación y la apatía son tres archienemigos que debes tener muy presentes.

Vamos a ponértelo un poco más fácil para que veas que todos lo hemos hecho mal y que se puede cambiar. Entre Ferran y yo vamos a decirte malos hábitos que teníamos a ver si alguno te resulta familiar.

Pero antes repasemos cómo se forma un hábito y qué sucede exactamente en el cerebro. Supongo que te sonará la siguiente imagen:

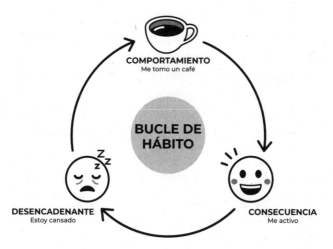

Es la teoría de las tres erres: recordatorio, rutina, recompensa.

Para que se cree un hábito, primero se activa una señal. Por ejemplo, «tengo sueño, estoy cansado», o «necesito un *break*» o «es hora de ir a dormir». Entonces se ejecuta la conducta frente a esa señal. En el primer ejemplo puede ser «me tomo un café o un té»; en el segundo, «me fumo un cigarro» o «voy al frigorífico a por algo»; en el tercero, «me voy a lavar los dientes» o «me voy a poner el pijama». Hasta aquí bien, ¿no?

Aunque parezca fácil, a veces cuesta reconocer cuál ha sido la señal que nos motiva a ejecutar ese comportamiento del que quizá no nos sintamos muy orgullosos. Porque, claro, aquí se trata de cambiar aquellos hábitos que resultan perjudiciales, que van en contra del bienestar, que incrementan la ansiedad. Los que favorecen la consecución de tus objetivos o propósitos de vida, genial; esos déjalos como están.

Ya sabes que, si cada vez que recibo una señal actúo siempre igual, refuerzo el mismo circuito neuronal, que se va haciendo más fuerte; entonces mi actividad neuronal tenderá a circular por este y no por otro para optimizar recursos, para ahorrar energía. Y aquí empieza el descontrol, porque no sabes por qué empieza todo esto.

Pero es que aún hay otro punto más. («Qué pesada eres», estarás pensando, pero te aseguro que la ciencia es así, son muchos los factores que hay que tener en cuenta). Estaría bien que entendiéramos por qué repetimos este comportamiento y no otro bajo esa señal. Y la razón es que hay una recompensa inmediata que libera una neuroquímica de placer en el cerebro que hará que este mismo comportamiento se repita ante la misma señal.

La repetición, sumada a esta neuroquímica de placer, hará que el cerebro considere que es importante, que realmente lo necesitas, y te inducirá a repetirlo y a construir ese hábito.

Y, exactamente, ¿qué neuroquímica se desprende en el cerebro bajo esas recompensas inmediatas?

Pues supongo que ya habrás oído hablar de la famosa dopamina, la gran culpable de que caigas en hábitos poco saludables. La pobre tiene mala fama, pero en realidad es también la que te motiva a cumplir tus objetivos, como en este caso salir de la ansiedad. Se ha comprobado que la dopamina desempeña un papel importante incluso en las ganas de seguir viviendo o en el proceso de enamorarse. Al final es la que nos da ese empujón necesario para llevar a cabo aquello que haga falta para conseguir la recompensa que buscamos. También está involucrada en muchas otras funciones, como la regulación motora. De hecho, las personas con párkinson sufren una carencia de dopamina.

La dopamina es un neurotransmisor producido a partir del aminoácido tiroxina y es uno de los neuroquímicos que se desprenden en el cerebro cuando obtienes una gratificación o sientes placer.

Se libera en el llamado circuito de recompensa. Presta atención, que esto te interesa. Siempre que sentimos placer, se activa este circuito que engloba muchas áreas del cerebro, como el núcleo accumbens, la amígdala, el hipocampo y la corteza prefrontal. Estas últimas te suenan, ¿verdad?

En el área tegmental ventral se halla la sede de las neuronas dopaminérgicas, un núcleo lleno de neuronas que sueltan como neurotransmisor la dopamina. Estas proyectan sus conexiones a áreas como el núcleo accumbens, la amígdala, el hipocampo o la corteza prefrontal, llenas de receptores de dopamina, las cuales a su vez también envían men-

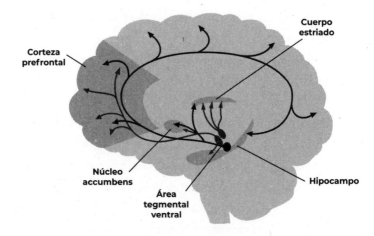

sajes al área tegmental ventral. Cuando sentimos placer, este circuito de recompensa se activa y se desprende dopamina en estas zonas.

Durante muchos años se pensó que la dopamina liberada en este circuito de recompensa era la responsable de hacernos sentir placer, pero se ha podido comprobar que no es así. Estudios con ratas han revelado que incluso con niveles menores de dopamina logran sentir placer. Y lo mismo sucede con los enfermos de párkinson, que siguen sintiendo debilidad, por ejemplo, por el dulce. Y entonces ¿de qué se encarga la dopamina, si no es de hacernos sentir placer? Pues parece ser que se encarga de que tengas ganas de buscar ese placer, de que aumente tu deseo por él. Increíble, ¿no? Piensa en ello. Se ha comprobado, por ejemplo, que ratas sin dopamina pierden el interés por ir a buscar aquello que les producía placer.

Aunque se ha popularizado la idea de que la dopamina se encarga de hacernos sentir placer, no es exactamente así. En concreto, la dopamina nos hace desear querer más de aquello que nos da placer.

Pongo un ejemplo. Tienes ganas de comer chocolate y te cortas un trocito de pastel. Al empezar a comerlo se libera dentro de tu cerebro una neuroquímica de placer (ese momento en que piensas: «Mmm..., qué rico está esto»). La dopamina liberada en el núcleo accumbens es la que hace que no puedas parar de comerlo. Esa ansia liderada por la dopamina es justamente la culpable de que nos volvamos muchas veces obsesivos con algo, de que no podamos parar y desarrollemos ansiedad.

Si hablamos de la sensación de placer en sí misma, esta sí que puede deberse a los opiáceos naturales que tenemos en el cerebro, como las endorfinas. De hecho, estas se liberan cuando se toman drogas como la morfina o el opio o cuando hacemos deporte. Dos actividades bien distintas, o dos maneras de llegar a lo mismo.

Una cosa curiosa referente a la dopamina es que se desprende sobre todo cuando nos sucede algo que no esperábamos. Por ejemplo, si sacamos un 10 en un examen y pensábamos que íbamos a sacar un 6. ¡Dosis de placer en vena!

O imagínate que voy a una cafetería nueva, me pido un café y me sabe riquísimo, esto aumentará mis niveles de dopamina, porque es algo que no me esperaba.

Los niveles de dopamina que se desprenden son proporcionales a la diferencia entre lo inesperado y aquello que se esperaba. Las sorpresas liberan mucha dopamina.

Como dije, ¡el circuito de recompensa toca diferentes áreas del cerebro como la corteza prefrontal, la amígdala o el hipocampo! Y ahora entenderás por qué.

Volvamos a ese café rico por sorpresa. Al dar el primer sorbo:

1. La amígdala entra en acción y nos hará sentir esa emoción.
2. El hipocampo grabará todo lo experimentado: dónde me tomé ese café, cuál me pedí, qué hice para obtenerlo.
3. La corteza prefrontal estará involucrada en la decisión de si me voy a tomar ese café o no, de la planificación de cuándo lo voy a hacer, incluso del significado social que conlleva ese placer.
4. Finalmente, gracias a la dopamina aprendes la conducta asociada con la recompensa, lo que se llama «aprendizaje asociativo».

Y todo esto tiene un sentido evolutivo, cómo no. Somos cromañones con un iPhone en el bolsillo.

Hay funciones básicas que necesitamos hacer para poder sobrevivir como individuo y como especie. Entre estas están: comer, beber, dormir, mantener relaciones sexuales y sociabilizar.

Hoy en día, cuando nos hemos individualizado tanto y más ahora en los tiempos pandémicos que corren, quizá esta última no te parezca tan crucial. Pero ponte siempre en la piel de ese hombre prehistórico, viviendo en una tribu, sin un hospital que lo atienda, un Estado que lo sostenga económicamente o sin una app para poder ligar. En aquel entonces era muy importante estar integrado si querías obtener todos los recursos necesarios para sobrevivir y perpetuarte como especie.

Por eso, para sobrevivir y que la especie no desapareciera, el cerebro se encargó de asegurarse de que sí o sí realizáramos estas funciones, y lo hizo gracias a hacernos sentir placer. ¿Se puede ser más perfecto? Yo pienso que no.

Cuando comemos y bebemos, tenemos un orgasmo; y cuando sentimos que somos aceptados socialmente el orgasmo puede ser inolvidable. El placer fomenta que realicemos estas funciones y que repitamos esta misma conducta cuando se presente la ocasión. Por eso, el cerebro tiende a buscar el placer y las recompensas inmediatas y a evitar el dolor.

También hay otras cosas menos primarias que te hacen sentir placer, como practicar ejercicio, leer un buen libro, ver una buena peli, contemplar una obra de arte o escuchar tu canción favorita. Y es que hoy en día parece ser que el placer ya no solo se siente por cosas «lógicas» a nivel evolutivo. Igual pasa con los miedos, que con el tiempo han cambiado, acuérdate del tigre que te perseguía. Todo es un poco más complejo, ya que el circuito de recompensa engloba muchas áreas diferentes, entre ellas áreas más «evolucionadas», como la corteza prefrontal.

El placer es un motivador esencial para el aprendizaje de determinados comportamientos claves en la supervivencia.

Vamos a poner orden para que se entienda mejor:

1. Primero, sentimos que una experiencia nos gusta.
2. A continuación, la asociamos a datos sensoriales externos, como lo que vemos o lo que oímos, y también internos, aquello que estamos pensando; estas asociaciones nos permiten predecir cómo actuar para repetir la experiencia que nos ha gustado.
3. Y, finalmente, relacionamos un valor placentero con la experiencia (de poco a mucho), de manera que en el futuro podamos decidir el esfuerzo y el riesgo que estamos dispuestos a asumir para volver a obtenerla.

Cuando nos hallamos en un mal estado físico y mental, muchas veces perdemos el placer por las cosas. Bajar demasiado los niveles de dopamina puede llevarnos a una depresión.

Sentir placer, concedérnoslo, es fundamental.

El problema aparece cuando sentimos placer por cosas que nos perjudican a nivel físico, mental y emocional y que al hacerlas nos generan además un sentimiento de culpabilidad. Este tipo de placeres son los que llamamos malos hábitos, como ese whisky para ir a dormir que nos contaba Ferran que se tomaba. De vez en cuando, no pasa nada. El problema es cuando se convierte en algo rutinario, cuando creamos un mal hábito y dependemos de aquello que nos destruye para sentir placer.

CÓMO DESTRUIR TU DÍA, O LA RUTINA DE UN ANSIOSO

Mi vida de persona ansiosa era un despropósito tras otro. Ahora lo veo tan claro y tan fácil de cambiar... Cuando trabajamos en los talleres y los alumnos me cuentan su jornada, veo luz al final de sus túneles. Porque, no lo dudes ni un segundo, las personas que sufrimos ansiedad tenemos rutinas que la potencian y le dan alas para volar a sus anchas.

En mi caso era exagerado, pero mi ansiedad también, así que supongo que estaba en sintonía. Diré a mi favor que era muy joven y Sara me contó, años después, que los adolescentes lo tienen peor en esos casos.

Un día de mi vida, en mis peores momentos, empezaba allá sobre las doce del mediodía, si escogía madrugar. Insinuaba un medio levantar de la cama y encendía el televisor, la programación eran dibujos animados y Leticia Sabater haciendo aeróbic o cocinando con «mucha marcha». Cuando mi vejiga ya no podía más, bajaba de la cama, pasaba brevemente por el baño y me dirigía a desayunar. El menú: un café con leche y, al rato, unos «Frosties de Kellogg's: poderosa energía». Más televisión mientras nutría mi cuerpo, entonces de noventa y siete kilos.

Me gustaría decirte que después de desayunar venía una ducha refrescante, pero eso solo pasaba un par de veces a la semana. Sentirse mal con uno mismo te lleva a tener unos hábitos de higiene sospechosos, sin duda va ligado. Lo siguiente al desayuno era sentarme en el escritorio delante del ordenador. Ese año, había montado una pequeña productora audiovisual de mentira (digo «de mentira» porque no estábamos registrados como empresa). Éramos unos amigos en un sótano haciendo dibujos animados. Pero si Steve Jobs empezó Apple en un garaje, ¿por qué nosotros no podíamos llegar a ser el siguiente Studio Ghibli? Los dibujos animados me encantaban, representaban un mundo feliz donde esconderme e intentar olvidar la vida de mierda que me estaba construyendo. Hoy en día sigo viendo dibujos, tiempo que comparto con mis tres hijos, pero el motivo que me lleva allí es completamente distinto. Ya llegaremos a esa parte de mi historia.

Me ponía a trabajar más o menos sobre las dos de la tarde y, como soy muy currante, me mantenía allí hasta las seis, cuando me entraba el hambre. Ah, ¡importante! Mientras estaba editando en el ordenador caían dos o tres cafés más. Lo hacía genial, ya ves.

En mi comida del «mediodía» había dos opciones: arroz con atún de lata o pizza del supermercado. Dieta sana y equilibrada. Se regaba todo con cerveza. Después vuelta al trabajo. Ya ves que mi culo no hacía grandes recorridos, a lo mejor andaba en todo el día medio kilómetro, y durante la semana un poco más, porque los lunes tenía reunión con mis compañeros, pero ese era todo el ejercicio que practicaba.

La jornada laboral de la tarde transcurría entre las seis y las once de la noche, hora en que me disponía a cenar. En esa ingesta más de lo mismo. Pizza o arroz. Ah, que no me olvide, durante el trabajo de la tarde merendaba: dónuts, bollycaos o galletas Príncipe, y fíjate que lo pongo en plural.

Después de cenar venía el momento del ocio: dibujos animados japoneses. Ahora se les llama Anime, y a los tebeos, «novela gráfica». Queda menos infantil... En fin. Mientras veía los dibujitos, me entraba hambre, la ansiedad no perdona, ya lo sabes, así que más cereales con leche para mi *body*. En los dos mil no existía Netflix ni ningún tipo de plataforma de *streaming*, si no te aseguro que yo hubiese sido usuario premium en todas. Estaba tan enganchado, que se me hacían las siete de la mañana.

Cuando veía que el sol asomaba por la ventana, me entraba la prisa por acostarme: vaso de agua y pastillita. En esa época, si no recuerdo mal, diría que era natural, de valeriana supongo, pero la verdad es que no estoy seguro.

¿Adicciones o malos hábitos?

Como puedes ver, Ferran lo hacía muy mal, pero todos aquellos actos que realizaba y que llevaban a que la ansiedad aumentara le daban placer.

Por cierto, me acuerdo perfectamente de cuando le conté a Ferran el tema de los adolescentes; si tienes un púber en casa o eres un *teenager* en toda regla, esto te va a sorprender.

> Los adolescentes son los más vulnerables a dejarse llevar por las recompensas inmediatas; la que les pone freno muchas veces es la parte racional, la corteza prefrontal.

Existe un mínimo de tiempo entre responder o reaccionar como tu parte más animal ansía. La capacidad de responder, de poder decidir conscientemente, aparece con la corteza prefrontal, que alcanza su madurez una vez pasada la adolescencia. Por eso los jóvenes asumen más riesgos, no tienen tanto control cognitivo, no ven tanto las consecuencias de sus acciones.

En una adicción también tiene que haber una activación de la zona de recompensa del cerebro: aquello que hagas debe causarte placer y, a la vez, tienes que repetirlo muchas veces. Gracias a la plasticidad neuronal construirás ese hábito o adicción. La diferencia reside en la dependencia que tienes ante ese hábito. Normalmente, el término «adicción» está más relacionado con drogas como el alcohol, la nicotina, la marihuana o, claro está, sustancias más fuertes. Estas drogas elevan los niveles de dopamina y activan los circuitos de recompensa muchísimo más que otros reforzadores naturales como la comida.

Es interesante comentar un par de aspectos sobre las adicciones. El primero es que se ha demostrado que a nivel genético hay personas más propensas a sufrir adicción que otras. Estos factores genéticos afectan en un 40-60 %.

> Se ha comprobado que la gente con ansiedad tiene más tendencia a desarrollar adicciones.

El segundo aspecto es el tema de la tolerancia. Supongo que ya sabes que, cuanto más consumes algo, más tolerancia desarrollas, ya sea a un pastel de chocolate o a unos fármacos. En el primer ejemplo, voy a necesitar comer cada vez más pastel de chocolate para sentir ese placer. En el segundo caso, voy a necesitar cada vez más dosis de esa pastilla para poder sentir el efecto. ¿Qué sucede en el cerebro?

> Con la mayoría de las «drogas», al aportar constantemente de forma externa una sustancia determinada, el cerebro deja de fabricarla en la cantidad acostumbrada o reduce los receptores a los que se adhiere, para que todo esté en equilibrio.

El cerebro compensa el extra que le das haciendo de menos. («¡Qué bien! —piensa—. Me están dando esto ya de fuera, o sea que puedo dejar de fabricarlo y así descanso»). Como el cerebro no produce esas sustancias, cada vez necesitas más cantidad de ellas para sentir el mismo efecto. Cuando intentas reducir su consumo o dejarlo, aparece el famoso mono. El cerebro tarda cierto tiempo en darse cuenta de que tiene que empezar a fabricar aquello de nuevo por sí solo.

Desde mi punto de vista, uno es adicto cuando siente todo el tiempo esa falta. Siempre necesita algo. Depende de aquello externo para estar bien, para estar en «equilibrio».

Magia de robots para humanos simples

En España, 29 millones de personas ya usan de forma activa las redes sociales y pasan casi dos horas al día conectadas a ellas, como recoge Hootsuite. En concreto, acceden sobre todo a través del teléfono móvil, como reconoce el 98 % de los usuarios del país, según el informe Digital 2020.

Las sorpresas causan chutes de dopamina, al igual que cuando sentimos el placer de ser aceptados socialmente. Este combo es el que hace que nos enganchemos a mirar constantemente el móvil para comprobar si tenemos un nuevo wasap, si ha llegado un nuevo correo electrónico o cuántos likes recibimos en una publicación de Instagram o Facebook. Estas subidas de dopamina consiguen que anheles más, que desarrolles tanta adicción que no dejes de querer sentir esa recompensa inmediata publicando más, escribiendo wasaps a más gente, bajándote más apps...

Te recomiendo, si no lo has hecho ya, que veas el documental de Netflix *El dilema de las redes*. Todos los algoritmos, ya sea de Facebook, Instagram, Google..., compiten para que te quedes el mayor tiempo posible haciendo *scroll* en la pantalla del móvil utilizando toda esta información. Buscan captar tu atención ofreciéndote más de aquello que parece que te interesa, que te da ese aumento de dopamina, sea para bien o para mal.

Por ejemplo, si un día visitas una página para comprar unas deportivas, pero no lo haces, de repente al entrar en cualquier red social te aparecerán todo tipo de anuncios ofreciéndote descuentos por unas maravillosas deportivas. Todo para que le des al botón de comprar, para que sigas ahí enganchado, mirando más.

Me hace mucha gracia porque Netflix, cuando termina un capítulo, enseguida te ofrece el siguiente o uno similar si has acabado la serie. A veces mi pareja y yo tenemos que correr a apagar el televisor para no quedarnos enganchados viendo el siguiente capítulo.

Y no quiero decir que esto esté bien o mal, solo me gustaría que tomaras conciencia de que está ocurriendo, para que tú decidas qué uso quieres darles a las nuevas tecnologías y cuánto tiempo deseas pasar en ellas. De hecho, hay otros estudios que presentan las redes sociales como un buen servicio cuando las usamos con esa intención.

> Podemos dejarnos llevar de forma pasiva por esas recompensas inmediatas sin saber hacia dónde nos llevan, o que sea la corteza prefrontal la que gestione y sepa hacia dónde dirigimos nuestra atención.

En mi proyecto personal Yoga & Neurociencia también tengo Instagram, lo necesito para trabajar y para compartir e informarme de aquello que me interesa, igual que tú. Ferran, con Bye bye ansiedad, despliega una gran actividad en redes. Pero ambos dedicamos una hora determinada al día a estas aplicaciones y luego soltamos el móvil.

Plantéate qué quieres sacar de toda esta tecnología. ¿Ponerte al día con gente que no ves? ¿Quizá seguir a alguien que te inspira y que te enseña? ¿O tal vez llevar tu negocio y promocionarlo a través de las redes? Sea cual sea el motivo, tenlo presente y toma conciencia cuando entres en ellas. ¡No te dejes enredar!

Y luego está el tiempo. ¡Ah, amiga! ¿Cuánto tiempo pasas enganchada a la pantalla viendo gatitos que hacen cosas de traca? ¿Después no te enfadas o te sientes culpable? ¿Y qué haces entonces? Pues seguramente el cerebro, con tal de evitar ese dolor, va en busca de más placer inmediato, y es en ese momento cuando te levantas a por chocolate o te tragas otro capítulo más de Netflix. Magia de robots para humanos simples.

¿Qué haces cuando tienes un rato libre? Estás esperando el autobús o estás en el metro y ¿qué haces? Te pones a consultar el móvil. Todo para no enfrentarte a ese estado de vacío que deja el no recibir constantemente premios. Es importante tomar conciencia de lo que te pasa, de cómo eres, de cómo actúas, y para ello necesitas tener momentos de observación.

¡Podrías cambiar esos momentos en que «matas el tiempo con el móvil» por instantes de observación interna!

No hay aún muchos estudios al respecto sobre neurociencia y la adicción a las redes, pero sí se ha comprobado que activan el núcleo accumbens y, por tanto, segregan dopamina.

Lo que sí sabemos es qué efecto tiene la adicción a internet. Uno de los estudios más famosos fue realizado por Hao Li (2011); en él descubrieron que afecta al cíngulo anterior. Esta parte del cerebro es como el puente entre tu parte consciente (corteza prefrontal) y la más inconsciente o impulsiva (sistema límbico), es la que hace de mediadora entre la razón y la emoción.

Al verse afectado, el cíngulo anterior se reduce, y esto hace que se desordene la moderación de las conductas impulsivas, es decir, genera una adicción. Aunque aún no se sabe si esta alteración es la causa o la consecuencia de ser adicto a internet. En el 2012 el mismo investigador hizo otro estudio en el que comprobó que la gente adicta a internet muestra menos conexiones entre esta parte del cerebro y la corteza cerebral.

> Las personas adictas a internet se ven más arrastradas por su parte primaria, son más reactivas, y les cuesta regular su comportamiento. Ojo si detectas este patrón en ti.

Por otro lado, el estudio indica que las personas a las que les hacen reducir el uso de las redes obtienen una satisfacción mayor, se sienten menos solas o aumentan el rendimiento académico, entre muchos otros beneficios.

Existe una correlación entre el uso excesivo del móvil y la ansiedad o la depresión. Pero ¿cuál es esa señal que provoca que quieras buscar en internet o mirar constantemente las redes?

¿Y si me lo pierdo?

Me gustaría abordar algo de lo que supongo que ya has oído hablar, el FOMO.

> FOMO son las siglas de *Fear of missing out*, que podría traducirse como «miedo a perderse algo».

¿A qué se refiere? Pues es un término que se utiliza para definir esa sensación de estrés, agobio o miedo a perderte o no formar parte de algún plan que te habían propuesto, ya sea una quedada con los amigos, un evento, una cita... Este síndrome ha aparecido a raíz del uso permanente de la tecnología moderna (móviles, redes sociales...).

Según la psicóloga Judith Viudes, viene a significar «el tener que decir sí a todo lo que surja aunque no te apetezca y mostrar al mundo lo interesante que puede llegar a ser nuestra vida en comparación con la de los demás. Es esconderse detrás de una fachada repleta de selfies en fiestas, viajes, rodeados de amigos, comidas sanas y ricas, triunfos académicos o deportivos, un amor romántico y perfecto...». Parece que decimos que sí a todo por presión social, por miedo a sentirnos excluidos, a no ser aceptados por los demás. El problema es que de esta manera estás viviendo una realidad alternativa incoherente con lo que realmente quieres para ti. El FOMO te distrae de poder realizar tus pasiones o propósitos.

¡Algunos estudios apuntan que el FOMO aumenta cuanto más utilizas las redes sociales!

> La gente que padece ansiedad mira mucho más las redes sociales como forma de desconexión en su tiempo libre. Pero justo esto es causa de más ansiedad, más FOMO, y crea un círculo vicioso del que es difícil salir.

En esta película, el FOMO tiene un antagonista que ha llegado para librar una pelea épica con él: el JOMO, *Joy of missing out* («disfrutar de perderse las cosas»), la capacidad de decir no a esos planes que no te llenan y poder dedicar tiempo y energía a lo que realmente quieres.

Sí, soy consciente de que los nombres, más que de una película de acción, parecen de una serie infantil: *Las pequeñas aventuras de FOMO y JOMO.*

Cerebros tomando un vermut

Sentirnos aceptados socialmente tiene un peso increíble en el cerebro. Cuando te crees excluido o rechazado socialmente, el cerebro siente «dolor»; en realidad se activan en él áreas comunes a las que lo hacen cuando sientes un dolor físico, como la corteza cingulada anterior, la ínsula o la corteza prefrontal.

> El dolor que sientes cuando alguien te rechaza podría ser el mismo que percibes cuando te cortas el dedo con un cuchillo. A veces incluso puede doler más. ¿A que sí?

La primera vez que oí esto fue a la doctora Gina Rippon y flipé. Ella defiende que por culpa de este «dolor social» se perpetúan los roles de género.

Esta superposición entre dolor físico y social tendría una utilidad biológica: podría ser un mecanismo evolutivo que ayuda a los animales que viven en comunidad a evitar los perjuicios de separarse de ella. Tiene sentido: ¿qué importancia tiene para la supervivencia de un bebé contar con una persona cerca?

Diversos estudios han concluido que aquellos que gozan de un mayor apoyo social o que pasan más tiempo con amigos muestran menos actividad en estas partes del cerebro encargadas de procesar el dolor, mientras que gente con ansiedad o con tendencia alta a preocuparse por el rechazo de otros muestra más actividad, y por lo tanto sienten más dolor constantemente.

La oxitocina, la hormona de los vínculos sociales, también conocida como la «hormona del abrazo», se desprende cuando estamos en contacto con otras personas. Y esta neuroquímica te hace sentirte bien, a gusto. ¿Cómo te sientes cuando alguien te da un abrazo? Esa sensación la causa la oxitocina.

También es muy importante en la maternidad. De hecho, un bebé estimula la oxitocina de la madre para que esta siga queriéndolo y protegiéndolo. También la conexión social es muy importante para activar el sistema nervioso parasimpático, el de la relajación. No sé si te ha pasado alguna vez que al charlar con un amigo sobre algo que te preocupa de repente todo cobra otro sentido, te sientes tranquilo y en paz. ¡Los vínculos reales pueden ser terapéuticos! Estar rodeado de gente que te quiere es un gran antídoto para dejar de estar enganchado al móvil, a las pantallas en general, a la compra impulsiva por internet o a comer compulsivamente alimentos procesados. Todo este asunto lo trataremos mejor en un capítulo en exclusiva, porque necesita unas cuantas líneas para él solito. Igual que los malos hábitos, el sueño o la pereza de levantarte del sofá y hacer ejercicio. No te preocupes que más adelante solucionaremos todos estos temas.

Adictos al hacer

Pero ¿por qué cuesta tanto desengancharse de todo esto? ¿Por qué cuesta tanto cortar con esas adicciones o malos hábitos? ¿Por qué Ferran tenía esa rutina diaria tan desastrosa? ¿Acaso no veía el daño que le hacía? ¿Acaso conseguía ser más feliz con ese desorden?

Cuando te mueves por recompensas inmediatas, todo el tiempo sientes esta neuroquímica dentro de ti; andas todo el día buscando y buscando más y los circuitos de dopamina se ven alterados. Nos volvemos adictos a vivir bajo la satisfacción a corto plazo. Si no la consigues, sientes ese vacío, te falta ese premio. Podría concluir en definitiva que Ferran era un yonqui enganchado a la dopamina.

Todo este estrés constante hace que la corteza prefrontal no esté tan presente y no pueda controlar los impulsos reactivos del sistema límbico. Si la amígdala es la que está al mando, ya sabemos qué tipo de decisiones tomarás. Las mismas de siempre. Repetir patrones, hábitos, ir en piloto automático. La razón no está ahí activa para pararte. Y llega un punto en que andas como pollo sin cabeza, haciendo por hacer.

Esto, hoy en día, es más normal de lo que parece. O al menos eso se vio en un estudio publicado en la revista *Science* en 2014, donde se pidió a cada participante que se sentara solo en una habitación vacía de seis a quince minutos, sin móvil, sin ningún tipo de *input*. ¿Qué pasó? ¡Que la mitad de la gente confesó haberlo pasado fatal durante ese tiempo!

Pero aquí no termina la historia, después se repitió el mismo experimento, pero esta vez en la habitación vacía se incorporó un administrador de descarga eléctrica. Pues adivina...

¡El 67 % de los hombres y el 25 % de las mujeres prefirieron administrarse la carga eléctrica y sentir dolor antes que estar sin hacer nada en la habitación durante esos pocos minutos! ¿No te parece increíble? Somos la hostia.

Hasta ese punto somos adictos al hacer, y todo para sentirnos productivos y valorados.

Lo peor es que esta hiperactividad está tan bien vista por la sociedad que muchas veces es muy difícil luchar contra ella. Da miedo. Parece que, si paras, te convertirás en un nini o acabarás fracasado y vagabundeando solo bajo un puente.

Si no tienes nada que hacer, no podrás evitar verte cara a cara con la ansiedad.

Piensa en esos momentos en que te has tumbado en soledad en la cama y te has tenido que enfrentar a ella. Va a peor, ¿verdad?

SI IRON MAN LO HACE, ¿POR QUÉ YO NO?

Ya te he contado cómo era mi rutina de ansioso de primera a última hora del día. Como comprenderás después de todo lo que Sara nos ha explicado, esa rutina no hacía que mi ansiedad desapareciera, todo lo contrario. Fue lo que me llevó a sufrir parálisis corporales y a pasar horas en cama sin poder levantarme.

Pero, como todo en la vida, un día empieza y otro termina. Al final ¿qué es si no la existencia?

Recuerdo el día en que todo cambió. En esa época estaba enganchado a los dibujos animados, eso ya lo he mencionado antes, en concreto a una serie llamada *One Piece*. Interminable, no he visto nada en mi vida con tal cantidad de episodios de relleno sin ningún sentido, pero eso es otra historia. La cuestión es que cada noche tragaba y tragaba episodios de esa porquería como si no hubiese fin. Y, como con cualquier serie, era fácil verse reflejado en los personajes. El protagonista era un chico un poco bobo pero de buen corazón; en realidad, el prototipo de héroe japonés. Yo lo veía y pensaba: «Igual que yo».

Y sí, nos parecíamos bastante, pero solo en lo tonto que era. Porque yo no ponía en práctica ninguno de los principios que ese personaje intentaba enseñar.

- El esfuerzo: como principio para conseguir tus objetivos.
- La ley del espejo: sé bueno con los demás y los demás lo serán contigo.
- El principio de la igualdad: no hay gente buena ni mala, hay gente enferma, ayúdales en lo que puedas.

Más o menos estos eran los principios que la serie quería transmitir a los espectadores. Y, como te he dicho, yo no practicaba ni uno de ellos. Todo el día me quejaba de la vida y el resto de la humanidad era una panda de idiotas que no entendían nada.

Otro de mis grandes hobbies entonces era la lectura de cómics. Y ese año Marvel sacó su primera película de lo que luego sería uno de los universos cinematográficos más increíbles de la historia del cine: *Iron Man*.

La historia de Tony Stark, interpretado en la película por Robert Downey Jr., trata sobre un fabricante de armas multimillonario que sufre una transformación cuando le secuestran en un viaje de negocios. Esa nueva manera de ver el mundo le lleva a un cambio de actitud ante la vida y una modificación importante de sus hábitos. Finalmente se convierte en Iron Man, un superhéroe capaz de salvar el mundo y, más adelante, hasta el universo.

Como curiosidad, quiero contarte que el director de la cinta, Jon Favreau, explica que escogieron a ese actor para interpretar al personaje por las similitudes de su vida real con la ficticia. Al final, todos pasamos por el viaje del héroe, al menos los que no nos rendimos a medio camino.

La cuestión es que vi la película y algo hizo clic en mi cerebro. A lo mejor Sara sabe explicarnos luego qué pasó dentro de mí. Pero lo entendí todo. No podía ser Iron Man si no me esforzaba por serlo. Este sí que era un superhéroe con principios, no le picaba una araña radiactiva o le inyectaban un suero que lo hacía invencible; este lo conseguía todo a través del estudio, el esfuerzo y la aplicación de lo aprendido.

¿Qué había hecho yo hasta el momento para salir de la ansiedad? Te lo diré. Buscar la araña que me picase o al científico loco que me inyectara la solución. Y eso no existe. Y si existiera...

¿Cuántos Michael Jordan, Albert Einstein o Steve Jobs has visto durante tu vida? ¿Uno de cada cuántos millones de seres humanos? Pero en cambio hay muchísima gente que consigue sus objetivos sin, en principio, tener un don especial o una facilidad inhumana para algo concreto. Y con eso no quiero decir que estos que «tienen el don» no necesiten esforzarse; la obsesión por entrenar de Michael es conocidísima hoy en día, y la organización de trabajo de Jobs también.

Así que días después de ver la película y de reflexionar sobre el tema, me puse manos a la obra. Cogí un papel grande y me ideé un horario. En aquel momento muy mal planteado, luego ya te enseñaré cómo hacerlo bien, pero el caso es que sirvió.

Al día siguiente mi primera alarma sonó a las siete de la mañana, y conseguí levantarme, aunque a regañadientes, pues a lo mejor me había acostado hacía tan solo tres o cuatro horas. La primera tarea del día era practicar qigong y hacer estiramientos; la cumplí. La segunda era tomar un desayuno saludable y sustituir el café por un té verde; fue un buen inicio, la verdad. A continuación, me marqué unas horas de trabajo; me sentía mucho más centrado, aun con el sueño que llevaba encima. Después una comida a base de ensalada y pescado a la plancha (como no tenía ni idea de cocinar era con lo que me atrevía); me quedé con hambre, pero aguanté. Con el tiempo se me fue cerrando el estómago gracias a encontrar sustitutos al dulce, ya te hablaré de ello también más adelante, seguro que Sara tiene un montón de cosas que contarnos sobre qué pasa en el cerebro con según qué comida.

Después de comer eché una siesta, y a continuación un poco más de trabajo hasta la hora de cenar. Tras la ingesta un poco de televisión y a continuación hice, creo ahora, lo que más me costó de todo, apagar la pantalla y ponerme a leer. ¡Qué maravilla de hábito! Jamás lo he dejado.

Finalmente, una sesión de respiraciones y a dormir.

Lo repetí cada día; algunos pinché del todo, otros a medias. Pero terminé implementándolo, convencido de que mis conexiones neuronales se transformaban por completo. Lo que sí sé seguro es que ese día cambió el resto de mi vida.

Cambiar e instaurar

Ya ves que Ferran modificó muchas cosas. Recuerdo que, en una reunión de equipo para el taller Bye bye ansiedad, estuvimos hablando sobre los hábitos y discutimos qué importancia tendrían en el proyecto. Ferran concluyó rápidamente que eran la máxima prioridad y nos dijo:

> Me cambió tanto la vida generar nuevos hábitos que he estudiado durante años qué pasa cuando los modificamos y cómo hacerlo posible. Creo firmemente que los hábitos son la herramienta para conseguir aquello que te propongas en la vida. Pon un objetivo, el que quieras; te aseguro que con unos buenos hábitos y una buena planificación para llevarlos a cabo lo conseguirás. Desde ese día que empecé a implementar estas nuevas rutinas, no solo he superado la ansiedad, he publicado dos libros, he montado una empresa que ayuda a más de dos mil personas al año a salir de la ansiedad y que se ha posicionado como la número uno en su sector en lengua hispana. Además, a nivel personal, he salido de una relación de pareja tóxica, me he vuelto a casar con una mujer maravillosa y tengo tres hijos fantásticos. Todo esto gracias a los hábitos.

Supongo que ahora mismo, recordando este discurso, te ves motivada para empezar a trabajar en tus nuevos hábitos. Trabajar con hábitos ha aportado cosas muy buenas en mi vida también.

Mis amigos siempre me han caracterizado por ser una persona muy disciplinada que consigue todo aquello que se propone. ¿El secreto? Seguir unos buenos hábitos. Sobre todo, ser constante, día tras día. Y, como bien dice Ferran, si los llevas a cabo, cada día estarás más cerca de cumplir tus objetivos. Gracias a ellos he podido sacarme la carrera de Física y un doctorado en Neurofísica *cum laude*. Todo esto mientras bailaba todas las tardes, actuaba en espectáculos, mantenía una relación de pareja y seguía quedando con mis amigos. Y, por poner un ejemplo más cercano, durante este año pandémico, gracias a llevar unos buenos hábitos, he podido compaginar el trabajo en el Instituto UBICS con impartir clases y talleres de yoga, participar en los cursos online de BBA y escribir este libro. Y sí, sigo manteniendo a mi pareja y amigos bien cerca. Si te planificas bien, te digo que es posible. Espero que te sientas reflejada en nosotros dos, para ver que sí se puede.

Permíteme que te dé unos consejos desde mi experiencia personal para que no dejes de poner en práctica los nuevos hábitos y no vuelvas a tu antigua vida. Busquemos la manera de que se hagan permanentes, de que esas nuevas conexiones neuronales sean fuertes y constantes. Vamos allá:

Empieza con pasos pequeños

Crea objetivos plausibles. Lo difícil es llevarlo todo a cabo. Si te propones hacer deporte, mejor quince minutos cada día que una clase de hora y media una vez la semana.

Nunca lo hagas a través del miedo

Al sentir temor cambiamos, pero solo temporalmente. Lo de la foto del pulmón negro en las cajetillas de tabaco no funciona. Yo puedo pensar: «No quiero picar entre comidas porque si no voy a engordar» o «Fumar mata». La gente asimila mejor la información con cosas positivas. Se ha comprobado que el impacto de estas advertencias es limitado.

Aplica el incentivo social

Si los demás lo hacen, yo también, así gano en aprobación. Somos seres sociales y queremos hacerlo bien. Si tú ves que nueve de cada diez personas que sufren ansiedad practican X, esto te incentivará a hacerlo tú también.

Recompensas inmediatas

Tiene sentido que el cerebro se deje arrastrar por las recompensas del momento. El futuro es incierto. Eliges antes algo seguro ahora que algo inseguro en el futuro. Si te premias en el momento por las acciones que haces, tenderás a querer repetirlas. Algunos estudios muestran que si te premias más al empezar a implementar hábitos saludables, este efecto dura al menos seis meses. Tendemos a repetir aquello que nos produce placer. Así de simple.

Como el cerebro tiende a evitar el sufrimiento, el dolor, y a buscar el placer, priorizamos la comodidad. Parece una buena noticia, ¿no? Lo que pasa es que a veces ese placer puede hacernos sentir muy culpables, porque quizá no es lo que queremos para conseguir nuestros objetivos.

Si tenemos poca comodidad, estamos mal. Si tenemos una comodidad óptima, nos encontramos genial. Pero si buscamos demasiada comodidad, volvemos a sentirnos infelices. El yin y el yang, la búsqueda del equilibrio de la que hablan la mayoría de las filosofías antiguas.

Pasa lo mismo con el estrés. Un poquito es genial para ejecutarlo todo de manera óptima; si no tuvieras estrés, no harías nada en todo el día, pero demasiado estrés, te bloqueas, todo se ennegrece y ya sabes cómo acaba el panorama. Podría resumirse con la frase: «Todo en su justa medida está bien; el problema es abusar».

4

¿Qué comer si sientes ansiedad?

EL DÍA QUE TE SIENTES LIGERO

«¿Así sabe?», me dije mientras daba el primer mordisco de camino a casa.

Hacía ya tiempo de la implantación de hábitos saludables en mi nueva vida, meses desde que había dejado de fumar y beber, y, de alguna manera, esa mañana de primavera mis papilas gustativas se dispararon. Y, años después de no prestar atención a nada, recordé el sabor del plátano.

Mi alimentación los últimos meses había variado por completo. Sin tener ni idea de nutrición había dado el paso más sencillo, abandonar las pizzas y la comida rápida, e introducir fruta, verdura y pescado en mi dieta. Solo con esos cambios, la disminución de mis síntomas de ansiedad ya era notable. Pero quería ir más allá, soy así de tozudo e inconformista.

Me apunté a un curso de alimentación natural y energética. En principio el título echaba un poco para atrás, pero el temario me convenció. Fue realmente a través de esos estudios que empecé a investigar sobre la nutrición. A modificar no solo lo que comía, sino cómo lo hacía.

La primera medida que tomé fue fijar mis horarios de ingesta, cada día a la misma hora. Eso fue imprescindible para hacerle entender a mi hambre ansiosa que dejara de dar por saco en todo momento, pues había unas horas en las que ella sabía que se le daría alimento y, en consecuencia, energía. Parece magia cuando implementas un hábito tan poderoso en tu vida, seguro que el cerebro hace de las suyas cuando pasa esto.

Fijando esas horas para las comidas, conseguí no tener hambre en todo momento, que era lo que me pasaba entonces. Es como una rueda de la que no puedes salir, comer te disminuye la ansiedad, pero cada vez necesitas ingerir más alimentos y peores para que se calme. Por suerte le puse fin. Necesité de fuerza de voluntad y tener muy claros mis objetivos; ya te avanzo que la actitud lo es todo en esta vida.

Pero no fue lo único que me ayudó a conseguirlo. Qué comía en esas horas y cómo lo comía también era imprescindible. Tuve que ponerme las pilas al respecto. Empecé a mirar qué alimentos hacían crecer mi ansiedad y comencé a reducir lo básico: la cafeína, el azúcar y los procesados. El cambio fue brutal. Meses después no me apetecía nunca ninguno de estos manjares, y antes eran una constante en mi vida. Sin duda me estaba transformando, mi manera de comer estaba mejorando incluso mi personalidad.

Recuerdo que el reto más grande fue reducir el azúcar. Como soy así de chulo, lo que hice fue eliminarlo de mi vida de un día para otro, para después poder introducir lo que realmente me apeteciera. No te recomiendo hacerlo así, mejor poco a poco y sin sufrimiento.

Esas primeras semanas tenía hasta sudor frío; cada vez que pasaba por el escaparate de una pastelería me volvía loco, literalmente. Sé que nuestro cerebro primitivo entra aquí en juego, seguro que Sara nos cuenta cosas sobre el tema.

El café lo sustituí por té; lo sé, no te pongas quisquilloso, también lleva cafeína, o teína, al final es la misma sustancia. Pero la reducción fue muy notable, de tomar cinco cafés al día a ir bebiendo sorbitos de té. Y además me ayudó mucho a dejar el tabaco, por un tema de asociación café + cigarro. No voy a hacer la rima. Además, el té lleva L-teanina, una sustancia que ayuda a la relajación, o sea que no es exactamente lo mismo.

Recuerdo cuando Sara me habló sobre el tabaco y su relación con la ansiedad; me dijo que el neurotransmisor que simula la nicotina es el de la acetilcolina, que nos hace en principio sentirnos relajados. Pero se sabe que el tabaco hace que se libere adrenalina, que es una de las hormonas del estrés. Y, obviamente, también activa todo el circuito de recompensa. En resumen, el tabaco estimula y aumenta la ansiedad. De hecho, se ha visto que el hábito de fumar es más común entre personas que padecen trastornos de ansiedad. Así que ya ves.

Baño de dopamina

Todo lo que percibimos a través de las papilas gustativas y del olfato llega al cerebro y, gracias a esto, sentimos el gusto y disfrutamos de aquello que comemos. Pero ¿por qué nos causan placer alimentos que sabemos que no son saludables y nos volvemos adictos a su consumo?

Primero vamos a ponerte en contexto, retrocediendo miles de años, como siempre. Nuestros antepasados necesitaban ingerir:

- Alimentos salados para obtener los minerales necesarios.
- Carne para obtener suficientes proteínas.
- Alimentos grasos y dulces para crear reservas de energía y almacenar grasas para épocas de escasez.

Piensa que nuestros antepasados consumían básicamente comida poco calórica, como verduras, tubérculos y frutos, y los alimentos con grasa y azúcar eran escasos. Cuando tenían oportunidad, se daban un buen empacho por si acaso, ya que no sabían en qué momento iban a poder tomar algo calórico de nuevo. Por eso cuando los comes se activa el circuito de recompensa, la red neuronal que libera dopamina sobre todo en el núcleo accumbens, aunque involucra otras zonas como la amígdala, el hipocampo y la corteza prefrontal. ¡Este neurotransmisor es el que te incita a buscar más ese placer y a que no puedas parar de comer!

> La parte primitiva del cerebro sigue pensando que la comida que contiene azúcar o grasa es escasa, así que, por si acaso, te anima a que sigas buscándola haciendo que sientas placer al comerla.

¡Al cerebro le gusta todo lo que comas que le dé energía! Necesitas la glucosa como combustible, no solo para que funcionen bien todos los procesos fisiológicos del cuerpo sino también para el bienestar del propio cerebro, que ya sabes que es el órgano que más energía gasta en relación con su peso. Y no me extraña ya que no descansa nunca. El cerebro evolucionó de manera que sientas placer al comer estos alimentos que nuestros antepasados necesitaban ingerir para mantener un buen equilibrio fisiológico homeostático.

Gracias a los alimentos grasos y dulces, el cerebro pudo desarrollarse y evolucionar hasta la maravillosa versión que tenemos hoy.

Y, en parte, menos mal que comemos alimentos más calóricos que nuestros antepasados, porque para mantener un cerebro como el actual deberían haberse pasado el día comiendo. El cerebro se da un baño de dopamina cada vez que tomas estos alimentos. Si abusas comiendo alimentos ricos en azúcar como los dulces de la panadería o el chocolate, esto va liberando constantemente dopamina en el núcleo accumbens hasta que se crea una adicción. De ahí que, al dejarlo, Ferran notase síntomas como el sudor frío, como cualquier yonqui enganchado a alguna droga. Para poder sentir los mismos niveles de dopamina o de recompensa en el cerebro, cada vez quieres más. Por eso a veces hay que tener cuidado con eso de «dale a tu cuerpo lo que te pida». Si has creado un tipo de adicción con este tipo de alimentos, es normal que el cuerpo o, mejor dicho, el cerebro, siempre te los pida. En cambio, cuanto menos los comas, menos ganas sentirás de comerlos. También hay otras teorías que apuntan que nos volvemos adictos con tal de no sentir el mono o los efectos negativos de no consumir ciertas sustancias. En el caso, por ejemplo, del azúcar, muchas veces pasa que tras el chute de energía te da el bajón, el cansancio, y, para no sentirlo, vuelves a chutarte esa dosis de energía. Y lo mismo sucede con el café.

Así pues, hemos visto que comer grasas y azúcares antaño era todo ventajas, pero hoy en día sabemos que supone un riesgo para la salud. Este tipo de alimentos afectan a todo el cuerpo de forma muy negativa igual que el cerebro también se ve perjudicado.

> ¡Un consumo abusivo de alimentos ricos en grasa, azúcar o sal dispara aún más la ansiedad!

Algunos lo hacen de forma indirecta, ya que muchos de estos alimentos alteran el sistema nervioso y aumentan los niveles de cortisol, que, como ya vimos, es justo lo que nos sobra cuando padecemos ansiedad.

No le eches la culpa de todo a la evolución de nuestra especie, no empecemos a tirar pelotas fuera.

La educación que hemos recibido también nos afecta. ¿Cuántas veces nuestros padres nos recompensaban con un dulce al salir del cole o al acabar una tarea? Del mismo modo, somos marionetas de muchas estrategias que se adoptan en las industrias alimentarias para que desarrollemos adicción a estos alimentos, ya que conocen todo lo que estamos explicando aquí y se aprovechan de esa información y de mucha más que no me da tiempo a explicarte en exceso ya que sobrepasaría el alcance de este libro. Pero que sepas que se juega con los colores o se modifica el gusto en muchos alimentos para que te apetezca más devorarlos o que sigas comiéndolos durante mucho más rato sin cansarte.

Ahora que estás informado, guárdalo bien en tu hipocampo y utiliza la parte racional del cerebro, tu corteza prefrontal, para decidir qué tipo de alimentos quieres ingerir y poder hacer uso de tu fuerza de voluntad para resistirte y comer bien. Sé que cuando sufres ansiedad todo esto se vuelve más difícil, ya que el cerebro tiende a ir en esos momentos con la amígdala al mando, pero te será mucho más sencillo cuando empieces a poner los buenos hábitos en práctica, ya verás.

Ahora vamos a centrarnos en ver estos tres tipos de alimentos de manera un poco más específica. Muchos de ellos son proinflamatorios, es decir, activan el sistema inmune haciendo que el cortisol venga al rescate para poder combatir dicha inflamación, causando de rebote que la ansiedad se vea reforzada.

Glucosa

Ya hemos dicho que la principal energía que necesita el cerebro para funcionar es la glucosa, que también consume cualquier otro órgano y células del cuerpo. Sin embargo, no hace falta ingerir expresamente azúcar ni alimentos dulces para obtenerla ya que todos los alimentos que comemos acaban siendo reconvertidos, en mayor o menor medida, en glucosa. En especial, el tipo de alimentos de más fácil reconversión es el grupo de los carbohidratos como los cereales, mejor integrales, como ya veremos más tarde, tubérculos, legumbres, productos lácteos, frutas y verduras.

> El azúcar no contiene ningún nutriente esencial, solo te da un chute de energía inmediata, un montón de calorías, nada más.

En especial ten cuidado con las bebidas azucaradas ya que, cuando las bebes, el cerebro no es tan consciente de las calorías que consumes. Puedes atiborrarte hasta el infinito de Coca-Cola o un batido de chocolate, que llevan muchísimo azúcar muy perjudicial para la salud, y no ser consciente bajo el engaño de que no te sacia tanto. Cuidado también con el edulcorante artificial; parece ser que el circuito de recompensa también se activa al tomarlo, y la leptina (hormona que regula el apetito) no consigue decirle al cerebro que estás satisfecho, ya que las calorías son bajas, así que para calmar esta ansia de más al final probablemente acabes comiendo o bebiendo algo con azúcar.

Sal

Hace poco salió un artículo en *Nature Neuroscience* donde se veía que experimentos en ratones habían demostrado que el exceso de sal puede causar cambios en el sistema inmune capaces de afectar a la función cognitiva y provocar demencia.

Comer mucha sal puede tener repercusiones en el sistema cardiovascular y provocar hipertensión, insuficiencia renal o infarto cerebral.

La microbiota, de la que hablaremos más adelante, se ve afectada cuando la ingieres, haciendo que aumenten los niveles de inflamación en el cuerpo.

Recuerda que, cuando hablo de cada uno de estos alimentos, me refiero siempre a un consumo excesivo; si te pasas al otro extremo y dejas de ingerirlos también tendrás problemas, aunque de otro tipo.

De nuevo, lo mejor es comer alimentos que de forma natural ya lleven sal, y tener especial cuidado con aquellos otros que la contienen de manera oculta, como es el caso de los alimentos procesados.

Grasas

Un consumo en exceso de grasas como las grasas saturadas que puedes encontrar en embutidos, patés, mantequillas, lácteos enriquecidos con nata, en la bollería o repostería industrial, en la carne... puede dañar mucho al cuerpo y al cerebro en particular.

> La grasa puede depositarse en forma de placas en arterias que están dentro del cerebro o en las que llegan a él. Si una de estas placas se rompe, puede provocar un infarto cerebral.

Aunque, ojo, el cerebro necesita comer grasas, ya que es su principal componente, le hace falta para funcionar bien y es una fuente de reserva energética para el cuerpo. Una dieta baja en grasas puede suponer un deterioro en la circulación eléctrica entre las neuronas y en el aislamiento de los nervios. Incluso puede repercutir en el ciclo menstrual. Así que mejor comer grasas buenas que puedes encontrar en los aguacates, en los frutos secos o en los productos lácteos. Y las reinas de las grasas saludables, las omega-3. Estas son muy importantes para aumentar los niveles de serotonina, que suben el estado de ánimo y son maravillosas para el buen funcionamiento del cerebro. En concreto, los ácidos grasos omega-3 promueven la formación de membranas que rodean a las neuronas y mejoran la eficiencia cerebral. Puedes encontrar estas grasas saludables en pescados azules como el salmón, las anchoas o el atún. También en algas marinas, nueces o pipas de calabaza. Comer grasas de pescado parece ser que previene el riesgo de desarrollar demencia o alzhéimer.

El pescado es el mejor amigo de un ansioso.

Café y bebidas estimulantes

El problema esencial del café o de otras bebidas estimulantes es que sobreexcitan el sistema nervioso e hiperactivan el organismo, lo que puede provocar ansiedad, nerviosismo e insomnio. En el caso del café, hay personas a las que no les afecta su consumo, pero si sufres ansiedad y ves que tú no formas parte de ese grupo de privilegiados, lo mejor es que te pases a bebidas sin cafeína o con dosis menores, como puede ser el té. ¡Bien hecho, Ferran! En concreto, el té verde mejora las funciones cognitivas ya que aumenta la conectividad entre las neuronas.

Pero, volviendo de nuevo al café, ¿cómo actúa en el cerebro? Pues bien, lo que hace es bloquear el neurotransmisor llamado adenosina. Esta se produce cuando estamos en activo y se encarga de inhibir la actividad cerebral, provocando efectos sedantes.

Cuando estamos inundados de adenosina por todo el gasto hecho durante el día, esa sobredosis hace que nos sintamos cansados y nos entre sueño.

Cuando Ferran te cuenta que empezó a conectar con su cuerpo, es muy probable que sus niveles de este neurotransmisor comenzaran a funcionar con normalidad. El café es un espía enemigo infiltrado. Lo que hace es suplantar a la adenosina y meterse en los receptores donde debería ir esta, bloqueando así su entrada e impidiendo que sientas su efecto. Debido a ello, te encuentras más despierto y en alerta independientemente de lo cansado que estés. Eso sí, si bebes mucho café, el cerebro crea más receptores de este neurotransmisor para compensar el exceso que le viene de fuera, por lo que cada vez necesitas beber más para que actúe.

¿Cuántos cafés tomas al día?

Cuando dejas de beberlo, el cerebro tarda una o dos semanas en normalizar el número de receptores de adenosina. Durante este tiempo es frecuente que aparezcan síntomas como la migraña, y quizá para no sufrir estos efectos secundarios claudiques y vuelvas a recurrir al café. Ahora que ya lo sabes, piensa que en pocos días esto se supera y te sentirás mucho más en calma.

Alcohol

El alcohol actúa en diversas partes del cerebro e interactúa con otros neurotransmisores. Bloquea la función excitatoria de los neurotransmisores llamados NMDA, calma la actividad neuronal y además potencia el GABA, como si fuera un ansiolítico.

Si llevas tiempo consumiendo mucho alcohol, para compensar este extra de inhibición, el cerebro aumentará de nuevo la excitación, esta estimulación afectará al sistema nervioso y la ansiedad empeorará.

El alcohol es una muy mala idea en general, pero si sufres ansiedad es aún peor.

También actúa sobre el circuito de recompensa liberando dopamina y endorfinas, que como sabes son las responsables de que quieras más y de que sientas placer al beberlo, hasta crearte adicción como una droga más.

Grandes cantidades de alcohol alteran las concentraciones de serotonina y noradrenalina, lo que te hará experimentar cambios importantes en el estado de ánimo y el estrés.

Afecta también a la corteza prefrontal, por lo que bajo los efectos del alcohol cuesta más usar la parte racional del cerebro, así que te vuelves más impulsivo y menos consciente de tus actos. También va directo a la funcionalidad del hipocampo, por lo que puedes experimentar lapsos de memoria; llega a destruir neuronas en esta área del cerebro o impide que nuevas neuronas crezcan.

Un consumo asiduo de alcohol está relacionado con perpetuar la ansiedad. Piensa también que beber alcohol es una forma desgraciadamente muy común de evitar la ansiedad y no enfrentarse al problema.

DESPUÉS DE SOLTAR TODO AQUELLO QUE ENTRÓ

Era media tarde y se acercaba la hora de cenar. De manera drástica había conseguido eliminar todo aquello que me provocaba ansiedad. La comida no era una excepción, y sentía el cambio en mi físico, pero también en mi estado de ánimo. Aquel día decidí dar un paso más. Tenía que estudiar todos aquellos alimentos que debía incorporar a mi alimentación antiansiedad.

En ese momento me sentía muy bien conmigo mismo. Cuando empiezas a conseguir tus objetivos, el estado de ánimo cambia por completo. Me aproximaba a pasos de gigante a esa versión de mí mismo que me gustaba ver. Fue en esa época cuando empecé a planear mi nueva vida.

No tenía trabajo y vivía de lo ahorrado, de la ayuda de mis padres y de algo que aún me pagaba el Estado. Sí o sí, debía empezar a buscarme la vida. Todo lo que me recordaba a mi vida pasada me producía aversión; la verdad, otro temazo que me he tenido que trabajar con los años. Así que descarté volver a los audiovisuales o a la venta en tienda. ¿Qué podía hacer?

Mientras pensaba en mi futuro próximo, seguía estudiando alimentación; además estaba haciendo un curso de psicología budista que me ayudaba mucho a la comprensión del mundo y continuaba con mis estudios de medicina china.

Con el tiempo y lecturas sobre el tema, descubrí que no solo tenía que eliminar algunos alimentos de mi vida, sino que debía introducir o aumentar muchos otros. Y ese fue el cambio definitivo. Reinterpretar la manera de alimentarme redujo mucho mis síntomas; asimismo dejé de comer por ansiedad y empecé a escuchar qué era lo que mi cuerpo necesitaba para estar a tope.

Porque no sé a ti, pero a mí esa sensación de cansancio constante que me provocaba la ansiedad no me gustaba nada.

A los meses de hacer estos cambios, mi estado de ánimo y mi energía eran brutales, empezaba a sentirme Iron Man, lo había logrado. Y, por supuesto, de los síntomas de la ansiedad ni rastro. Evidentemente junto a la alimentación estaba trabajando muchas otras cosas, que ya te iré contando en orden a lo largo del libro. Aún me quedan batallitas. Se me iluminó la bombilla. ¿Y si mi futuro iba ligado a esto? ¿Por qué no ayudar a los demás a no estar como yo había estado? Durante tantos años me había sentido muy solo junto a mi patología... ¿Podía hacer que los demás no se sintieran igual?

Y empecé poco a poco a poner todo en orden y a crear un sistema que pudiese acompañar a otros a recorrer un proceso parecido al mío.

Cuando era pequeño, en la televisión catalana salía un friki disfrazado de superhéroe ecológico, lo llamaban Capità Enciam, o sea, el capitán lechuga. Este superhéroe de clase B tenía su gran frase que soltaba justo después de vencer a los villanos: «Los pequeños cambios son poderosos». Y así es. Ese hombre de pijama verde tenía toda la razón: empieza cambiando la alimentación y verás el poder de los hábitos y todo lo que pasa en tu cerebro.

Cuando este personaje desapareció de la televisión —tengo que reconocer que sus aventuras me encantaban—, corrió el bulo de que el actor había muerto de sobredosis. Supongo que la cultura del miedo y las drogas en los críos de los noventa seguía viva y muy en forma. Pero ni mucho menos. Ya en mi edad adulta, buscando un día las aventuras de mi personaje en YouTube, vi que el actor había hecho muchas otras cosas interesantes en su vida. Me alegré mucho de la noticia. Y de alguna manera superé un pequeño miedo dentro de mí relacionado con la mentira: ese hombre estaba teniendo una vida maravillosa mientras yo me sentía aterrorizado por si terminaba muerto de sobredosis como él.

Alimentos para mejorar los niveles de ansiedad y el funcionamiento del cerebro

Vamos a hacer una lista de la compra, para que tengas claro qué meter en la cesta esta semana.

Ya hemos hablado de los omega-3; son importantísimos. Alimentos con alto nivel de magnesio también ayudan a relajar el sistema nervioso y los músculos. Un déficit de magnesio puede estar relacionado con un aumento de ansiedad, insomnio y nerviosismo. Alimentos ricos en magnesio y en zinc ayudan a mejorar la función cerebral.

> Las pipas de calabaza, las almendras, los aguacates, las espinacas o las ostras son ricos en magnesio y zinc.

Si quieres cuidar tu cerebro, mejorar tu capacidad cognitiva, tu estado mental y rebajar la ansiedad, en tu dieta no pueden faltar alimentos de la familia de la vitamina B. Gran parte de los alimentos que aportan vitaminas del grupo B ayudan a la formación de muchos neurotransmisores, potencian la concentración y la memoria. ¡Todo ventajas!

> Los frutos secos, las sardinas, las espinacas, los huevos, la avena, la soja o la fruta contienen vitaminas del grupo B.

Un déficit de calcio también puede provocar alteraciones del sueño, palpitaciones y agitación. De manera que no olvidemos incluirlo en la dieta, así como todo tipo de vitaminas. En especial, las vitaminas C, D, E y K pueden ser beneficiosas para el cerebro.

> Las nueces son ricas en vitamina E. El brócoli, en vitamina K.

Hay alimentos que ayudan a la formación de nuevas neuronas y nuevas conexiones (BDNF) como:

> El cacao puro, las avellanas, las almendras, los arándanos o la cúrcuma ayudan a la formación de nuevas neuronas y conexiones.

A pesar de lo que has oído siempre acerca del colesterol, existe el colesterol bueno (HDL), esencial para mantener las neuronas vivas y sanas.

> Las aceitunas, el aguacate, los huevos, el pescado azul y el aceite de oliva son recomendables para tener niveles óptimos de colesterol bueno (HDL).

Al final, ya ves que cuidar la salud, reducir la ansiedad y a la vez mimar el cerebro en términos de alimentación, ¡es tan fácil como seguir la gran dieta mediterránea! Este es el secreto para tener un cerebro bien alimentado y feliz.

Seguía soltando

Uno de los siguientes pasos a nivel personal fue empezar a comer todo en plato de postre. ¿Por qué? Muy sencillo, de esa manera me ayudaba a escucharme. Después de cada plato esperaba diez minutos; si aún tenía hambre, repetía, pero, si no, paraba en ese momento de comer. Adelgacé en pocos meses treinta kilos. La nutricionista del equipo, Teresa Morillas, siempre me dice que esa idea fue brutal y que ahora la recomienda a muchos clientes suyos. Punto para mí.

Además, cambié un hábito que estoy seguro de que me ayudó a permanecer en calma. Busqué un sitio tranquilo para comer, sin televisión y sin móvil. Sin pantallas, vaya. Y eso hizo que empezara a comer más despacio. Tengo que decir que es un hábito que a veces pierdo, pero me doy cuenta enseguida e intento recuperarlo lo antes posible.

Cuando era adolescente, esa época que te contaba al inicio del libro, me alimentaba al estilo Son Gokū. No sé si alguna vez has visto comer al personaje del manga más famoso de la historia. ¡No come, engulle! Pues yo hacía lo mismo. Si iba a un restaurante con un amigo, él aún no había empezado la ensalada y yo ya estaba con el postre o, si se descuidaba charlando, pidiendo la cuenta. Hoy todavía tengo que repetirme «No corras», «Come despacio», y, cuando lo logro, los alimentos me sientan mucho mejor y los disfruto mucho más. El día que no lo consigo, porque tengo prisa o porque he de comer algo rápido fuera de casa, lo noto.

El debate cerebrointestinal

El intestino es el segundo cerebro. ¿Habías oído eso alguna vez? Pues bien, se dice porque está recubierto por unos doscientos millones de neuronas que forman el sistema nervioso entérico. Este forma parte del sistema nervioso autónomo, que se encarga de controlar la digestión. Aunque, si te pones a comparar el número de neuronas que hay en el intestino o en el corazón con las que hay en el cerebro, el número se queda en nada. Por eso hay muchos científicos contrarios a que se les llame segundo o tercer cerebro respectivamente.

> Existe una comunicación intestino-cerebro constante y bidireccional.

Hay diferentes vías de comunicación. Una de ellas es a través del nervio vago, que inerva los principales órganos del sistema digestivo y envía señales nerviosas de vía rápida al cerebro de cómo está este para ir controlando el hambre y el consumo de alimentos a corto plazo. También se ha comprobado que existe una comunicación de vía lenta a nivel hormonal del sistema endocrino. Entre estas hormonas merece la pena mencionar la grelina, que es la que despierta el apetito, por eso se la conoce como la «hormona del hambre», y la leptina, que es la que lo inhibe. Más adelante veremos cómo estas dos hormonas se vuelven locas cuando no dormimos bien.

Es importante comer despacio, masticar mucho, para que el cerebro pueda ir recibiendo todas las señales de lo que está pasando. Comer de pie, rápido o delante del ordenador sin ser consciente hace que no te sientas saciado y que ingieras comida mucho más calórica.

Las papilas gustativas envían señales al cerebro de las cualidades y los nutrientes de los alimentos que están entrando, mientras que después el nervio vago le comunica al cerebro el tipo de comida ingerida y su cantidad. Estas señales de saciedad se envían al cerebro a través del nervio vago, lo que permite que la digestión se dé o no de manera óptima.

> Intenta comer con tiempo, de manera consciente y en un lugar relajado.

Sé que parece difícil en la sociedad en que vivimos, pero te aseguro que la diferencia es muy notable.

Microbiota: tu compañera de piso

Si piensas o sientes que estás solo, ¡te equivocas! Contigo, o mejor dicho, dentro de ti, viven un montón de bichitos, básicamente bacterias. Les puedes poner nombre a cada una si quieres, pero así en general se les llama «microbiota».

Cuando digo que son un montón no exagero, cien trillones de microorganismos de diferentes especies conviven contigo. El 95 % de ellas están ubicadas dentro del colon y pesan en conjunto entre uno y dos kilos.

La composición de la microbiota va cambiando a lo largo de la vida y se ve afectada por varios factores, como la genética, la dieta, el ejercicio físico, el nivel de contaminación, el entorno, el género, el consumo de antibióticos y de otros fármacos, pero también por otras variables menos lógicas como el tipo de parto que tuviste o la leche que consumiste de bebé. De hecho, en la actualidad, a los recién nacidos por cesárea se les empieza a dar a oler un trapo con secreciones vaginales de la madre cogidas durante el parto para enriquecer así su microbiota.

¿Y qué hace todo este reino microbiótico dentro de tu cuerpo?

> La microbiota ayuda a un montón de cosas, como a la absorción de nutrientes, a la producción de neurotransmisores, enzimas y vitaminas, al desarrollo y la buena respuesta del sistema inmune, y a que el cerebro funcione correctamente.

Y es que modificar la microbiota afecta a los sistemas nervioso, inmune y endocrino.

Pero también se cree que estos microorganismos pueden estar afectando al desarrollo del cerebro y al comportamiento, como han demostrado muchos estudios con animales, aunque todavía hay gran desconocimiento sobre el tema en humanos.

También puede suceder al revés: alteraciones en el comportamiento pueden influir en la microbiota. Por eso se habla ahora del eje microbiota-intestino-cerebro, donde las vías de comunicación entre estos son diversas, como el nervio vago, el sistema circulatorio y el sistema inmune.

Se cree que alteraciones en la microbiota, como la llamada disbiosis, podrían tener un papel importante en algunos trastornos mentales como el trastorno del espectro autista, la depresión, la ansiedad o el dolor crónico. Y no solo eso, sino que también pueden intervenir en enfermedades autoinmunes, en el síndrome metabólico como la obesidad, la diabetes, la hipertensión arterial (HTA), problemas cardiovasculares, alergias y neoplasias. ¡Vamos, un percal! Imagina si es importante, y la mayoría ni la conocemos.

> Según la cepa de bacteria que introduces en el intestino, serás más capaz de mejorar la ansiedad o la respuesta al estrés.

En un estudio se comprobó que el uso del prebiótico que aumenta las bacterias del tipo *Lactobacillus* consigue atenuar los niveles de cortisol, y en otro estudio, en que se introdujo el mismo tipo de bacteria, se vio cómo incrementaban los niveles del neurotransmisor GABA.

Se ha comprobado que si se trasplanta la microbiota de personas deprimidas en ratas, estas acaban deprimidas y con una desregulación de su microbiota. Las pobres ratas siempre «reciben» por el bien de la humanidad. Lo mismo se vio en personas que sufrían ansiedad y tenían el síndrome del intestino irritable. Se trasplantaba su microbiota en ratas y estas desarrollaban un comportamiento ansioso. Increíble pero cierto.

En un estudio muy reciente hecho con ratones y publicado en *Nature*, la que se considera la mejor revista de ciencia, se demostró que a estos ratones les era más fácil superar miedos dependiendo del tipo de microbiota que tuvieran. En otra investigación muy interesante se vio que la administración de otra cepa de estos bichitos hacía aumentar la compasión hacia uno mismo.

Al final, con tanto estudio, lo que quiero que comprendas es que:

> La microbiota regula la actividad cerebral y los estados mentales de su huésped. Los mecanismos a través de los cuales puede influir en la actividad neuronal y en el comportamiento de la persona es aún un misterio científico por resolver.

Bichitos que te estresan

¿Y cómo afecta el estrés a la microbiota?

Pues de muchas maneras. Por un lado, la microbiota ayuda a regular la producción de neurotransmisores como la serotonina, la acetilcolina, la dopamina o el GABA, muy importantes para mantener tu ansiedad y depresión a raya. De todos estos neurotransmisores el que ha atraído más la atención es la serotonina.

> Se cree que el 90 % de la serotonina del cuerpo se encuentra en el sistema digestivo y es un neurotransmisor importantísimo para tener un buen estado de ánimo.

Los déficits de serotonina están asociados con depresión y ansiedad. Aumentar nuestra serotonina significa sentirnos mejor, más animados y tranquilos. Además, participa en otras muchas funciones claves para el bienestar, como la regulación de la motilidad intestinal o el sueño, tal y como veremos más adelante. Aunque me encantaría dar soluciones definitivas, no puedo, esto es ciencia y funciona así. En este tema todavía existe controversia, ya que en principio la serotonina intestinal no es capaz de cruzar la llamada barrera hematoencefálica y llegar al cerebro. Pero parece ser que la microbiota puede afectar igualmente a los niveles de serotonina de forma indirecta. Algún día lo sabremos con certeza, seguro.

Es posible aumentar los niveles de serotonina consumiendo alimentos ricos en triptófano, que es el aminoácido encargado de su producción. Se encuentra en pescados azules como el salmón, en los plátanos, aguacates, huevos y frutos secos.

Cuando padeces estrés crónico, la microbiota puede verse alterada, lo que provoca alteraciones en la neuroquímica antes mencionada y por lo tanto influye en que te sientas peor. Una de las hipótesis es que, bajo estrés, puede verse afectada la barrera que hay en el intestino, abriendo una puerta a algunos microorganismos. El sistema inmune se pone en modo SOS al ver, donde no toca, estos microorganismos y libera citoquinas, que son proteínas proinflamatorias que activan el eje hipotálamo-hipófisis-suprarrenal, es decir, favorecen el aumento de cortisol.

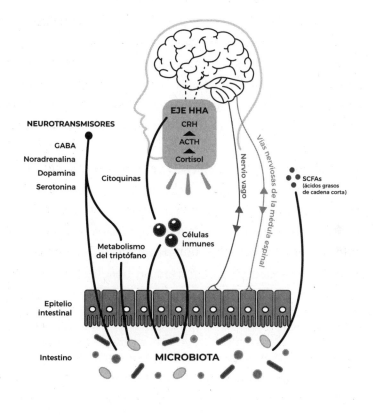

Lo que comemos puede impactar en el aumento de la ansiedad, y esta a su vez puede afectar al sistema digestivo.

Por eso es muy importante cuidar de nuestra microbiota, no solo para preservar el buen funcionamiento del sistema digestivo sino también para evitar aumentar los niveles de cortisol y lograr que nuestro estado de ánimo sea más positivo. En realidad, esto es lo que consiguió Ferran sin tener toda esta información, un poco a través de la intuición y el ensayo y error. Al modificar su alimentación, la microbiota empezó a ser más variada y comenzaron a aparecer muchos bichitos diferentes dentro de su intestino.

No abusar mucho de algo o ir cambiando el menú dentro de la rica dieta mediterránea es ideal para favorecer la buena vida de estos microorganismos. Otra forma de aumentar la diversidad microbiótica es hacer ejercicio, beber mucha agua y gestionar bien el estrés.

Normalmente se recomienda para fomentar la salud de la microbiota incorporar en la dieta alimentos probióticos y prebióticos.

Los probióticos son alimentos naturales o suplementos llenos de microorganismos vivos que al ser administrados en cantidades adecuadas aportan un beneficio al huésped, es decir, a su salud, al enriquecer su microbiota. Así los define la OMS. Y ojo cuando se dice «en cantidades adecuadas»: si se administran muy pocas unidades formadoras de colonias, pueden no hacer nada, y si se administran muchas, pueden llegar a producir el efecto contrario. ¿Qué probióticos son los más adecuados y en qué dosis? Es algo que aún se desconoce. A lo mejor el método empírico de Ferran no estaba nada mal.

Además, no todos los probióticos tienen el mismo efecto ni actúan sobre los mismos mecanismos. La mayoría ejercen una acción barrera contra las bacterias nocivas, pero parece ser que son pocos los que intervienen en el sistema inmune y nervioso.

Alimentos probióticos son, por ejemplo, el kéfir, el té kombucha, el tempeh o el miso.

Los prebióticos son sustratos utilizados selectivamente por la microbiota que, mediante el proceso de fermentación, aportan beneficios al huésped. Es decir, estos alimentos ayudan a que los bichitos crezcan sanos y puedan reproducirse, y que así tú te sientas mejor. Los prebióticos se pueden encontrar en alimentos que el cuerpo no acaba de digerir, como la fibra.

> Alimentos prebióticos son, por ejemplo, el puerro, los espárragos, el plátano, la avena, el ajo, la cebolla o la patata.

Estos últimos años, se están haciendo muchos estudios al respecto, porque el uso de probióticos y prebióticos podría ser un recurso muy efectivo para tratar trastornos mentales como la depresión o la ansiedad. El tratamiento con psicobióticos constituye un campo de investigación en pleno auge.

> Todos los alimentos que hacen aumentar los niveles de ansiedad, como los azúcares y las grasas malas, empeoran la calidad de vida de la microbiota, y lo mismo vale para el alcohol y el tabaco.

Es mejor evitar los alimentos procesados y fomentar la compra de comida ecológica. En concreto, los emulsionantes y conservantes aumentan el nivel de inflamación y provocan cambios en la microbiota que producen alteraciones perjudiciales para el sistema digestivo. Por otro lado, los pesticidas y herbicidas parece que pueden dañar incluso al cerebro produciendo una reacción inflamatoria y haciendo que aumente la ansiedad.

Ya ves que la dieta tiene un gran efecto en qué bichitos dominan y cuáles no en el intestino. En relación con esto, hay un estudio muy curioso donde se pudo comprobar que existe una gran diferencia entre la microbiota de los niños occidentales y la de los niños africanos debido a las distintas dietas. Resultados similares se vieron en otro estudio en el que comparaban la microbiota de consumidores de carne y grasas saturadas con la de otros que llevaban una dieta más vegetariana rica en hidratos de carbono y bajos azúcares. En ambos estudios se constató que una comida más occidental incrementa las bacterias del tipo Bacteroides, mientras que una dieta típica en sociedades agrarias favorece las bacterias del tipo Prevotella.

> Llevar una alimentación saludable, junto con hacer ejercicio y relajarse, son claves en el mantenimiento de una buena microbiota y, por lo tanto, de la salud tanto física como psicológica.

NOCHES SIN DORMIR

Aún no había llegado a mi peor etapa con la ansiedad y el insomnio ya asomaba por la ventana cada noche. Era aparecer la luna y tener los ojos como dos soles.

Si has pasado por eso, sabrás lo que es sentir pánico a la hora de irse a la cama. En ese punto estaba yo. Y la única solución que veía era tomar un somnífero y ponerme series hasta quedarme dormido del todo. Las horas promedio de sueño por noche eran pocas, muy pocas, la verdad.

Un día de ese año me invitaron a una charla sobre el tema del sueño. Se celebraba en el centro donde estudiaría más tarde psicología budista, un despacho de psicoterapia en el centro de Barcelona. Asistimos, si no recuerdo mal, cuatro contando al conferenciante, algo que me hizo sentir que éramos muy pocos y muy especiales los que teníamos este pequeño problema.

El hombre que presentaba la charla empezó hablando de cómo dormir bien, cómo preparar la habitación para dormir, qué comer antes de acostarse, trató incluso de la opción de ayunar para dormir mejor. Me pareció todo muy interesante y, como ya te contaré, más adelante puse algunas cosas en práctica. Pero lo que más me impactó fue otro tema.

Durante la exposición una chica interrumpió al ponente para preguntar algo realmente inteligente:

—¿Y si nada de eso funciona?

—Tampoco es tan grave, ¿no? Esto también pasará.

Luego aclaró que con práctica esas técnicas funcionaban, pero yo ya estaba inmerso en la frase... «Esto también pasará». «Pues, claro —pensé—, como todo en esta vida, el tiempo es imparable y todo va pasando. Al final el reloj empuja sin compasión y el tiempo se va como cuando intentas coger el agua con las manos. Solo somos un instante, ¿para qué estar sufriendo?».

Al llegar a casa cogí un trocito de papel y anoté la frase que había aprendido en esa charla. Durante una temporada, cada vez que no podía dormir, miraba el papelito y me relajaba.

Con el tiempo empecé a trabajar con las técnicas que ese puntual gurú me había brindado. Y el insomnio dejó de ser un problema en mi vida. Ahora, como en casi todo en lo que a la salud se refiere, tengo un horario en forma de hábito de sueño. Me acuesto a las diez de la noche y me levanto a las cinco treinta, siete horas y media de sueño reparador. Al mediodía me echo una siesta de media hora, a veces me permito un poco más.

Y con esto no quiero decir que esa sea la solución para todo el mundo. A mí me funciona. Pero durante estos años estudiando la materia he visto muchas maneras de dormir que según su practicante eran las mejores del mundo.

Da Vinci, por ejemplo, seguía un ciclo de sueño polifásico, un método llamado «el ciclo de Uberman», que consiste en echarse una siesta de veinte minutos cada cuatro horas. Es decir, que no dormía seguido por la noche, trabajaba en sus ideas y cada cuatro horas se tumbaba veinte minutos. Reconozco que lo he probado durante un corto periodo de mi vida, y a mí no me funciona. Será solo para genios.

Recuerdo que cuando era adolescente y empezábamos a ir a conciertos y festivales, era muy *cool* no dormir en toda la noche. «Hoy empalmamos», decíamos con voz de molarnos un montón. Y yo, con lo tontorrón que era, seguía la corriente al grupo y luchaba toda la noche contra mi naturaleza, para no dormirme en cualquier rincón. Cómo me hubiese gustado tener la personalidad y las cosas claras para decirle a mi grupito de amigos «Yo me voy a dormir, aquí os quedáis». Por suerte, la ansiedad no me dejó empalmar muchas veces, así que, una vez más, gracias, ansiedad, por todo lo aprendido a tu lado.

En los talleres trabajamos rutinas de sueño y tengo una idea sobre lo que a la mayoría le funciona mejor. Son todo cosas que yo he ido aplicando también en mi ensayo y error contra la ansiedad.

Para empezar, intentar apagar pantallas mínimo media hora antes de acostarse. Entender que la habitación tan solo sirve para dos cosas: dormir y hacer el amor. Si estás en la cama y no puedes dormir, sal de la habitación y ve a otro espacio de la casa a leer o a meditar, por ejemplo.

Los plasmas, teléfonos y tablets lejos de la habitación, la idea es que el cerebro entienda que te dispones a dormir, no que se active mirando series. Por otro lado, mantén el dormitorio ordenado y bien ventilado. Otra cosa que todos los alumnos me comentan que les ayuda es poner un poco de aceite esencial de lavanda en la cama, dicen que induce al sueño. No sé si realmente funciona o es un mero placebo, pero, sea una cosa u otra, el resultado en mis grupos es innegable.

Desde mi experiencia te recomendaría que te acuestes temprano y te levantes al salir el sol, pero sé que eso es muy personal. Y no creas que Sara nos puede demostrar que hacerlo así es mejor. Lo que sí es seguro es que tenemos que descansar más o menos las famosas ocho horas. Luego te cuento cómo empecé a ponerlo yo en práctica.

¿Cómo duerme el cerebro de un ansioso?

Cuanto menos se duerme, más aumenta la ansiedad, y cuanta más ansiedad, más riesgo de padecer insomnio.

Hay muchos misterios aún sin resolver acerca de cómo funciona el sueño fisiológicamente. Lo único que sabemos seguro es que nos pasamos casi un tercio de la vida durmiendo. Y es que el sueño afecta a diferentes partes del cerebro de forma muy compleja. Te explicaré, de todas maneras, lo que hasta la fecha se sabe y que creo que te irá bien conocer.

En ciudades industrializadas se calcula que una de cada ocho personas de la población adulta padece insomnio crónico, mientras tres de cada ocho han sufrido insomnio ocasional o transitorio por estrés. Y, ojo, porque problemas de insomnio no significa solo que me paso la noche en vela sin poder dormir nada de nada. Este es un tipo de insomnio. Pero el insomnio, o la falta de sueño, también engloba el hecho de que cueste quedarse dormido, de despertarse en medio de la noche o de levantarse más temprano de lo que se debería. Así que, Ferran, la sensación que te llevaste en esa conferencia nada tenía que ver con la realidad, mucha gente sufre ese gran problema.

> Si durante tres meses te levantas por la mañana y tienes la sensación de que no has descansado bien y te pasas el día agotado, con sueño y cansancio, puedes decir que padeces insomnio crónico.

Un sueño de calidad se atribuye a poder caer dormidos pronto, en menos de media hora, plácidamente y despertando solo unas pocas veces durante la noche. Hay algunos científicos que consideran que el sueño debe ser profundo durante un periodo importante de la noche para que nos resulte reparador; este sueño profundo sucede al principio de la noche, en los primeros noventa minutos. En cambio, otros científicos, como Matthew Walker, han visto recientemente que lo importante es que se den todas las fases del sueño mientras duermes, y esto ocurre solo cuando duermes las aproximadamente ocho horas que recomienda la OMS.

Si no duermes adecuadamente, puedes correr más riesgo de padecer problemas graves de salud, como diabetes, obesidad, depresión, enfermedades cardiovasculares e incluso alzhéimer o cáncer.

La privación del sueño no solo afecta al cerebro, como veremos, sino también a los sistemas endocrino, cardiovascular e inmunitario. No dormir hace que aumente el riesgo de padecer problemas en estos sistemas, disminuye la calidad de vida e incluso parece ser que la acorta.

Pero no quiero seguir poniéndome punki. Supongo que en general ya sabes y habrás experimentado que no dormir un solo día ya sienta fatal, ahora lo que quiero que aprendas es todo lo relacionado con ello para que puedas disfrutar de los beneficios que el sueño conlleva.

Cuando nos vamos a dormir, primero entramos en el sueño no-REM, después pasamos a la fase REM, luego volvemos al no-REM y así sucesivamente hasta que nos despertamos. Cada noventa minutos se van turnando.

En la fase REM el cuerpo sigue manteniéndose inmóvil pero los ojos se mueven sin parar, de ahí el nombre en inglés: *rapid eyes movement*. Es en este ciclo donde se producen los sueños, la actividad neuronal es similar a la de cuando estás despierto.

A lo largo de la noche el sueño no-REM se hace más corto, menos intenso, mientras que el REM cada vez se hace más largo.

Es importante destacar que dentro del sueño no-REM existen diferentes fases, de la 1 a la 4, que podemos englobar en dos. Una es la del sueño no-REM ligero, que comprende las fases 1 y 2; la otra es la del sueño profundo no-REM o sueño de ondas lentas, que corresponde a las fases 3 y 4, como puedes ver en el esquema de abajo.

Estas fases del sueño varían en las diferentes etapas del desarrollo humano. Por ejemplo, los bebés disfrutan mucho más del sueño REM y casi no tienen sueño profundo. Es en la adolescencia cuando se empieza a experimentar el sueño profundo y puede ser que gracias a él se gestionen mejor las emociones. Luego, en la vejez se vuelve a perder este sueño profundo alrededor de un 80-90 %.

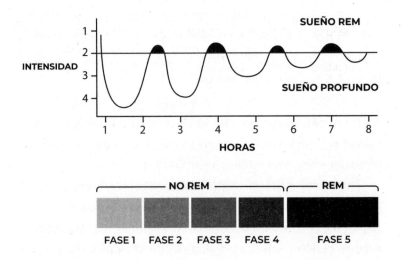

¿Te has ido a dormir alguna vez después de haber estado estudiando un tema que no has sido capaz de comprender? Al levantarte al día siguiente, y retomar los apuntes, ves que aquello que te resultaba tan difícil ¡ahora lo entiendes a la perfección!

Eso es porque, durante la noche, nuestro fabuloso cerebro asienta los aprendizajes y consolida la memoria, y esto pasa sobre todo durante el sueño no-REM profundo, que, como vimos, se da al principio de la noche.

En esta fase del sueño el cerebro envía toda la memoria temporal almacenada en el hipocampo (recuerda que es el que se encarga de la memoria a corto plazo) hacia la memoria a largo plazo, que está ubicada en la corteza cerebral. Esto sucede al principio de la noche, cuando se produce el sueño profundo caracterizado por ondas lentas que alcanzan partes remotas del cerebro.

> El sueño permite al cerebro integrar los nuevos contenidos que se han introducido durante el día en las memorias ya existentes, haciendo que se recuerden mejor.

Pero, ojo, para aprender también es necesario haber dormido bien previamente; si no se duerme cuesta más tanto aprender como recordar lo aprendido.

Durante el sueño no-REM ligero, se reestructura y consolida la memoria motriz, aquella relacionada con las habilidades motoras como tocar el piano o conducir. De alguna manera el cerebro continúa practicando mientras duermes y esto hace que mejores estas habilidades.

Además, mientras duermes, el cerebro desecha aquellos recuerdos que ya no usas y te ayuda a olvidar.

Todo esto pasa cuando no estamos soñando, pero... cuando soñamos ¿qué sucede?

Parece ser que, durante la fase donde predominan los

sueños, el cerebro va revisando y refinando todo lo que se ha ido guardando en la anterior etapa del sueño.

> El sueño no-REM filtra y consolida las conexiones, y el sueño REM refuerza aquellas que se quedan.

Esto ayuda a afinar también los circuitos emocionales del cerebro, lo que te permite poder decidir y actuar de forma más inteligente a nivel social. Es en esta fase del sueño donde también se crea nuevo conocimiento que puede superar incluso la suma del preexistente en el cerebro.

Soñar nos ayuda a dar con nuevas soluciones a problemas y nos despierta originales ideas que en estado de vigilia no se nos ocurrirían. El sueño podría ser parte de los procesos mentales que subyacen a la intuición y la creatividad. El gran químico Mendeléyev descubrió el orden de la tabla periódica de los elementos químicos gracias a un sueño. Y es conocido que Freddie Mercury dormía con el piano como cabecero de la cama, por si soñaba una melodía poder así tocarla de inmediato y anotarla.

Mientras vivimos apasionantes historias o pesadillas, la corteza prefrontal está desconectada, por eso los sueños muchas veces son tan irracionales y sin sentido, y nos ayudan a ver aquello que normalmente no percibimos despiertos. Además, en esta fase, la noradrenalina, una de las sustancias que ya sabes que intervienen en la ansiedad, está bloqueada.

Así que mientras soñamos se produce una reactivación de recuerdos emocionales pero libres de ansiedad y estrés. Esto hizo pensar a la comunidad científica que los sueños podrían servir como terapia nocturna, donde uno es capaz de olvidar miedos, superar traumas y disolver recuerdos con carga emocional intensa. Y es lo que se está viendo recientemente en diferentes estudios. Es increíble, ¿no? De hecho, el sueño puede transformar tanto la memoria que a veces se le culpa de ser el responsable de que se creen recuerdos falsos en la mente.

Y todo esto se reduce si nos vamos a dormir tarde y nos levantamos temprano ya que, si recuerdas, la fase REM, los sueños, predomina en las últimas dos horas. Si duermes unas seis horas estarás perdiéndote los grandes beneficios del sueño REM. Espero que este argumento de peso sirva también para que apagues el televisor antes de acostarte y procures dormir esas ocho horas.

Por si no tienes suficiente

- Cuando dormimos se eliminan todos los desechos metabólicos tóxicos que se han generado durante el día. Es lo que llamamos «limpieza cerebral».
- También es durante el sueño cuando las neuronas sintetizan proteínas y otras moléculas que le sirven al cerebro para recuperarse del desgaste producido durante la vigilia y participan también en la formación de la mielina, material aislante en las proyecciones de las células nerviosas que hay en el cerebro.
- Se reajusta el equilibrio entre neuronas inhibidoras y excitadoras y aumenta la plasticidad neuronal.

Descansar NO es perder el tiempo, al revés, ¡es ganarlo! Al dormir ¡integramos los nuevos conocimientos, consolidamos la memoria, despertamos la creatividad, regeneramos el cerebro y lo preparamos de nuevo para la acción!

EN CUANTO A MIS HÁBITOS DE SUEÑO

De pequeño era un niño de horarios marcados y alimentación regular, a lo mejor un poco más de azúcar del que debía, soy de los ochenta, la generación de los Smacks y el «Boom, boom, boom, Boomer, el superchicle». Pero en líneas generales mi madre se encargaba de que tuviera un orden y una nutrición variada. Fue en realidad en mi veintena cuando empecé a comer mal; creo que cuando no te quieres a ti mismo lo que le das al cuerpo es basura, así todo está en consonancia.

La cuestión es que, retomando el hilo, después de esa charla con el gurú del sueño, y con mi alimentación mucho más ajustada, empecé a aplicar las técnicas de descanso que había aprendido.

Dejé mi habitación con el mínimo de cosas posibles. Saqué la televisión de la pared y la puse de patitas en la calle. Junto a ella, eliminé cargadores de móviles y ordenadores portátiles de la vista. Dejé solo el armario, la cama y una mesita de noche con una pequeña luz y un libro. El libro estaba meramente para decorar, nunca he sido capaz de leer en la cama, me parece muy incómodo. Años después vi que tenía sentido no hacerlo así.

Compré, como te comentaba antes, aceite esencial de lavanda; mezclaba unas gotas con agua y lo esparcía ligeramente por la cama antes de acostarme.

Adelanté la hora de cenar, sobre las ocho de la tarde, hábito que no he perdido aún. De esta manera voy a dormir con la digestión bien hecha. Eso sí, a las diez estoy en la cama. Pero no solo cambié la hora de cenar sino también lo que comía. Mis cenas comenzaron a ser cremas de verdura, pescado, principalmente azul, y siempre un trocito de chocolate negro con un 95 % de cacao de postre con un plátano. No soy un gran sibarita, no necesito variar mucho los platos que como, puedo cenar cada día lo mismo, es difícil que me aburra enseguida. Algunos días cambiaba la crema de verduras por arroz integral. Y con esto mi sueño mejoró. ¡Qué digo mejoró! Cambió radicalmente, empecé a dormir y a descansar como hacía años que no lo hacía.

En pocos meses mi mente estaba despierta y atenta, me sentía mucho más espabilado y feliz, y muchos miedos que antes me acechaban habían desaparecido por completo. Había modificado muchas cosas en mi rutina de sueño, aunque también, estoy seguro, todo lo que había cambiado durante el día ayudaba a mis noches. Con esto pretendo explicar que lo que estamos abordando es un puzle que hay que completar, son varias piezas y todas tienen que encajar, no basta con poner solo una. Si empiezas a variar tus rutinas de sueño porque tu problema principal con la ansiedad es el insomnio, no te va a funcionar, tendrás que hacer que todas las otras piezas se unan a esta.

La luz nos afecta y tú con el móvil a medio palmo de la cara

¿Y qué pasa cuando tenemos ansiedad?

Como ya sabes, el sistema nervioso está compuesto por el simpático y el parasimpático. Ambos trabajan las veinticuatro horas y se van turnando todo el tiempo. Muchas veces, no es que se desconecte uno y aparezca el otro, sino que, dependiendo de lo que estemos haciendo, uno es el dominante. Cuando estás despierto, el dominante es el simpático, y cuando duermes, te relajas durante el día o estás haciendo la digestión, el parasimpático toma el mando.

El hecho de que el simpático y el parasimpático no sean excluyentes es lo que hace que incluso cuando duermes puedas estar nervioso, inquieto, moviéndote constantemente.

De todas maneras, es muy probable que el cortisol fluya por tu organismo como un gran manantial, ya que la amígdala y, en consecuencia, el sistema nervioso simpático, está hiperactivada. En principio el cortisol debe bajar durante la noche e incrementarse al alba, con los primeros rayos de sol. Tiene su pico a las doce del mediodía. Mientras que la melatonina, la conocida como «hormona del sueño», juega el papel contrario: sube durante la noche, tiene su pico a las cuatro de la mañana y desciende al amanecer.

Cuando sufres ansiedad, el nivel de cortisol se eleva durante la noche a dosis más altas de lo normal, haciendo que duermas en estado de tensión e inquietud y que el sueño sea interrumpido y de poca calidad.

En concreto, pacientes con insomnio muestran ondas menos amplias en el sueño no-REM profundo y un sueño REM más fragmentado.

Altos niveles de cortisol, junto con sus dos compañeras, la adrenalina y la noradrenalina, hacen que se eleve el ritmo cardiaco, con lo que la transición al sueño se dificulta. Además, la hiperactivación del mecanismo de lucha-huida hace que la temperatura corporal no decrezca tanto, lo que no ayuda a coger el sueño.

> Tener la temperatura del cuerpo elevada repercute en la del cerebro. Si mantenemos el cerebro activo antes de acostarnos, la temperatura corporal tampoco bajará.

Una de las cosas que hizo Ferran, y que intenta inculcar a todos los que pasan por nuestros cursos, es desconectar las pantallas un rato antes de acostarse. Este hábito tiene todo el sentido del mundo porque ayuda a la secreción de melatonina, que es la hormona que te ayudará a iniciar el sueño. Los ojos, en concreto la retina, detectan, gracias a los receptores de melanopsina, las diferentes ondas de luz, los colores, de todo lo que viene de fuera. La luz solar lleva mucho componente azul, igual que la luz que emiten estos dispositivos, que confunden al cerebro haciéndole pensar que aún es de día, y ahí es cuando el ciclo circadiano, o el reloj cerebral interno, se desregula y segrega menos melatonina.

Tanto la melatonina como el cortisol son las hormonas que regulan el ritmo circadiano que está situado principalmente en las neuronas del núcleo supraquiasmático del hipotálamo, que funcionan de manera bastante autónoma. Estas neuronas son capaces de sincronizar el ciclo sueño-vigilia y, de forma independiente, también el de la temperatura corporal con el ciclo de luz y oscuridad del sol. Por eso, en la mayoría de los casos, cuando oscurece o baja la temperatura, el cuerpo entiende que es hora de dormir o descansar. La luz no solo regula este ciclo de vigilia-sueño, sino que también nos ayuda a ajustarnos a los cambios estacionales e influye en nuestro estado emocional. ¿Con el cambio de estación tu ansiedad aumenta?

Un dato curioso y un tanto místico es que la melatonina se segrega en la glándula pineal, que tiene el tamaño de una lenteja y que es considerada por muchos la parte del cerebro que te abre a la intuición y al «más allá». En el yoga, por ejemplo, es donde se sitúa el sexto chacra o el tercer ojo. Gracias al buen funcionamiento de la glándula pineal podemos soñar, y los sueños, incluso para nosotros los científicos, no dejan de ser un gran misterio.

Ferran hizo además algo que sin querer le ayudó mucho a recuperar el sueño: ¡tener unas noches más chocolateadas! Todos los alimentos que empezó a introducir llevan triptófano, que aumenta la serotonina del cuerpo para poder dormir mejor. Pues esto también va relacionado con la ya famosa melatonina. Gracias a la serotonina se sintetiza la melatonina, pero el que produce la serotonina es el triptófano, como ya dijimos anteriormente. Así que, aumentando el consumo de alimentos ricos en triptófano, se elevan los niveles de serotonina y de melatonina. Un dos por uno. Comiendo alimentos como pescado azul, huevo, chocolate negro puro, frutos secos o plátano aumentas por un lado tu estado de ánimo y por otro te preparas para inducir un buen sueño. Los cereales integrales también favorecen la absorción de triptófano, aunque existen algunos estudios en los que se recomienda no cenar hidratos de carbono para poder dormir bien.

Sin embargo, debo decir que hay científicos que no tienen claro que aumentar los niveles de melatonina ayude a dormir mejor, ya que esta promueve la fase inicial del sueño, pero nada más. Es útil cuando estamos con el jet lag, pero no tanto cuando se trata de problemas de insomnio.

Diversos estudios demuestran que no todo el mundo necesita dormir ocho horas, algunas personas necesitan dormir más y otras menos, ya que hay otros factores que desempeñan un papel, como el gen BHLHE41. No obstante, la probabilidad de que tú seas uno de estos casos es ínfima.

> Intenta dormir esas ocho horas para que se den todas las fases del sueño y puedas disfrutar de todos sus beneficios.

Y es que no dormir bien tiene muchísimos efectos contraproducentes. Supongo que habrás tenido alguna noche de insomnio; al día siguiente te sientes medio zombi y con la cabeza espesa, aparte de con unas ojeras horribles. Quizá ese día has notado que tienes más dificultades para comunicarte bien, conducir o prestar atención a lo que se te dice o tienes que hacer. Si llevas una temporada larga durmiendo mal, añádele a esta inestabilidad mental dolor de cabeza, irritabilidad, nervios y ansiedad. Incluso puede llevarte a la depresión. No dormir bien afecta a muchísimas partes del cuerpo y del cerebro.

Disminuye la secreción de insulina y eleva el nivel de azúcar en sangre, lo que puede provocar diabetes. Crea además un desequilibrio hormonal tanto a nivel reproductivo como a nivel digestivo que llega a afectar incluso al hambre. Esto es debido a que la leptina, la hormona que disminuye el apetito, se reduce, mientras que la grelina, la hormona que aumenta el apetito, se incrementa. Se ha estudiado que, cuando un día no dormimos bien, también se activan más al día siguiente los circuitos de recompensa, lo que induce a comer más dulces, más comida basura. Hay estudios que sugieren que el insomnio fomenta la obesidad.

Cuando dormimos bien, este equilibrio hormonal se ajusta adecuadamente, igual que las hormonas del crecimiento. Te recomiendo que veas la TED Talk *Sleep is your superpower* del neurocientífico Matthew Walker, especializado en todo el tema del sueño.

Ahora, sabiendo todo esto, pensarás: «Vale, me has convencido, quiero dormir mejor, pero ¿qué puedo hacer para descansar bien si tengo ansiedad?». Haz lo mismo que Ferran. Antes que nada es importante seguir una buena higiene del sueño.

- Levántate y vete a dormir siempre a la misma hora, así ayudarás al sistema circadiano a que adquiera regularidad. Y recuerda que el cerebro no sabe que existe el fin de semana, por lo que lo ideal sería que sábado y domingo mantuvieras el mismo horario.
- Apaga las pantallas o luces de color azul al menos una hora antes de ir a dormir. Sustitúyelas por luces cálidas. Existen aplicaciones para cambiar la luz en el móvil y en el ordenador portátil; consúltalo en Google y seguro que encuentras la que se adapta mejor a tu dispositivo.

Recuerda que no importa tanto la intensidad de la luz como la longitud de onda, que esta no sea azul.

- Cena algo ligero y nutritivo al menos una hora antes de irte a dormir. Y atención, ahora que se han puesto tan de moda los ayunos, porque si te acuestas sin cenar va a pegarte un chute de cortisol, y si tienes ansiedad ya te digo que te costará más dormir. Si no te atreves con el ayuno y decides cenar un plato de macarrones a la boloñesa y un bistec, puede ser aún peor, porque el cuerpo, en vez de estar relajado durmiendo, estará activo gastando energía en digestiones pesadas. Y el hígado, que durante la noche regenera y limpia el sistema digestivo, no va a hacer esa labor.

- Darse un masaje antes de dormir puede ayudarte. Hay una conexión entre el sentido del tacto, especialmente el de la presión, y el estado de excitación o calma en el cerebro. Además, como veremos, el masaje actúa sobre el nervio vago, el principal nervio del sistema parasimpático, el encargado de relajarnos. La presión reduce el cortisol y aumenta los niveles de serotonina y dopamina, mejorando el estado de ánimo. Puedes hacerte el masaje tú mismo aplicándote leche corporal o un aceite esencial.

- Si hace frío, duerme mejor con mantas pesadas encima que con un nórdico que no pesa nada, ya que la presión que ejercen las mantas puede producir los mismos efectos que cuando alguien nos abraza. Y lo mejor es dormir de lado, que parece que ayuda a que el sistema linfático, el que ayuda a que el cerebro se limpie y se regenere mejor, se active.

- Camina descalzo antes de irte a dormir y descarga así cualquier radiación electromagnética que pueda quedar residual en el cuerpo; los pies descalzos hacen de toma de tierra. Aunque aún hay mucho por clarificar científicamente en este tema, procura, por si acaso, irte a dormir sin nada enchufado para que las radiaciones electromagnéticas no perturben el sueño.

- Duerme sin calcetines. Una vez dormidos, el cuerpo comienza a bajar de temperatura, liberando calor a través de los vasos capilares de la piel hacia el exterior. Cuando dormimos la temperatura corporal interna disminuye. Este descenso es esencial para conciliar el sueño. Pero la temperatura cutánea aumenta durante la noche. El cuerpo necesita reducir su temperatura para iniciar el sueño. Por eso es importante dormir sin calcetines; si no, impides que el calor se disipe. ¿No te pasa nunca que estás tapado con tres mantas, pero sacas el piececito fuera? Eso que hasta ahora te parecía una rareza tuya sirve para regular la temperatura corporal.

- Date un baño calentito al menos dos horas antes de irte a dormir. Así ayudas a regular esta temperatura de la que hablábamos. Y si no tienes tiempo para baños, pon los pies en una palangana de agua caliente: produce el mismo efecto.

- Por el mismo motivo se recomienda tomarse algo calentito, una infusión, un vaso de leche, antes de ir a dormir. Aunque cuidado con ingerir demasiada cantidad de líquido, pues luego seguro que nos despertaremos para ir al baño, interrumpiendo nuestro sueño.

- Ventila la habitación, que esté fresquita y bien aireada para que, al tumbarte, tu temperatura interna pueda bajar. Una temperatura de 18-20 ºC se considera óptima para el dormitorio.
- No hagas ejercicio intenso antes de ir a dormir: tu temperatura interna no bajará hasta el cabo de un rato. Por eso se recomienda practicarlo al menos una o dos horas antes de ir a dormir. Pero si puedes hazlo, porque sudando logramos que baje la temperatura y que nos entre sueño. ¿No te ha pasado nunca que, después de hacer ejercicio por la mañana y sudar, te entra sueño cuando pretendes trabajar poco después?
- Duerme siempre en la misma cama y en la misma habitación. Asociar el mismo espacio con dormir es importante para que el cerebro, en concreto el hipocampo, reconozca más rápidamente que es hora de coger el sueño. También es importante no estar en la cama despierto haciendo otras cosas. Si no, el cerebro no asocia la cama con dormir sino con otras actividades.
- Crea una rutina aburrida y monótona antes de ir a dormir. El aburrimiento es buen amigo del sueño, esto seguro que lo has experimentado más de una vez. Si mantienes una misma rutina aburrida, te ayudará a que el cerebro asimile que es hora de acostarse. Mejor escuchar un audiolibro aburrido, algún documental tranquilo o leer una novela que te ayude a desconectar. Si nada de esto es lo tuyo y necesitas mirar sí o sí una peli o serie, intenta que te dejen en un estado emocional tranquilo. Sobre todo cosas que no te estimulen, que no hagan aumentar la temperatura del cerebro.

Vigila qué le das de comer antes de dormir. Es importante no ponerte a revisar eventos del día que te hayan causado excitación o nervios, y si te vienen a la mente cosas pendientes o quehaceres del día siguiente, puedes dejar una libreta al lado y escribir aquello que tienes que hacer.

- También puedes jugar con las visualizaciones; recuerda que el cerebro no sabe distinguir lo que es real de lo que es imaginario; puedes imaginarte en un sitio cómodo, en calma, en el que hayas dormido muy bien o en el que sepas que vas a dormir bien.
- Las técnicas que te explicaremos en el capítulo siguiente, como la respiración diafragmática, meditar o hacer yoga, pueden ayudar a relajarte y, por lo tanto, a dormir mejor.
- Hay olores que incitan al sueño, como la lavanda. Puedes probar a rociar la almohada con un par de gotitas de aceite de lavanda antes de acostarte. A Ferran le flipa.
- Tomar magnesio antes de dormir puede ayudarnos a relajar los músculos, reducir el estrés y mejorar el sueño.

El día afecta a la noche

Solemos pensar en cómo dormir bien, pero muchas veces no somos conscientes de que esto depende muchísimo de aquello que hagamos durante el día. Yo puedo seguir todos los pasos anteriores y aun así no lograr descansar bien. Por eso vamos a empezar a revisar qué haces durante el día que te está afectando por la noche.

Hay un concepto que se llama «presión del sueño», la cual se acumula durante el día para ayudarnos a dormir mejor. Te cuento: si yo me levanto, durante el día trabajo o estudio, por la tarde voy al gimnasio o me doy un largo paseo y por la noche sigo la higiene del sueño descrita arriba, muy probablemente descansaré bien ese día. ¿Por qué? Porque he cansado el cuerpo y la mente, y esto ejerce la presión del sueño. Lo mismo pasa si llevo varios días sin dormir; esto hace que aumente mi presión del sueño y que por «desgaste» pueda descansar ese día mejor.

Si estamos todo el día en casa teletrabajando sin realizar ninguna actividad física o sin salir de casa, es normal que nos cueste más dormir. Si no dormimos durante la noche, pero luego tardamos en levantarnos por la mañana o nos tumbamos a echarnos la siesta, estamos reduciendo la presión del sueño. Por eso es mejor permanecer despierto ese día y dejar que la presión del sueño ejerza su poder por la noche.

Haciendo esto la hormona adenosina aumenta. Ya hablamos de ella cuando explicamos los efectos de la cafeína en el cerebro. A mayor esfuerzo físico o mental durante el día, más aumenta la adenosina y por tanto la presión del sueño.

Las infusiones con sustancias agonistas de adenosina fomentan el sueño, mientras que sustancias antagonistas como el café lo disminuyen.

La adenosina también influye sobre el núcleo accumbens, que, como vimos, está relacionado con todo el circuito dopaminérgico de recompensa, y esto explicaría por qué no podemos dormir cuando estamos muy preocupados por algo o cuando nos sentimos eufóricos o exaltados tras realizar una actividad estimulante.

Pero hay que ir con cuidado, porque, si nos pasamos todo el día haciendo cosas, el sistema nervioso simpático se mantiene activo sin tregua. Y, como veremos mejor en el siguiente capítulo, esto puede impedir que el parasimpático entre en juego. Por eso es de suma importancia que durante el día te tomes ratos de descanso y vayas bajando el ritmo a medida que se acerca la noche.

También vale la pena mirar qué le das al cerebro durante la jornada. Si te pasas el día trabajando o leyendo noticias que te causan preocupación, es normal que cuando caiga la noche tu mente siga en ese estado, y posiblemente todo esto aparezca en tus sueños, impidiéndote tener un sueño reparador.

> Cuando se toman descansos, hay que procurar nutrir al cerebro de manera positiva, con cosas que calmen el estado emocional. Descansar un rato regenera el cerebro, lo que lo hará rendir mejor después.

Te recomiendo que aproveches estos minidescansos para exponerte un rato al sol. Si eres de los que les cuesta coger el sueño, entonces aprovecha para salir por la mañana al sol, y si eres de los que se despiertan demasiado temprano, sal a pasear al atardecer, ya que fomentará que vayas mejor acompasado con el ciclo circadiano.

Por último, si lo has probado todo y resulta que continúas sin conseguir dormir de manera natural, pregúntate cuál es la causa. Se puede deber a una heredabilidad genética, pero si padeces ansiedad lo más seguro es que tu insomnio se deba a la gran actividad mental y emocional que despliegas por la noche.

En personas que duermen bien, tanto la amígdala como el hipocampo van reduciendo el ritmo y permanecen tranquilitos toda la noche; en la mayoría de las personas que sufren insomnio, en cambio, la amígdala, el hipocampo e incluso el tallo cerebral no paran, y esto las mantiene alerta.

Y ya sabes que tener la amígdala activada significa que las preocupaciones e inquietudes emocionales siguen vigentes incluso durante el ocaso, y debido a ello la noche puede volverse complicada.

Una de mis recomendaciones es que si crees que sufres insomnio crónico acudas a un profesional del sector. ¿Sabes que existen terapias específicas para tratar el insomnio? Como por ejemplo la terapia cognitiva conductual para el insomnio, que está dando muy buenos resultados. Uno de los objetivos principales de este tratamiento es que establezcas una buena higiene del sueño, explicándote todos los pasos que te hemos comentado aquí.

Considero también importante que revises tus creencias limitantes o irracionales respecto al sueño. Por ejemplo, ¿qué pasa si no soy capaz de dormir un día? ¿Es horrible? Como decía el papelito de Ferran, «esto también pasará». La ansiedad que genera no poder conciliar el sueño hace que esta aumente y al final es la causa de que no podamos dormir en paz.

Si con todo esto ves que no puedes conciliar el sueño y

que necesitas recurrir a los fármacos, yo no soy nadie para decirte ni que sí ni que no. En las clases Ferran siempre dice que suerte tenemos de vivir en un siglo donde contamos con toda esta medicación, y estoy de acuerdo. Pero creo que es justo que sepas lo que estos fármacos hacen en el cerebro; después de eso, tú decides.

No más Myolastan

Salí de casa, como cada día, para ir al trabajo. En esa época vivía a media hora de allí en ciclomotor. Salía a las ocho y media para llegar a las nueve puntual a la tienda. Empecé mi ruta a lomos de mi pequeña Vespa de 49 cc; ese día en especial me pareció que la gente de mi alrededor me miraba más. La verdad es que hacía unos días que me sentía algo mejor, mis síntomas no estaban en su peor momento; «será por la medicación que me han dado», pensé.

Cogí una de las arterias principales que llevan al centro de la ciudad, después de callejear un buen rato por las pequeñas travesías de mi barrio. Fue allí cuando empezó a parecerme raro que, aparte de la gente de la calle, los conductores de los vehículos de al lado también se quedaran mirándome.

No tardé en escuchar una breve sirena detrás de mí, y el guardia urbano que la hizo sonar me invitó a parar el ciclomotor en un lateral de la vía.

—Buenos días, sabe usted que está prohibido circular sin casco, ¿verdad? —dijo en tono irónico mientras me extendía la multa y le daba indicaciones a su compañero para que inmovilizara mi medio de transporte.

Había hecho unos tres kilómetros por Barcelona sin casco.

Y lo peor no era eso, lo grave del asunto era que no me había dado cuenta. Hacía más o menos un mes que había empezado a tomar medicación para mis síntomas. El psiquiatra que me atendió me recetó Myolastan, un relajante muscular que afecta al GABA, del que nos ha hablado Sara. No sé qué efectos tendría en sus demás pacientes, pero yo iba drogado hasta las cejas, y, si te soy sincero, aparte de esta anécdota y de otra vez que llegué también en moto hasta mi destino sin siquiera darme cuenta, no recuerdo mucho de esa etapa de mi vida. Años después leí que habían prohibido esta medicación. Guille Milkyway escribió una canción sobre ella para su grupo ficticio La Casa Azul. Decía:

No más Myolastan,
no más doxilamina, no más,
hoy empieza mi nueva vida,
voy a cambiar el final, a volver a volar,
ya no hay nada que me lo impida.

Una maravilla que me acompañó mucho tiempo en mi proceso de superación de la ansiedad. Te recomiendo que leas la letra, porque, como pasa con todos los artistas, no sé de qué quería hablar él, pero para mí trata el tema de salir de la ansiedad.

¿Las pastillas instantáneas?

Los fármacos para combatir el insomnio están dirigidos bien a bloquear las sustancias químicas implicadas en la activación de la vigilia, bien a potenciar las implicadas en la activación del sueño o ambas cosas. Pese a los daños colaterales que todas estas pastillas causan cada vez se recetan más. De hecho, España es uno de los países europeos donde más se consumen pastillas para dormir.

Ansiolíticos

Son aquellos que normalmente acaban en «-pam», como un niño disparando una pistola de juguete: «pam, pam». Entre ellos los famosos diazepam y lorazepam, que forman parte del grupo de fármacos llamados «benzodiacepinas». Se recetan ansiolíticos cuando uno padece ansiedad, ya que calman al instante y también ayudan a dormir. Normalmente se toman de manera puntual o durante un breve periodo de tiempo, unos tres meses, ya que crean con rapidez dependencia y tolerancia.

Su función es potenciar la acción inhibitoria del neurotransmisor GABA, que se encuentra activo cuando dormimos, para calmar la actividad neuronal. Te sedan, que no es lo mismo que dormir. De alguna manera podríamos decir que consiguen que el paso de la información entre las neuronas sea más lento; posiblemente por eso al tomarlos también notes estupor mental, confusión e incluso pérdidas de memoria.

Este tipo de fármacos empeoran la calidad del sueño a la larga y reducen el sueño profundo, aquel que, como dijimos, es importantísimo para el cerebro. Y eso dejando a un lado que a la mañana siguiente te levantas como un zombi drogado y deseoso de subir las dosis de café (lo que empeorará el sueño). Y ya estás metido en el círculo vicioso.

Hace ya tiempo que se lucha por que los médicos, en vez de recetar este tipo de pastillas, opten por mandar antidepresivos, ya que sus efectos secundarios parece que no son tan nocivos.

Antidepresivos

Son aquellos como el bupropión, el citalopram o el más conocido Prozac. Los antidepresivos normalmente tardan unas semanas en hacer efecto y se toman durante periodos más largos de tiempo que los ansiolíticos. No causan tanta dependencia ni tolerancia como los anteriores, pero también producen efectos secundarios como náuseas, vómitos, aumento de peso, somnolencia o disfunción sexual.

¿Qué hacen los antidepresivos en el cerebro? Pues todo depende del tipo al que pertenezcan. Los más utilizados hoy en día son los ISRS, «inhibidores selectivos de recaptación de serotonina». Como su nombre indica, inhiben la recaptación de serotonina, es decir, hacen que la neurona que libera este neurotransmisor no pueda volver a recaptarla en su interior, ya que el antidepresivo bloquea esta entrada. Así se consigue que la propia serotonina que suelta el cerebro tenga más probabilidades de unirse al receptor de otras neuronas y así pueda ejercer su efecto de bienestar. Entiende, pues, que un antidepresivo no son dosis de serotonina, sino que de alguna manera optimiza que la tuya propia se utilice mejor y vaya donde tiene que ir a parar para que haga su efecto.

Hay otro tipo de depresivos que funcionan de manera similar, pero, en vez de aprovechar al máximo la serotonina del cerebro, utilizan la dopamina, ya que, recuerda, esta hace aumentar también tu motivación ante la vida. Estos son del tipo ISRD, «inhibidores selectivos de recaptación de dopamina».

Otro tipo de antidepresivo que se recetaba mucho en el pasado es el llamado tricíclico. Este no inhibe la recaptación de serotonina, sino que estimula su producción, pero a su vez también potencia el efecto de la noradrenalina, que si recuerdas se liberaba cuando entrábamos en el modo lucha-huida; es una hormona que te hace sentir despierto, te activa. Con el tiempo se pudo ver que este tipo de antidepresivos también actuaban sobre otros neurotransmisores como la dopamina o la acetilcolina, sin saber exactamente cómo, y creaban adicción. Por este motivo se emplea mucho menos hoy en día.

En lo que se refiere al sueño, los antidepresivos por lo general producen somnolencia, pero, de nuevo, también afectan a la calidad del descanso, por lo que muchos de los grandes procesos que hemos visto que el cerebro desarrolla durante el sueño probablemente no se realicen igual.

Antihistamínicos

Dentro de este grupo entra la famosa Dormidina, que ¡se puede comprar en la farmacia sin necesidad de receta médica! y que ayuda a combatir el insomnio de manera puntual. Este tipo de pastillas son antihistamínicos de primera generación; inhiben los receptores H1, que son autoestimulantes de la vigilia.

Muchos de estos tratamientos son a menudo limitados, ya que presentan pronto tolerancia o producen graves efectos colaterales. Y lo más «gracioso» es que normalmente al retirar la medicación se genera un efecto rebote de insomnio, causado muchas veces por un síndrome de abstinencia. Es decir, debido a la desesperación de no poder dormir o de no poder descansar bien, lo más seguro es que vuelvas a caer en su consumo. Es irónico, pero si te paras a pensarlo... ¡los fármacos antiinsomnio pueden acabar produciéndote insomnio!

Sustancias naturales

Muchas personas toman valeriana, pasiflora u otras plantas por el estilo que les ayudan a calmar la ansiedad o a poder dormir tranquilamente. Dentro de la comunidad científica un gran número de expertos desaconsejan el consumo de estas sustancias, pues no se conocen los efectos secundarios sobre la calidad del sueño. Otros consideran que actúan como un poderoso placebo.

¿El club de las cinco de la mañana?

Un día Ferran me envió una foto por WhatsApp con un párrafo donde se hablaba del cerebro y lo que le pasaba al levantarte temprano. Mi amigo es un gran fan de madrugar y quería confirmar las palabras que había leído en el entonces último best seller de Robin Sharma.

Tengo que confesar que cuando leí la parte de neurociencia de este libro me quedé un tanto dubitativa con sus argumentos. Después de darle mi opinión a Ferran, a quien le encanta Sharma, creo que se decepcionó un poco. No conmigo, con el autor canadiense.

A mí también me gusta muchísimo madrugar, pero ¿es cierto que despertarse a las cinco de la mañana potencia la genialidad, la creatividad y el rendimiento? Que yo sepa no hay estudios científicos rigurosos que apoyen dicha teoría. Parte de lo que se dice en el libro tiene sentido, aunque yo lo explicaría de la siguiente manera.

Es cierto que si te despiertas cuando la mayoría de las personas aún están durmiendo favoreces tu capacidad de atención. Primero porque, obviamente, no existen tantas distracciones alrededor (por ejemplo, no hay nadie enviándote wasaps a todas horas). Este mismo motivo es el que impulsa a muchas personas a estudiar o trabajar mejor de noche. Además, por la mañana las ondas cerebrales aún no se encuentran en el estado beta activo, posiblemente te halles en un estado alfa relajado, lo que favorece aún más tu capacidad de concentración y atención. También es cierto que a esas horas las tasas de cortisol, en principio, no están tan elevadas, con lo que a esas horas sientes menos ansiedad. Y, además, si te acabas de despertar de tu sueño REM, la corteza prefrontal aún no está del todo activa, la mente tiene aún un remanente onírico que puede ayudar a potenciar tu creatividad.

Por eso creo que meditar, algo que a muchas personas les cuesta horrores, es mejor hacerlo recién levantado, cuando la cabeza aún no está tan activa e inmersa en el día a día, y lo mismo en el caso del yoga o de concederte un momento para «tu crecimiento personal» en general. Te animo a que lo pruebes. Porque una vez enredado en los quehaceres habituales, cuesta mucho encontrar ese momento, y lo cierto es que un buen despertar puede llevarte a tener un muy buen día. Eso sí, por madrugar no te quites horas de sueño. Ya hemos visto la importancia de pasar por las diferentes fases del sueño para disfrutar de una buena salud. Mi recomendación es que te vayas a dormir más temprano.

5

Salir de la ansiedad depende de ti

ENCANTADA, SOY TU FUERZA DE VOLUNTAD

Cuando estaba cursando primaria, de un año a otro cambiaron la forma de evaluar los progresos educativos. Pasaron de puntuarnos según una escala de cero (eres muy malo) a diez (eres buenísimo), a calificarnos de manera suave y entre algodoncitos. Si los estudios no eran lo tuyo, te ponían en el boletín de notas «Necesita mejorar»; si cumplías con las expectativas deseadas, «Progresa adecuadamente». Podías sacar un «necesita mejorar» en mates y un «progresa adecuadamente» en lengua. En mi caso, mis puntuaciones de final de trimestre tenían un matiz más: mis profesoras siempre ponían «progresa adecuadamente pero por debajo de sus posibilidades». A mis padres les decían que me distraía con una mosca y que aplicaba la ley del mínimo esfuerzo. El razonamiento que yo me hacía a mí mismo era claro: «Si saco un aprobado sin pegar palo al agua y jugando todo el día, ¿para qué esforzarme más?».

Este pensamiento caló fuerte en mi inconsciente y supongo que mis conexiones neuronales se convirtieron en autopistas de cuatro carriles por donde esas ideas circulaban en libertad y a gran velocidad.

A partir de los doce años cursé la ESO (educación secundaria obligatoria) y cuatro años después el bachillerato. Durante esa etapa, mi técnica era exactamente la misma: ¡no esforzarme lo más mínimo por nada! En segundo de la ESO, me premiaron en unos juegos florales de poesía, un concurso literario que se hace por Sant Jordi, una tradición muy bonita en mi ciudad. Yo no escribía mal, es más, me gustaba escribir, pero, aplicando mi ley de cabecera, copié un poema de Federico García Lorca, uno poco conocido, y, claro, me llevé un segundo premio. No sé qué me preocupa más ahora, que me tachéis de copión o que veáis el nivel de los profesores, que puntuaron en segunda posición un poema de Lorca. En cualquiera de los casos, la ley de «haciendo poco consigo cosas» era fuerte en mí.

A trancas y barrancas fui creciendo y sacando curso tras curso, por los pelos pero lo iba logrando. Te he hablado antes sobre mi etapa escolar, pero me ha venido de nuevo este tema a la cabeza porque nos llevará a otra manera de actuar, la mentira. Te cuento.

Al terminar el bachillerato tuve que prometerle, casi de rodillas, a mi profesora de latín que no me iba a presentar a la selectividad para poder sacarle un «cinco pelado». Lo conseguí y creo que allí se hizo fuerte otra conexión: «Sin mover un dedo y con un poco de labia, lo consigues todo».

Ya te puedes imaginar por qué justo en esa época apareció mi ansiedad. Visualiza toda esa mentira mental montada en mi cabeza, que se extendía a mi entorno. Cuando empiezas a mentir a una persona de tu alrededor, tienes que engañarlas a todas, porque, si no, el guion no cuadra. Mi madre siempre me decía: «Se coge antes a un mentiroso que a un cojo». Así que, para que no te pillen, la solución es montar una película entera de esa mentira. La película era la siguiente: Ferran es un chico muy guay con un carácter triunfador, fuma a lo James Stewart y bebe con el mismo estilo que Humphrey Bogart. Algo rebelde, pero sin pasarse. Líder de un grupo de música de pop rock alternativo, algo bohemio e inconformista.

La realidad, la siguiente: Ferran es un chico con inseguridades y un carácter triunfador, es posible, pero sin explotar. Fuma para que los demás chicos del instituto lo acepten, pero le provoca una tos terrible y en realidad le parece asqueroso. Bebe, aunque le sienta fatal el alcohol y cada dos cervezas tiene que ir a hurtadillas al baño a sacar lo bebido para poder seguir con la fiesta. Nada rebelde, siempre con miedo a no cumplir las normas o a hacer algo fuera de lo legal. Líder de un grupo de música, pero sintiendo que es el único de los siete componentes que no tiene ni idea de tocar. Más bien conformista con todo y siguiendo las modas «alternativas que tocaban».

Con este guion montado, las parálisis no tardaron en llegar. Súmale a todo eso que me busqué una novia dependiente que me tenía todo el día con correa corta, de la cual tardé más de quince años en liberarme. Ya te hablaré de esa parte de mi historia más adelante.

Todo esto te lo cuento con una única intención. Si tu vida se parece mínimamente a esto: ¡déjalo ahora mismo! Te vas a hacer daño.

Después de todo el trabajo personal que te he ido explicando, mi actitud cambió de manera radical, directo a lo que creo que realmente soy, aunque opino que nunca terminas de conocerte del todo. El Ferran real es una persona trabajadora, incansable y luchadora. Siempre pensando en los demás, aún le cuesta priorizarse en ocasiones. Con muchas ganas de saber, leer y aprender. Seguro de sí mismo y en paz con sus defectos y virtudes.

Top 3 *para calmar la ansiedad*

Después de todo esto te estarás preguntando: «¿Y cómo hago yo para calmar mi ansiedad? ¿Cómo hago yo para dejar de producir todo este cortisol que me inunda y me desgasta?». Bueno, esto último no creo que te lo preguntes, pero es lo que sucede.

¿Podré algún día volver a estar «bien»? ¿Mi cerebro volverá a funcionar correctamente? El gran miedo que uno tiene cuando sufre ansiedad es si podrá disfrutar de nuevo de una vida en calma y feliz. Ferran conoce muy bien la respuesta y lleva años gritándola a los cuatro vientos. «¡Sí se puede!». ¿Qué gran noticia, ¿verdad?

Todo lo que voy a comentar a continuación te ayudará muchísimo a restablecer todas las partes alteradas de tu cerebro, a bajar los niveles de cortisol y aumentar la neuroquímica que te hará mejorar el estado de ánimo y sentirte en paz y en calma.

Me gustaría empezar con lo que te diríamos Ferran y yo si estuvieras en nuestro curso:

«Prepárate bien porque para conseguirlo debes armarte de predisposición, fuerza, valor y mucha paciencia. El camino que te espera es largo y, teniendo en mente que va a ser una peregrinación, ya de entrada acepta que habrá días de todo tipo. Días en los que darás pasitos hacia delante, otros en los que no notarás que avances y algunos en los que caerás y querrás tirar la toalla».

Sea como sea, te animo a que te mantengas firme y que sigas andando pase lo que pase, pisando con fuerza y sabiendo bien hacia dónde te diriges.

Porque tienes claro qué te espera después de superar la ansiedad, ¿no? ¿Cómo se sintió Ferran al lograrlo?

Este libro te da información y herramientas, pero ten presente que solo tú puedes salvarte, solo tú puedes ponerlas en práctica y lograr que los cambios ocurran. No esperes que aparezcan varitas mágicas; es tu responsabilidad. Todo lo que hagas tiene un fin mayor: tu salud mental y física. ¡Deja que este motor te ayude a conseguirlo!

¿Estás preparado? Genial. Entonces estarás «ansioso», nunca mejor dicho, por saber: ¿cómo consigo calmarme de forma natural sin recurrir de por vida a las pastillas? ¿Cómo lo hago para salir de una vez por todas de la ansiedad?

Pues siento desilusionarte cuando te diga que en realidad todo lo que debes hacer en el fondo ya lo has oído aquí y allá muchas otras veces. Pero una cosa es saberlo y otra es integrarlo de verdad, de manera que tu cuerpo y tu mente realmente lo entiendan. La idea es que lo integres en tu vida. Soy consciente de que muchas veces conocemos la información, la entendemos, pero no la aplicamos. Decimos eso de: «La teoría ya la conozco».

Eso es debido a que no has hecho un «clic» en tu cabeza. Quizá sea un concepto que no se ha acabado de asociar con otros o con creencias que rondan por tu mente. No se han creado esas conexiones con otras partes de tu cerebro que permitan que por fin suceda el cambio.

> Después de leer este libro, existen muchas más probabilidades de que este cambio suceda ahora.

Te animo a que leas las siguientes páginas con la mente abierta y te dejes sorprender, ya que hay muchos elementos de estas actividades que pueden ayudarte a entenderlo todo mejor y a que te sea más fácil y motivador ponerlas después en práctica.

> Los cambios no los notarás hoy ni mañana, sino de aquí a un tiempo largo. La disciplina para seguir entrenándote es importante. Todo es cuestión de práctica, práctica y más práctica. Pero estás decidido a «sudar» un poquito, ¿verdad?

Nervio vago modo on

¡Tenemos que parar el mecanismo de lucha-huida! Esta es la misión. Conseguir que el cerebro no esté activo de forma constante y dejar descansar al sistema nervioso simpático.

Para ello contamos con la inestimable ayuda del sistema nervioso parasimpático, que nos devolverá a la normalidad. Él es el que puede conseguir que los sistemas digestivos, reproductivo e inmunológico, entre otros, funcionen bien. Pero además nos ayudará a regenerar las partes alteradas del cerebro gracias a entrar en estado de relajación.

Esto lo conseguimos a través de nuestro top 3 antiansiedad: la respiración, la meditación y la conciencia corporal, herramientas que tendrás que implementar.

Ya te hemos dicho que te tocaría empezar a currar, tienes el ejemplo de Ferran y el de muchos como él que ya lo han logrado. Luego te hablaré de estas herramientas con detenimiento.

El sistema parasimpático no se activa a nuestro antojo cuando queremos. Ojalá fuera tan fácil como tener un botón de «ON/OFF», pero el sistema nervioso parasimpático se activa de manera indirecta. ¿Cómo? Pues a través de estimular uno de sus nervios, el nervio vago. Es su principal nervio y el más largo, tiene el punto de salida en el cerebro y pasa por la laringe, el esófago, el corazón, los pulmones, hasta llegar al sistema digestivo.

En concreto está conectado con el tronco del encéfalo, la sede donde se procesan y regulan la mayoría de las funciones automáticas inconscientes hacia prácticamente el resto del cuerpo. Un dato curioso es que las conexiones de este nervio son un 80 % aferentes, es decir, que transmiten sangre de una parte del organismo a otra. De este 80 %, un 20 % va en dirección contraria, parte del cerebro y se mueve hacia el cuerpo. Por lo que hay más comunicación cuerpo-cerebro que cerebro-cuerpo.

Funciona de la siguiente manera. Voy a ponerme un poco estilo *Érase una vez...* No sé si recuerdas esa serie de dibujos, hay que ser muy de los ochenta para haber podido disfrutarla.

Cuando el nervio vago es estimulado, envía un mensaje al cerebro que dice: «Todo está bien». Gracias a la activación del nervio vago, la frecuencia cardiaca se ralentiza, favorece el tránsito intestinal e incluso parece tener un efecto antiinflamatorio en el cuerpo fortaleciendo el sistema inmune.

Hoy en día, el nervio vago sigue siendo un gran tema de estudio, ya que todo indica que constituye un punto clave para tratar los trastornos de ansiedad y depresión. En 1997, en Estados Unidos se empezó a estimular eléctricamente este nervio para tratar la epilepsia y la depresión. Desde entonces se está estudiando su estimulación eléctrica para sanar diferentes trastornos mentales como la ansiedad. Se cree que la estimulación del nervio vago tiene el mismo efecto que un ansiolítico y que promueve la neuroplasticidad, aumenta la memoria y reduce el miedo condicionado, entre otras cosas. ¡No quiero que ahora busques dónde está el nervio vago y empieces a darte calambres allí, eh! No desesperes que ahora te decimos qué puedes hacer sin pasar por las chispas. Piensa que este tipo de terapia no está muy difundida actualmente, aún se están haciendo pruebas con humanos; todavía falta saber cómo se desarrollan todos estos mecanismos y qué efectos secundarios pueden causar. Así que, me reitero, aléjate del enchufe.

Al nervio vago lo llamaron así no porque no tenga ganas de hacer nada sino por lo errante que es, ya que deambula por todos los órganos.

Y ahora te estarás preguntando: «¿Y yo puedo estimular este nervio de forma natural?». ¡Claro que sí! ¿Cómo? Pues de varias maneras, entre ellas, practicando nuestro top 3, yendo a pasear por la naturaleza, cantando, escuchando música tranquila, durmiendo, riendo, pasando tiempo con tus seres queridos e incluso haciendo gárgaras. Cuanto más lo actives, más ganarás en «tono vagal», y cuanto más tono vagal tengas, más fácil te será pasar de un estado activo a uno relajado.

Charlas entre el corazón y el cerebro

La ansiedad afecta al funcionamiento del corazón. Es así, pero no te asustes. El corazón y el cerebro se comunican entre ellos, y esto afecta a la frecuencia cardiaca. Cuando la variabilidad de la frecuencia cardiaca es alta, el cerebro y el corazón logran coordinarse mucho mejor.

¿Y qué significa esto? Pues que nos ayudará a sentirnos mejor anímicamente; además, cuando el corazón y el cerebro se sincronizan, todos los sistemas fisiológicos funcionan de manera óptima y ganamos en claridad mental. Aumenta la memoria y atención, e incluso nos ayuda a procesar mejor las emociones. Esto sucede porque el corazón conecta con partes emocionales del cerebro, como la ya conocida amígdala, y con otras más racionales, como la corteza prefrontal.

El corazón tiene un papel tanto en la modulación de los procesos cognitivos superiores como en la regulación de las emociones. De hecho, parece ser que el corazón también es capaz de hacer que se liberen neurotransmisores como la oxitocina, conocida como «la hormona del amor».

> Un estudio aparecido recientemente en *Science* exponía que cuando el cerebro responde a los latidos del corazón, ¡percibimos mejor la realidad!

De hecho, todo esto ha abierto un gran debate entre la comunidad neurocientífica, ya que el corazón ha dejado de ser una mera bomba sanguínea que ayuda a nutrir y oxigenar las células del cuerpo, para empezar a tener su papel dentro del mundo de la neurociencia. Por otro lado, eso significa que el cerebro ya no es la sede exclusiva de la mente y las emociones, sino que parece actuar en conjunto con otros órganos.

Y ahora vas a alucinar y a entender muchas cosas que te pasan con tus padres, tus amigos o compañeros de trabajo.

> Estudios muy recientes apuntan a que los corazones de las personas que pasan tiempo juntas se coordinan.

Podríamos decir que el latido de tu corazón, que ya hemos visto que está muy relacionado con la cantidad de estrés, ansiedad o el estado anímico que presentas, influirá en el corazón del resto de las personas. Un motivo más para cuidarnos y seguir un estilo de vida saludable, ¿no crees?

ORGASMOS AL INSPIRAR

La respiración es posiblemente la herramienta más importante para combatir los síntomas de la ansiedad. Lo digo en todas mis clases y charlas, y aún hay gente que no me cree hasta que empiezan a practicar.

Mi primer contacto estrecho con esta herramienta tuvo lugar durante mis episodios de parálisis, ya superados. Conocía sus beneficios de antes, el maestro Lee me había enseñado a respirar de manera diafragmática mientras practicaba taichí en sus clases. Para mí, entender que no respiraba bien fue un gran descubrimiento, pues me ayudó a encontrarme mucho mejor y, con el tiempo, muy bien. Pero en la historia que te quiero contar vi que esto de la respiración iba mucho más allá.

En una de mis clases de meditación, en psicología budista, conocí a un chico; la verdad es que no recuerdo su nombre, pero le llamaremos Álex. Este chico estaba muy metido en toda la corriente de terapias alternativas y actos de crecimiento personal que se practicaban en la ciudad. Entablamos amistad; yo estaba en plena búsqueda de la verdad y creía que esos encuentros podrían ayudarme a ver la luz. En una pequeña sala de Gràcia, fuimos a ver a un primerizo Sergi Torres, ahora gran conferenciante, que hablaba acerca de un libro de milagros. No entendí nada de la charla («Esto de los ángeles y Dios no es lo mío», pensé). También recuerdo haber asistido a un evento llamado «Ecstatic dance», una sala con música *new age* donde la gente fluía al ritmo del compás. Mientras yo me fui al rincón lo más escondido posible con la esperanza de que nadie se acercara a mí, Álex iba de un lado a otro de la sala bailando al estilo Calamardo de la serie *Bob Esponja*. La verdad, salí de esa experiencia con la sensación de que eran un gran grupo de gente intentando hacer lo de toda la vida, «ligar en una discoteca arrimando cebolleta», pero disfrazándolo de acto espiritual.

Otro día nos invitaron a una sesión de *rebirthing*. Fui a ciegas, solo la sensación de que podía ir a los sitios sin sufrir ansiedad hacía que me apuntara a todo.

Al entrar en la sala, nos encontramos con un grupo grande formado, como en todos estos actos, por un 90 % de mujeres y algún hombre que se había perdido. Supongo que ellas están más dispuestas a escucharse y a trabajar sus carencias. A los chicos nos cuesta más.

Nos recibió la profesora, una chica guapísima con un batín blanco semitransparente. Creo que Álex pensó: «Lo voy a pasar teta»; yo pensé: «Nos hemos metido en una secta». El miedo seguía instalado en mí, aunque ya lo tenía muy bien encauzado.

Nos pusieron en parejas; me tocó con una chica muy simpática que no quiso hacerme *spoiler* de lo que iba a pasar a continuación.

—¿Es tu primera vez? —me dijo.

—Sí, la verdad es que no sé muy bien de qué va esto.

—Vamos a explorar la sexualidad a través de la respiración. Ya verás, es la hostia —me soltó.

A continuación, la profesora nos indicó que nos tumbásemos mirando al techo y que pusiéramos las manos sobre el abdomen. Al ritmo de una música orquestada con bombos, teníamos que respirar cogiendo y soltando aire muy rápido. Como hiperventilando, pero a lo bestia.

Doscientas respiraciones más tarde, sin esperarlo, la gente a mi alrededor empezó a tener orgasmos, a gemir y a mover la cadera como si estuviesen haciendo el amor con el hombre invisible. Yo a la quinta respiración había entrado en un ataque de ansiedad como los de antes.

Pero ese pequeño patatús me sirvió de algo. Empecé a formularme las preguntas correctas sobre el tema. Había comprobado que la respiración era capaz de provocarme un ataque de ansiedad y de hacerlo desaparecer. Así que en la soledad de mi habitación, y con las técnicas que había aprendido, inicié mi primer estudio científico casero, solo que, en vez de emplear ratones, me usé a mí mismo de cobaya. La comunidad animalista me lo agradecerá.

Para llevar a cabo mi estudio necesité cuatro elementos: papel, boli, un cronómetro y tener muy claro que detrás del miedo está todo lo bueno que te pasará en la vida.

Con esto empecé el estudio. Cada día cronometraba cuánto tardaba, a través de la respiración, en provocarme un ataque de ansiedad (de algún modo me movía la esperanza de que también alcanzaría un orgasmo). Cuando empezaba a sentir la presión en la cabeza y las palpitaciones, anotaba el tiempo y me ponía a respirar de manera abdominal. También en este caso apuntaba cuánto tardaba en superar el ataque.

La conclusión fue que, con el paso del tiempo y la práctica, cada vez tardaba menos en superar el ataque y también tardaba más en tenerlo, hasta que al final dejé de poder provocarlo. Nunca más llegó la ansiedad, pero tampoco el orgasmo; sigue siendo un misterio para mí cómo todo ese grupo lo conseguía.

Top three: Respiración

Lo mágico de la respiración es que constituye una de las pocas acciones automáticas que podemos controlar a voluntad. Si aprendes a ralentizarla, los beneficios que te reportará a nivel mental y físico son increíbles y es considerada una de las herramientas más potentes para calmar los síntomas de la ansiedad.

Respiramos unas doce-veinte veces por minuto. Puedes calcular tu frecuencia respiratoria poniéndote la mano en el tórax y contando cuántas respiraciones completas haces en treinta segundos. Deja ahora un momento el libro y hazlo, solo serán treinta segundos. Te espero aquí cuando termines.

¿Cuántas respiraciones has contado? Vale, pues multiplica el número por dos para saber cuántas respiraciones haces por minuto. Para reducir los síntomas de la ansiedad, hay que practicar unas cinco o seis respiraciones por minuto. A ese tipo de respiración se la denomina «diafragmática» o «abdominal». ¿Te has quedado muy lejos?

> La manera más fácil de alcanzar esta frecuencia respiratoria es alargar la exhalación.

Respirar de manera profunda ralentiza la frecuencia cardiaca, disminuye la presión arterial y baja la concentración de cortisol, viéndose reforzado también el sistema inmune. Eso sin mencionar el hecho de que, cuanto más profundo respiremos, más oxígeno llegará a las células del cuerpo en general ¡y a las neuronas del cerebro en particular!

La respiración afecta al corazón. La frecuencia cardiaca variará según cómo respiremos.

> Cuando respiramos hondo, la frecuencia cardiaca se ralentiza por la estimulación del nervio vago, de modo que el sistema parasimpático se activa y propicia el estado de relajación.

A su vez, la variabilidad de la frecuencia cardiaca aumenta. En concreto, cuando respiramos de manera profunda parece ser que corazón-respiración se vuelven dependientes uno del otro: al inhalar, el corazón late con más intensidad y, al exhalar, lo hace de forma más lenta. Es lo que se llama «arritmia sinusal respiratoria» (ASR), otro índice asociado al sistema nervioso parasimpático.

> Cuando se alcanza el estado de ASR, la comunicación cerebro-corazón se ve favorecida, y se reduce la ansiedad.

Aún no se sabe mucho sobre todos los mecanismos que se activan durante la respiración y cómo afectan al cerebro. Pero recientemente en un estudio de *Science* descubrieron la vía anatómica por la que el cerebro sabe cómo estamos respirando y vieron cómo la actividad cerebral cambia según cómo se respira.

> La respiración influye sobre la atención, la memoria y la manera de gestionar las emociones.

Y es que respirar de manera profunda parece disminuir la actividad de la amígdala, reduciendo así las tasas de cortisol. También aumenta la corteza prefrontal y la conexión de esta con la amígdala (red frontolímbica), por lo que te vuelves menos reactivo y estás más capacitado para responder. Ya ves que aplicar este tipo de respiración no es moco de pavo, y tú pensando que estas cosas eran propias de gurús desinformados.

Existen muchas técnicas de respiración que funcionan bien para calmar la ansiedad. Aunque los estudios que hay al respecto no son del todo fiables, se ha visto que una técnica muy efectiva es respirar de forma abdominal o diafragmática.

> La respiración abdominal o diafragmática aumenta la cantidad de oxígeno en la sangre, lo que contribuye a que las células puedan realizar correctamente sus procesos químicos. También el cerebro se ve beneficiado por este aumento: ¡sin oxígeno las neuronas mueren!

Si te pones a practicar ten en cuenta que debes inspirar por la nariz, no por la boca. Aparte de los beneficios fisiológicos, como el filtrado de la suciedad del aire, también aporta efectos beneficiosos a nivel cerebral, o al menos así lo vio Christina Zelano. Su investigación apunta a que la respiración nasal influye sobre la amígdala y sobre el hipocampo, dos zonas que, como ya sabes, se ven muy alteradas cuando sufrimos ansiedad.

> La respiración nasal sirve como amortiguamiento emocional y, en consecuencia, nos permite calmarnos más.

Aún no se sabe mucho sobre los mecanismos de la respiración y su influencia sobre la cognición y el estado de ánimo, pero se cree que existe una relación entre la respiración y las emociones. Por ejemplo, cuando nos asustamos, nos quedamos sin aliento o la respiración se acelera o se entrecorta; por el contrario, cuando estamos en calma, respiramos profundo y de forma más pausada, como al dormir. Si respiramos hondo será más fácil que el cerebro lo asocie a un estado emocional de calma.

Se sabe que pacientes que presentan problemas respiratorios, como asma o la enfermedad pulmonar obstructiva crónica, tienen más tendencia a sufrir ansiedad.

Como ves, respirar profundamente trae un sinfín de beneficios. Para mí es la llave más accesible que tenemos para modificar aquello que suele producirse de forma autónoma y así poder calmar la ansiedad.

EL DÍA QUE LA ANSIEDAD CASI ME MATA

En su momento, el taichí me enseñó a empezar a escucharme. Pero fue a raíz de unas clases de yoga y conciencia corporal que comencé de verdad a prestar atención a mi cuerpo y a las señales que me enviaba. Esto fue muy anterior a las clases del orgasmo respirado que te contaba antes. En realidad, fue en una de las peores etapas de mi vida, durante los dos años en que mis parálisis iban y venían y antes de decidir que pondría solución de manera definitiva a mi problema.

Con la ansiedad, si no pones foco, dirección y voluntad, y entras en ese bucle de síntomas diarios, agotamiento, apatía y mal-

trato personal, estás perdido. Y yo, como muchos, no fui la excepción. En esa época, como te decía, estaba hundido, cansado
de buscar la solución a la ansiedad y no encontrarla. Investigaba
dónde hallar la varita mágica que me curara de un día para otro,
y claro, cuando indagas en algo que no existe, te agotas.

Vivía en un piso muy pequeño en Barcelona, en un barrio de
las afueras, con poca luz y olores sospechosos en la escalera. Casi
no salía de casa, no me encontraba bien, no tenía con quién quedar, a mis amigos les había dejado de interesar. ¿Quién quiere
quedar con un enfermo para salir de fiesta? No tenía trabajo y
pasaba el día viendo series descargadas de internet, comiendo
«basura», fumando y bebiendo cervezas. Por las noches me acechaban ideas de suicidio. Pensaba que una buena manera de
dejar de sufrir era dejando de vivir. Total, si la vida era eso, tampoco valía la pena vivirla. Conseguí seguir adelante y llegar a la
felicidad gracias a tres cosas: dos libros y una emoción. Los dos
libros fueron el *Tao Te King*, de Lao Tse, y *Las meditaciones*, de
Marco Aurelio. No sé qué hacían en mi casa, allí estaban, en la
estantería, supongo que tenían que encontrarse allí para que yo
los leyera. La filosofía taoísta y estoica cambiaron mi manera de
interpretar el mundo, aunque tardé un tiempo en entender y
empezar a aplicar todo lo que esos dos libros maravillosos me
contaban. Si no me maté durante esa época fue por el tercer
elemento en concordia: el miedo. Es cierto, matarse da miedo,
porque morir es aterrador. Y los que sufrimos ansiedad tenemos
mucho miedo; en el fondo, matarme no era una opción. Si no
podía superar el pavor a salir a la calle, ¿cómo narices se suponía
que me iba a suicidar? ¿Tirándome por la ventana? Sufría vértigo, imposible. ¿Con un frasco de pastillas? No sabía tragarme
una cápsula con agua, cómo iba a ingerir una docena. ¿Dejando

de comer? Con mis cincuenta kilos de más disponía de reservas para un mes, demasiado lento. ¿A puñaladas? No tenía huevos. ¿De un tiro? Por favor, Ferran, esto no es EE.UU. Además, ya nos ha contado Sara que el miedo es una emoción adaptativa y la clave para que sigamos vivos como especie. Y puedo decir que es cierto, cumplió su función.

Al final desistí y, gracias a la lectura, como te decía, empecé a cambiar el chip. Y poco a poco me di cuenta de que tenía que buscar herramientas que pudiera aplicar para salir de mi situación. Y así fui a parar a esas clases de conciencia corporal.

Las daba un chico en una sala del barrio de Gràcia de Barcelona, justo encima de un McDonald's; era algo contradictorio y gracioso, pues a veces en plena clase, mientras respirábamos, olía a patatas fritas. La cuestión es que en esas clases empecé a entender que mi cuerpo me advertía de muchas cosas y, poco a poco, con ejercicios que me ayudaban a escuchar cada una de sus partes, fui perdiendo el miedo a mis síntomas. Cada vez me resultaba más fácil percibirlos cuando aún eran suaves y podía aplicar técnicas para rebajarlos antes de que empeoraran. Me anticipaba a ellos, hasta que poco a poco fueron desapareciendo.

Top two: Conciencia corporal

Este tema daría para otro libro. Intentaré englobar un poco todos los beneficios de mover el cuerpo a partir de lo que he descubierto desde la neurociencia en el yoga. ¿Y por qué el yoga? No es que sea mejor ni peor que otras formas de conectar con el propio cuerpo, pero dedico gran parte de mi tiempo a practicarlo y a compartirlo en mis clases, y considero que la práctica del yoga está a mitad de camino entre una actividad física como el deporte y la meditación en movimiento, donde incluiría el *bodyfulness*, el qigong o el taichí.

En el yoga se combinan la realización de las posturas (asanas), la respiración controlada (pranayama), la meditación y la relajación profunda. Este gran combo hace que aporte todos los beneficios compartidos con cualquier otra actividad física, y los obtenidos de practicar una respiración profunda (abdominal o diafragmática) y de la meditación, de la que hablaremos más tarde.

El yoga, como actividad física habitual, tiene muchísimos beneficios, que van más allá del hecho de mejorar el sistema cardiovascular, quemar calorías, reducir grasa o mantener la masa muscular. No voy a explicarte los beneficios a nivel corporal, puedes encontrar esa información en cualquier parte, sino a nivel cerebral y comprobados científicamente; muchos de esos beneficios afectan al estado de ánimo.

El yoga produce felicidad

Igual que cualquier actividad física, estimula la producción de endorfinas, neurotransmisores que inducen sensaciones de bienestar y placer, y que a su vez disminuyen la sensación de dolor.

Ayuda a la liberación de la dopamina, un neurotransmisor que activa los sistemas de recompensa entre otras muchas funciones. También aumenta la segregación de serotonina, otro neurotransmisor conocido como «la hormona de la felicidad», y al hacerlo sientes bienestar y felicidad.

Se ha demostrado que libera también oxitocina, considerada por muchos la hormona del amor social y que adquiere un papel muy importante durante la maternidad. Más nivel de oxitocina te ayuda a sentirte más relajada, querida y preparada para gestionar mejor cualquier situación estresante que se te presente.

El yoga reduce el estrés, la ansiedad y la depresión

Muchas posturas del yoga van enfocadas a abrir el pecho, haciendo que la caja torácica se expanda y el diafragma se relaje. De ese modo resulta cada vez más sencillo respirar de manera profunda.

Con esta respiración se activa el nervio vago. En una sesión de yoga esto se consigue asimismo cantando mantras, como el Om (aunque te parezca un poco friki, funciona muy bien). También es muy efectivo oír una voz en calma como la del profesor o sencillamente una música tranquila mientras lo practicas.

Como profesora de yoga, me encanta ver cómo al final de la clase la gente empieza a bostezar, lo que para mí significa que se ha estimulado su nervio vago y está actuando el sistema nervioso parasimpático, lo que disminuye el cortisol. Todo esto reduce él estrés, la ansiedad y la depresión.

El yoga mejora la capacidad de concentración y la memoria

Cuando hacemos cualquier ejercicio físico de manera regular, como bailar o hacer yoga, aumenta el volumen del hipocampo y de la corteza prefrontal. Esto nos interesa, ya que vimos que esta parte se ve alterada cuando sufrimos ansiedad. Así pues, se mejora tanto la memoria y la concentración como la capacidad de aprendizaje y racionalización.

Como ejercicio físico, mejora la capacidad de concentración, la memoria a largo plazo y la flexibilidad cognitiva, esto es, la capacidad que tenemos de poder pasar de una tarea a otra.

¿Empiezas a pensar que a lo mejor vale un poco la pena comenzar mañana con alguna de estas herramientas?

El yoga ralentiza el envejecimiento del cerebro y aumenta la plasticidad neuronal

Se crean nuevas conexiones en las redes neuronales. Incluso ayuda a la generación de nuevas neuronas, ya que se incrementa el factor neurotrófico derivado del cerebro (BDNF, por sus siglas en inglés), una proteína que controla el crecimiento de nuevas neuronas y la cognición.

Aunque muchos de estos estudios apoyan que el yoga modifica el cerebro de una forma muy positiva, debes saber que gran parte de ellos también puntualizan que los ensayos clínicos realizados tienen «limitaciones metodológicas» y las muestras de personas que lo realizan son demasiado pequeñas; asimismo, son estudios de corta duración y demasiado heterogéneos, lo que impide obtener una conclusión definitiva sobre la eficacia del yoga.

En definitiva, se necesita una investigación más rigurosa en este campo para poder asegurar a ciencia cierta que el yoga es una herramienta terapéutica válida para la salud mental.

Te invito a que seas tú misma tu propia investigadora, y que compruebes escuchando a tu propio cuerpo el gran poder de esta práctica milenaria. Al final estarás aplicando el método empírico.

Una de las cosas que he constatado después de años bailando y practicando yoga es que he ganado muchísimo en propiocepción e interocepción..., bueno, hagámoslo fácil, a escuchar mejor mi cuerpo.

La interocepción ayuda a captar todo lo que está pasando dentro del cuerpo para comunicárselo al cerebro. Percibes cómo están tus órganos internos, si te duele la barriga o si quizá sientes esos pinchazos en el corazón o ahogo en el esófago.

Muchos de los estudios del neurocientífico António Damásio concluyen que aumentar la interocepción nos hace ser capaces de regular mejor las emociones y tomar mejores decisiones.

Por otro lado, la propiocepción ayuda a saber cómo está colocado nuestro cuerpo en el espacio. Y es que la postura corporal que adoptas tiene un efecto en aquello que sientes y en tus procesos cognitivos. De hecho, el cerebro prioriza antes esta información que la que le viene de los sentidos. Si voy encorvada me protejo del miedo, si voy abierta de pecho me siento con más confianza, con más seguridad y autoestima.

En un estudio pidieron a los participantes que intentasen recordar unas palabras que aparecían en una pantalla que estaba en el suelo, y otra que estaba más arriba, a la altura de los ojos.

Los participantes recordaban más palabras negativas cuando la pantalla estaba en el suelo y ellos estaban encorvados, que cuando la pantalla se hallaba arriba y ellos mantenían una postura erguida.

Observa cómo te puede afectar en qué te fijas y dónde centras la atención, y que al final recuerdas más dependiendo de tu postura corporal. Ahora estos autores quieren estudiar cómo puede estar afectándonos el ir encorvados mirando todo el día el móvil.

En el año 2010 la Universidad de Harvard demostró que una posición de superioridad aumenta la producción de testosterona y cortisol, mientras que una posición de sumisión la disminuye.

También la expresión de la cara influye mucho. Supongo que te suena lo de que si fuerzas una sonrisa te sientes mejor, ¿verdad? Y es que hay estudios que confirman que cuando nos «forzamos» a sonreír durante un mínimo de sesenta segundos, el cerebro recibe un mensaje de que todo está bien, lo que reduce el cortisol y hace que nos sintamos mejor. ¡Desfruncir el ceño hace que se rebaje la actividad de la amígdala!

Desarrollar estos dos «sentidos» te ayudará a escuchar mejor a tu cuerpo. De ese modo, por ejemplo, te darás cuenta enseguida de que estás tenso y eso te permitirá relajarte antes de que te dé un ataque de ansiedad.

Se están haciendo estudios en la Universidad de Harvard sobre la importancia de mover el cuerpo de manera lenta, meditar en movimiento o *bodyfulness*, ya que ayuda a ganar en propiocepción y hace que la ínsula interior se active más. Esta parte del cerebro está involucrada entre otras cosas en la detección de errores, la toma de decisiones, la autoconciencia y el reconocimiento de uno mismo. Por ello, al ganar en propiocepción y mejorar la postura, quizá estemos favoreciendo todas estas funciones. Quién sabe. ¡Y tú pensando que solo respirabas y estirabas!

Pues que sepas que, además, estirar el cuerpo ayuda a soltar el estrés, a mejorar la alineación de la espalda y a reducir dolores musculoesqueléticos, con lo que puedes adoptar una postura mejor y evitar sufrir dolores físicos.

Consigues así sentirte mucho mejor, ya que la tensión muscular está asociada a estados anímicos negativos. ¿No te ha pasado nunca levantarte con dolor de cervicales y notarte ya irritado? En cambio, cuando te sientes con el cuerpo completamente relajado y destensado, ¿qué sensación te produce? Es más fácil entrar en un estado de calma, ¿no?

> Se ha demostrado que haciendo estiramientos diez minutos al día, dos veces a la semana, ¡ya se nota la diferencia!

Por último, otras prácticas como el qigong, que tiene a Ferran enamorado, hacen incrementar las ondas alfa, ondas cerebrales que aparecen cuando estamos tranquilos, relajados, pero despiertos, y que parecen favorecer la capacidad de no prestarle atención a aquello que no es importante cuando realizas una tarea. Este estado cerebral dura horas después de una sesión de qigong y, cuanto más lo practicas, más incrementa las ondas alfa en el cerebro. Increíble, ¿verdad? Quizá por eso está ahora avalado por la OMS.

RONQUIDOS BUDISTAS

Años más tarde, con un estado de ánimo muy distinto al de esa época oscura, me puse a estudiar meditación en un centro budista, cerca de la Sagrada Familia. Ya había hecho mis primeros pinitos con esa técnica en clases de psicología budista. Pero fue en esa nueva escuela cuando profundicé. Mi profesor en ese centro era mi primo. Aún no te he hablado de él.

Yo soy hijo y nieto único, es decir, no tengo hermanos ni primos: mis padres también son hijos únicos. Pero algunos familiares lejanos, por proximidad a mis padres, se han ganado el título de «primos». Es el caso de Simón. De muy jovencito este primo se fue a estudiar budismo a la India, creo que con solo dieciocho primaveras. Estuvo muchos años allí, hasta que un día decidió volver a Barcelona y colgar los hábitos; no sé qué pasó para que lo dejara, nunca me lo ha contado. Aunque supongo que, como cualquier chaval de su edad, un día miró debajo del hábito y se dio cuenta de que tenía necesidades que cumplir.

La cuestión es que este chico, ahora psicólogo, empezó a impartir clases de meditación en Barcelona, y para allá que me fui. Éramos un grupo grande, pero yo conocía al profesor, me sentía seguro e intentaba sentarme en las primeras filas.

Nos poníamos a meditar siguiendo las instrucciones del maestro y, sinceramente, a los pocos minutos de empezar, Simón tenía que pegarme pataditas en las rodillas porque estaba roncando y molestaba al resto del grupo. Con el tiempo aprendí a meditar. Pero descubrí gracias a ello muchas otras cosas. Que estaba cansado, y que las herramientas por sí solas no me sacarían de la ansiedad, sino que debía modificar también todos aquellos hábitos que marcaban mi jornada. Pero esta historia ya te la he contado. La meditación me dio foco y, con el tiempo, empecé a tener las ideas más claras. Podía leer y comprender los textos con más facilidad, recuerda que soy ese niño que se distrae con una mosca. Pues eso dejó de suceder; por muchas moscas que pasaran yo seguía en lo mío. Y sin haberlo planeado empecé a leer filosofía de todo tipo, un maravilloso espejo donde reflejarse que desconocía. Y cada día, por placer, empecé a aplicar el top 3 para salir de la ansiedad.

Top one: Meditación

Hace muy pocos años te hubiera dicho que no hay estudios científicos serios que avalen los grandes beneficios que tiene la meditación.

Menos mal que vamos abriendo la mente y avanzando al respecto. Ahora hay muchísimos artículos que hablan de ello, debido a la cantidad de personas a las que la meditación ha ayudado a combatir la ansiedad y la depresión, entre otras enfermedades mentales. Sí que es cierto que de nuevo la fiabilidad de muchos de estos estudios no es demasiado alta, aunque hay cosas que están ganando veracidad entre la comunidad científica.

Supongo que ya habrás probado a meditar más de una

vez, y posiblemente no le hayas encontrado el gusto o incluso te haya agobiado y hecho pensar: «Esto no es para mí». Y está bien, es normal, completamente entendible. Pero...

> La meditación permite dominar la mente, dejar de entrar en bucle y no vivir en piloto automático constantemente.

Permite, por tanto, apartar la ansiedad de una vez por todas. La meditación no solo reduce la sintomatología, sino que va a zonas del cerebro que se encargan de otras áreas que permitirán transformar sustancialmente la mente.

¿Estás preparado para escucharlo todo acerca de la neurociencia de la meditación? Porque te aseguro que antes de terminar el capítulo estarás deseando sentarte en un sofá para practicarla.

Cuando meditamos, respiramos de forma más pausada, disminuimos la frecuencia cardiaca y aumentamos su variabilidad, que, como sabes, incrementa el tono vagal y facilita pasar al estado de relajación, con lo que se mejora la coordinación cerebro-corazón.

Además, meditar disminuye la actividad de la amígdala bajando los niveles de cortisol, reduciendo el hipocampo y aumentando el volumen de la corteza prefrontal. Lo mismo que pasaba con el yoga y que nos interesa enormemente cuando sufrimos ansiedad, ya que hará que el cerebro se vaya normalizando.

Meditar incrementa los niveles de GABA, un neurotransmisor que, como vimos, inhibe la actividad eléctrica; este aumento hace que se calme la actividad cerebral. El GABA está muy implicado en los trastornos de ansiedad y depresión; de hecho, lo que hace un ansiolítico como el diazepam es aumentar el GABA en el cerebro.

> La meditación genera el mismo efecto que un ansiolítico, es gratis y no tiene efectos secundarios.

Si te gusta escuchar meditaciones en las que aflora un sentimiento de agradecimiento y compasión, es bueno que sepas que se segregan también otro tipo de neurotransmisores, como la oxitocina y la serotonina.

Cambia el chip

Pero lo que más me fascina de la meditación es que permite cambiar la red por defecto. Se vio, hace ya unos años, que cuando nos quedamos sin hacer nada, sin tener ningún estímulo delante, el cerebro también produce actividad y lo hace de manera espontánea, no la podemos controlar.

El científico que descubrió esto lo hizo por pura chiripa; hay cosas en la vida a las que se llega así, como el *brownie*, la penicilina o las patatas fritas.

Dejó a los sujetos cuya actividad mental estaba inspeccionando en un momento de relax mientras él y su equipo se dedicaban a otros quehaceres. Al rato vieron que la actividad de su cerebro, en ese momento en que no tenían que hacer nada, ¡no se detenía! Ahí se dieron cuenta de que el cerebro siempre está activo. Se estima que entre un 30 y un 50 % de las horas en las que estamos despiertos las ocupamos con pensamientos que no tienen relación con la tarea que estamos realizando. En el único momento en que cesa la actividad cerebral es cuando morimos. Y aun así tarda minutos en apagarse del todo. Los médicos dan a sus pacientes por muertos cuando el corazón deja de funcionar, pero en realidad el cerebro sigue activo aún. Aquí entraríamos en otro complejo debate sobre la muerte; hoy no toca.

Con esta información al siguiente meditador profesional que te diga eso de «deja la mente en blanco, no pienses en nada», ya le puedes responder que no estás muerto.

Digamos que la red por defecto es la que actúa cuando no estamos haciendo nada, cuando la mente divaga o estamos ensoñando. Entra en funcionamiento en ese momento en que te distraes de aquello que estabas haciendo o dejas reposar la mente un rato.

> Se ha demostrado que ensoñar o divagar es necesario para que el cerebro se regenere y para que surja la creatividad.

Cuando nos vienen ideas nuevas, solucionamos problemas que quizá el día anterior no conseguíamos resolver; cuando recordamos cosas que teníamos en la «punta de la lengua», nos encontramos en la red por defecto.

La gracia de la red por defecto es que participan en ella varias zonas a la vez, más o menos como un chat por internet, donde neuronas distantes entre sí tienen su momento para debatir. Esto favorece que se dé el pensamiento asociativo. Por el contrario, cuando estamos focalizados en resolver un problema concreto o concentrados en una tarea, estamos utilizando una parte localizada del cerebro situada en la corteza prefrontal que realiza lo que se denomina «las funciones ejecutivas», como planear, organizar, decidir o prestar atención, entre otras. Y esta parte, como ya sabes a estas alturas del libro, gasta muchos recursos cognitivos.

> Pensar de forma racional tiene un coste grande para el cerebro. Cuando relajamos la mente, dejamos que la energía mental se recargue y la actividad cerebral empieza a deambular por otras zonas más distantes entre sí.

Esto permite que se asienten las cosas que hemos ido aprendiendo, creando nuevas asociaciones entre pensamientos y generándose en muchos casos nuevas ideas.

Cuando intentamos solucionar un problema la mente recorre los mismos caminos neuronales que en problemas similares una y otra vez.

> Si no encontramos la solución al cabo de un rato, lo peor que podemos hacer es seguir picando piedra; mientras estemos concentrados en el problema, estaremos bloqueando la red neuronal que necesitamos para buscar y descubrir su solución. Cuando uno se relaja, deja de presionar al cerebro y la corteza prefrontal tiene más libertad para hacer conexiones nuevas, lo que da lugar a una visión más global.

En la sociedad actual, divagar o distraerse «no está bien considerado», pero ya ves que tiene un montón de beneficios, no solo para aumentar la creatividad y para la solución de problemas, sino que cuando dormimos también nos ayuda a regenerar el cerebro. Es en ese momento cuando se limpian todas aquellas toxinas que se producen en el cerebro.

Pero..., sí, hay un pero... Como en todo en esta vida, abusar de estar en este modo mental puede suponer un gran problema, sobre todo cuando sufrimos ansiedad o depresión. ¿Por qué? Pues bien, si tendemos a tener pensamientos negativos, parece ser que esta red por defecto se ve reforzada y nos hace tener ideas aún más disfuncionales.

Un cerebro que divaga es un cerebro infeliz. Nos pasamos el 50 % del tiempo distraídos pensando en otras cosas en vez de centrarnos en aquello que hacemos, y esto nos hace más infelices. De hecho, se ha visto que uno de los momentos en los que estamos más presentes es cuando practicamos sexo. Pero a lo que iba, cuando te pasas mucho tiempo divagando, aumenta la conectividad de la red por defecto. Y hay muchos estudios que muestran que personas deprimidas o que fácilmente entran en rumiación presentan una conectividad alta en su red por defecto, lo que les dificulta concentrarse en una tarea externa.

Quiero que conozcas todo esto para que entiendas que la meditación reduce esta conectividad y, en consecuencia, no te ves todo el día sumergido en tus bucles mentales y a la vez estás más presente y, por lo tanto, más feliz.

Y sí, otra vez tengo que poner un «pero...».

El cerebro de la gente feliz es aquel que se mantiene en equilibrio con todo; ni en el blanco ni en el negro: en el gris.

Hallarnos constantemente en un estado de meditación, es decir, focalizados, poniendo atención a las cosas, desgasta al cerebro. Por eso nos cuesta tanto ponernos a realizar algo que normalmente no hacemos, o dedicarnos a estudiar un tema nuevo. Porque eso exige al cerebro un esfuerzo extra. Cuando pasamos todo el día haciendo un montón de cosas, intentando estar a tope en todo, podemos acabar con *burn out*, como dicen los americanos. Si siempre estamos haciendo trabajar a la corteza prefrontal, activando esta red ejecutiva, realmente quemamos el cerebro, las neuronas se mueren y gastamos recursos cognitivos.

Pero vamos a empezar a poner soluciones. Supongo que ya tienes claro que el equilibrio es la clave de todo.

Lo que se recomienda es alternar entre los dos estados mentales: concentración y relajación. Por eso es importante que, si estás en el trabajo o estudiando y llevas mucho rato concentrado mentalmente, puedas tomarte varios *breaks* durante el día.

EL MAESTRO PUNK

Llevar una empresa exige mucho trabajo. Cuando decides emprender, eres un iluso soñador que cree que todo va a ser creativo y maravilloso; si no, no lo harías.

Me hace mucha gracia cuando en la red me aparecen esos

anuncios donde sale un chico o una chica hablando en tono motivacional.

«Ey, ¿estás intentando emprender, quieres hacerte rico? Yo antes era un trabajador de mierda y ahora soy un nómada digital que curra desde la playa mientras tomo un daiquiri. Por cierto, tengo un Ferrari aparcado allí».

En serio, ¿quién pica con esas cosas? Emprender no tiene nada que ver con eso. Si fuera tan fácil no te vendería un curso, ¿no?

Emprender tiene que ver con el trabajo duro, la constancia, la resiliencia, el esfuerzo, la fuerza de voluntad y la organización espartana.

Si recuerdas cómo era mi versión de quince años, te sorprenderá que alguien como yo pueda llevar una empresa y conseguir desempeñar todos estos trabajos de manera correcta. Pues bien, todo eso se lo debo a la ansiedad.

Salir de la ansiedad, igual que montar una empresa o cualquier objetivo que te propongas, funciona a través de los mismos principios. A lo largo del libro te he ido contando pequeños fragmentos de mi historia personal, los que me han parecido que más te podían ayudar, y de una manera u otra has podido ver cómo iba aplicando estos principios en mi camino de superación. Me has visto organizarme y poner en práctica hábitos saludables, trabajar muy duro implementando herramientas, y caerme y volverme a levantar.

En la actualidad, aplico exactamente los mismos principios para conseguir ser productivo y que una idea en la que nadie creía en sus inicios haya llegado viva hasta hoy.

Me organizo los objetivos en diagramas de Gantt. Esta es una herramienta maravillosa para saber cuándo va a durar cada trabajo y qué implicación, horas y esfuerzo voy a necesitar para llevarla a cabo. En mis momentos de superación de la ansiedad la desconocía, la aprendí más tarde, formando parte de un proyecto que se fue a la mierda, con inversores avaros y gente poco implicada, un marrón que tardé dos años en terminar de pagar, suerte de mis padres que me ayudaron. La cuestión es que el diagrama de Gantt es algo que no solo uso para mi trabajo, sino que lo enseño en mis talleres para alcanzar objetivos. Una maravilla. Puedes encontrar muchos programas en internet para empezar a hacer el primero.

También tengo una norma muy clara a la hora de trabajar: cincuenta minutos de curro y diez de desconexión. Tengo hasta una app donde pongo todo el trabajo del día y me va avisando cuando me toca descansar. He probado muchas cosas en esos diez minutos de descanso, es algo muy personal, pero al final he decidido que lo que me va mejor es hacer yoga o cuatro flexiones, algo de cardio a lo mejor. Si estoy trabajando en una cafetería, lo que es muy probable —soy un «nómada digital»—, me levanto y hago unos estiramientos discretos. Esto también te puede servir en tu camino con la ansiedad, cada rato de trabajo haz unas respiraciones o unos movimientos de qigong, por ejemplo. Yo me escondía en los baños a hacer mis ejercicios; creo que mi compañero de trabajo de entonces pensaba que tenía un grave problema en la vejiga.

Hay una característica que he ido integrando en mi personalidad a lo largo de los años, y gracias también a la ansiedad. Ya te digo ahora que la ansiedad te ayuda, y mucho, a practicar la resiliencia.

Esta es una palabreja que se usa mucho últimamente, es la capacidad de caerte y volver a levantarte, aprendiendo de la caída y viendo la puesta en pie no como un nuevo inicio, sino como un paso más. Durante mis parálisis y pinchazos en el corazón aplicaba las herramientas y mis síntomas disminuían, pero de repente sucedía algo en mi entorno y estos volvían. Reflexionaba sobre la situación y me ponía a tope con las herramientas, hasta volver a obtener resultados.

Cuando saqué el primer curso de Bye bye ansiedad se apuntaron un par de personas y les tuve que devolver el dinero; no se podía hacer el curso solo con dos. Ahora abro grupos de cuarenta personas y hay gente que se queda fuera a esperar la siguiente edición. El otro día quedé con una alumna, ahora amiga, que participó en una de las primeras ediciones, y me decía que se acordaba de esa época en que le contaba que debía tres meses de alquiler porque lo poco que ganaba lo invertía en mi proyecto.

Cuando escribí mi primer libro, me lo rechazaron seis editoriales. Siempre que caigo, me planteo: «¿Qué estoy haciendo mal? ¿En qué puedo mejorar?», y simplemente sigo picando piedra en la misma dirección, con los cambios pertinentes.

La ansiedad es un gran maestro, a lo mejor un poco punki, y sus métodos algo arcaicos, pero un maestro a fin de cuentas. Si te analizas un poco, verás que este gurú utiliza tales métodos porque cuando no los usaba no le hacíamos ni caso. Así que un día empezó a gritar.

Todo lo que le pasa a mi cerebro cuando medito

Primero, es importante distinguir entre diferentes tipos de meditación. Aquí me gustaría hablar esencialmente de tres.

- La meditación orientada a un objeto: es cuando intentamos focalizar la atención en algo concreto, ya sea un mantra, una vela o, de forma más habitual, la respiración.

- La meditación de atención abierta o «vipassana», que yo llamo «pantalla de cine», porque consiste en observar tus pensamientos, tomando conciencia de cada uno de ellos, sin intentar cambiarlos.

- La meditación de la autocompasión o *kindfulness*, que, para mí, es aquella en que escuchas a alguien hablándote y con musiquita de fondo supertranqui.

> Lo difícil tanto en el primer tipo de meditación como en el segundo es no quedarte enganchado en los pensamientos o sensaciones que van apareciendo, algo que muchas veces ni siquiera te das cuenta de que ocurre, sobre todo cuando empiezas a meditar.

Me pasaba muchas veces, ponía la alarma del móvil a cierta hora para saber en qué momento debía acabar mi meditación, y solo cuando esta sonaba me daba cuenta de que estaba inmersa en un pensamiento; no era en absoluto consciente de ello. Es increíble cómo con el tiempo te acabas «pillando» más rápido cuando te distraes y te percatas de que te estás dejando arrastrar por esa red por defecto. Con mucha práctica ya no percibes cómo piensas o cómo te sientes solo cuando meditas, sino que traspasas esta destreza a tu día a día.

Y ese es el objetivo, adquirir un superpoder que no muchos tienen. Vas a empezar a darte cuenta de cuándo quieres estar en tu red por defecto y cuándo en tu red ejecutiva. Es decir, controlarás tú en qué momentos quieres permanecer divagando, dándoles vueltas a las cosas, saltando de pensamiento en pensamiento, y cuándo quieres poner la atención en aquello que estás haciendo.

Vamos a describir a nivel cerebral cómo ocurre este cambio. Cuando se comienza a meditar y a enfocar la atención ya sea en un objeto o en la «pantalla mental», se activa la red atencional, situada en la famosa corteza prefrontal; para ser exactos, la dorsolateral, que regula la atención. Si estoy prestando atención a mi respiración, en ese momento estoy presente, sintiendo solo mi respiración.

Al rato la mente empieza a divagar y comienzan a aparecer pensamientos de forma incontrolada. Es ahí cuando se activan diferentes partes del cerebro, que componen la ya conocida red por defecto. Sobre todo se activan aquellas de contenido autobiográfico. No te pones tú a propósito a pensar en ellas, sino que surgen de manera espontánea. En un estudio, a un grupo de meditadores se les pedía que pulsaran un interruptor cada vez que se dieran cuenta de que estaban distraídos. Los más principiantes casi nunca lo percibían y decían que habían estado bastante concentrados, pero los escáneres desvelaban la mentira. En realidad, ellos no eran conscientes de que se pasaban la mayor parte del tiempo divagando. Los más expertos, en cambio, acertaban más esos tiempos en que se distraían.

Es justo en ese instante en que me doy cuenta de que estaba divagando cuando se activan la ínsula y la corteza cingulada anterior. La primera lo hace cuando pensamos en nosotros mismos, es una zona implicada en saber que eres tú el que está pensando. Debido a este mecanismo no podemos hacernos cosquillas a nosotros mismos, porque entonces esta parte del cerebro nos avisa de que estamos siendo nosotros los que actuamos, y ya no lo sentimos igual. A su vez, la corteza cingulada anterior se comunica con partes del cerebro más primitivas como la amígdala, pero también con las más avanzadas como la corteza prefrontal. Es una de las zonas que perciben las sensaciones del cuerpo, de ahí que haya estudios que valoren el hecho de moverse un poco antes de meditar para ir ya activando esta zona. Podríamos decir que conecta partes inconscientes del cerebro, como las emociones y sensaciones, con otras más conscientes. Gracias a estas dos zonas, tomamos conciencia de nuestro estado mental. Después, por último, se activa el lóbulo parietal inferior, que es el que nos hace recordar qué estábamos haciendo, se reorienta la atención y volvemos a la primera fase de la meditación, en la que se activa de nuevo la red ejecutiva. Y desde ahí vamos repitiendo este ciclo una y otra vez.

> Si meditas cada día, y lo sigues haciendo durante bastante tiempo, estas zonas del cerebro se van activando y entonces, gracias a la plasticidad neuronal, ocurren cambios ya no solo funcionales sino también anatómicos.

- Aumenta el volumen cortical de la corteza cingulada anterior, algo que se relaciona con personas que parecen ser más felices.
- Disminuye la actividad de la amígdala, aumenta la corteza prefrontal y se incrementa la conexión entre esta

última y el sistema límbico. Como ya sabes, esto contribuye a que saltes menos a la mínima y proceses mejor tus emociones; a que, en vez de reaccionar, puedas responder ante las situaciones complicadas de forma óptima. De ese modo, podemos salir del piloto automático que nos condena a repetir los mismos patrones, muchos de ellos destructivos, que nos hacen perpetuar el estado de ansiedad.

• Y si estás pensando en el hipocampo, la otra zona que se ve alterada cuando sufres ansiedad, que sepas que también hay estudios que revelan el aumento de su zona gris.

> Hay infinidad de estudios en los que se ha observado que meditar ayuda a combatir la ansiedad gracias a estos cambios neuronales, aunque aún no se sabe a ciencia cierta cómo se producen estas transformaciones.

Por último, me gustaría comentar que la meditación nos hace también menos narcisistas, menos egocéntricos. Gracias a ella disminuimos a conciencia el tiempo que pasamos en la red por defecto y, a su vez, se activa la parte en que nos hablamos a nosotros mismos. En consecuencia, aminoramos el peso que nos damos. Se ha podido observar en meditadores expertos cómo otra parte implicada en el sentimiento de uno mismo (la corteza cingulada posterior) disminuye su actividad, lo que hace que la red por defecto esté menos centrada en el «yo».

Esto me parece muy interesante, ya que muchas personas

que presentan ansiedad tienden a caer en el victimismo y a estar constantemente ensimismadas.

> La mayoría de los estudios revelan que meditar incrementa el control de la atención, la regulación de las emociones y la capacidad de «darse cuenta» (*self-awareness*).

TERCERA PARTE

Reinterpretando mi mundo

6

No sé qué me pasa

TODOS TENEMOS ANSIEDAD

¿Sabías que hay una «carrera» de medicina tradicional china? Yo tampoco, hasta el día que me apunté para cursarla: cuatro años de estudio más uno de especialización. Para ser, como dicen algunos, una pseudomedicina y un timo, no está mal lo que te hacen estudiar.

Nunca he ejercido después de mis estudios. Recuerdo que el día que hice el último examen, al terminar le dije a mi profesora:

—Llevo cinco años con esto y aún no entiendo prácticamente nada.

—Tú no preocupes —me contestó en español-chino. (Español-chino es básicamente hablar perfecto español pero prescindiendo de lo accesorio. Tengo la suerte de relacionarme con mucha gente que viene de China y es algo común en todos ellos). Total, que mi profesora me dijo—: Tú no preocupes, 90 % clientes ansiedad, si no trae a mí.

Así que decidí dedicarme a lo que llevaba tanto tiempo amargándome la vida. Y gracias a esas palabras empezó mi nueva aventura emprendedora.

Aprendí muchas cosas en esa etapa de estudios, pero básicamente me di cuenta de que lo que más me interesaba era la relación que había entre salud y filosofía oriental. En una de las primeras clases viví un aprendizaje brutal sobre las emociones. Me di cuenta de que no tenía ni idea de ellas, de que me había pasado la vida evitándolas, buscando sistemas para no afrontarlas. Una de mis frases era «las emociones solo te hacen sufrir, es mejor basarse en la razón». En parte mi razonamiento era comprensible, porque relacionaba emociones con ansiedad. La cuestión es que ese día vino a clase un maestro nuevo para hablarnos de la teoría de los cinco elementos. En resumidas cuentas, esta historia de la antigua China dice así:

Hay cinco elementos que crean la vida en este mundo: la madera, el fuego, la tierra, el metal y el agua. Estos se relacionan entre ellos y se controlan para que su energía no se desborde y todo fluya.

Estos cinco elementos, igual que crean la vida en la tierra, consiguen que el cuerpo humano funcione de la misma manera. Así, cada uno de ellos se relaciona con distintos órganos del cuerpo. La madera, por ejemplo, con el hígado y la vesícula biliar. De esta manera los órganos del cuerpo también se dan energía y se controlan entre ellos. El maestro nos contó también que cada órgano y, en consecuencia, cada elemento se relaciona con una emoción. En este punto es cuando empezó a estallarme la cabeza. Por ejemplo, el miedo lo relacionan con el riñón y la vejiga. Según esta teoría, los problemas en la espalda podrían derivar de un susto impactante en un momento determinado de la vida o de un miedo prolongado en el tiempo. Es evidente que esta teoría no se ha demostrado a través de un estudio científico. Y no creo que se pueda probar nunca, cae por su propio peso. Pero tómatela como lo hice yo, a nivel filosófico; no todo en esta vida se puede cuantificar.

Somos un todo, mis emociones van ligadas a mis síntomas. Mi estado de ánimo puede estar vinculado con mi estado
de salud.

Gracias a esta teoría, empecé a poder expresar mis emociones. De hecho, gracias a que va ligada al qigong, del cual ya estaba enamorado. Así podía hacer ejercicios para la ira, para el
miedo o para la preocupación. Y expresar mis emociones mientras practicaba. A lo mejor era algo del todo subjetivo..., posiblemente..., vaya, seguro. Pero me funcionó. Ahora ya sabemos, por
lo que Sara nos ha contado, lo que sucede en realidad entre las
emociones, el corazón y el cerebro.

De esta manera, a partir de esa teoría mis emociones empezaron a fluir, aunque no pienses que a raudales y desbocadas, sin
freno alguno. Mi mujer aún se queja de que no expreso lo que
siento. Pero sí que empecé a separar emoción de síntoma y, de
alguna manera, cada vez que sentía un pinchazo prestaba atención a ver si había alguna emoción que necesitase sacar. Descubrí que la única manera de expresar una emoción no es a través
de la oralidad, hay muchas otras. A mí me iba bien la práctica del
qigong, en medicina china nos enseñaban a hacerlo con acupun-
tura y hay mucha gente que necesita darle de hostias a un saco.

Y en ese instante conecté con algo, desde esos fatídicos diecisiete años en que no practicaba ningún tipo de deporte.

De pequeño no era un chico muy deportista, por herencia de
mi padre pensaba que el deporte era para los tontos, lo mejor
que podía hacer era leer un buen libro. Y eso era lo que hacía,
leer libros de Los Cinco, de Enid Blyton, la serie Pesadillas, de
Robert Lawrence Stine, y muchos tebeos de Mortadelo y File-
món, de Ibáñez, o Tintín, de Hergé, entre muchos otros.

Un día paseando a Senda, una perrita que teníamos entonces en casa, conocí a Óscar, que paseaba un husky llamado Clinton, como el presidente. Este chico y yo hicimos amistad y un día me rompió los dientes de una hostia, pero eso pasó años después.

El caso es que Óscar jugaba al baloncesto, deporte que no me hacía ni fu ni fa, pero una tarde de sábado me invitó a ver un partido. Jugaban dos escuelas de primaria en el patio de una de ellas. Era un espacio muy grande donde se disputaban distintos partidos de varios deportes. Y al final resultó que, en vez de ver el de básquet, me quedé prendado, como si de un amor de verano de esos instantáneos se tratase, del deporte que se jugaba al lado: hockey sobre patines.

A los pocos meses estaba jugando en un equipo. En ese momento tenía nueve años, muy mayor para empezar un deporte de ese tipo, así que los dos primeros años solo entrenaba con niños tres o cuatro años menores que yo. Creo que eso me aportó dos factores a mi personalidad: por un lado, en ese momento me sentía poca cosa; por otro, me demostré que si persigues algo lo consigues. No llegué a profesional porque me cansé o porque la idiotez adquirida en la adolescencia me jugó una mala pasada, pero estuve cerca de lograrlo.

La cuestión es que, después de mis primeros ataques de ansiedad, dejé el deporte por completo y años más tarde conecté con lo beneficioso que es. No hace falta practicarlo a un gran nivel, pero a mí, para trabajar las emociones, me va de perlas hacer un poco cada día. Seguro que Sara nos habla de ello.

Con este flashback, me doy cuenta ahora de que el hockey me servía para sacar la ira como ninguna otra práctica lo ha conseguido. La educación emocional en mi casa era nula, ni mi padre ni mi madre han sido nunca de expresar lo que sienten. Ella aún cuenta algo, él es de los que, si el tema no le gusta, se levanta y se va. Así de fácil se solucionan las cosas: ojos que no ven, corazón que no siente. Ponerme los patines, deslizarme por la pista con el stick y darle hostias a esa pelota infernal me ayudaba pues a desahogarme. Me encanta patinar, aún hoy no hay otra práctica que despierte las mismas emociones en mí.

En mis años posteriores de estudio de la ansiedad, aprendí mucho más sobre las emociones. Recuerdo un día que, en una clase de meditación, el maestro nos demostró que éramos personas emocionales.

Yo, como ya te he dicho, no estaba para nada de acuerdo, mi punto de vista en ese momento era: sí, las emociones existen, y sí, posiblemente tienen alguna función, pero sobre todo somos seres racionales. Hoy sigo pensando que todo está en el coco, si no, no escribiría este libro, pero ya he entendido que las emociones también afectan al cerebro, y al intestino..., al final hay neuronas por todas partes. La cuestión es que en las clases de meditación, entre sesión y sesión, debatíamos sobre distintos temas y ese día hablábamos de emociones. El maestro me dijo:

—Ferran, ¿sabes decir «yo como»?

—Por supuesto, yo como—respondí.

—Ahora intenta decirlo con gestos —me replicó el maestro.

Me puse una mano sobre el pecho para indicar mi persona y a continuación con los dedos cerrados hice el clásico gesto de comer, acercando la mano a la boca.

—¿Ves como eres un ser emocional? —señaló el maestro—. Al decir «yo», no te has tocado la cabeza, sino que te has llevado la mano al corazón.

Indispensables

La palabra «emoción» viene del latín *emoveo*; de *ex*, «desde», y *moveo*, «mover»: movimiento hacia afuera. Se puede deducir entonces que las emociones te ayudan a moverte. Las emociones son indispensables. Igual que a lo largo de la evolución se han producido mutaciones o cambios físicos que han sido útiles para adaptarnos mejor al mundo, también existe una forma de ver las emociones de la misma manera: puede que estén presentes en nosotros hoy en día por tener también una utilidad a nivel evolutivo.

Desde este punto de vista, las emociones que consideras «negativas» no aparecen para fastidiarte, sino que tienen su utilidad. Piénsalo de manera objetiva; llevamos millones de años de evolución y si estamos aquí sintiendo las emociones que sentimos es por algo: básicamente nos han impulsado a realizar acciones que han hecho que estemos vivos como individuos y como especie.

El miedo te protege, te ayuda a enfrentarte a las adversidades y al peligro, te prepara para luchar o huir, con lo que la probabilidad de supervivencia aumenta. Pero ¿qué hay del resto de las emociones? ¿Cuántas existen? ¿Qué papel desempeñan?

Emociones primarias

En la película de animación *Del revés*, se contrató al psicólogo Paul Ekman para asesorar en todo lo referente a las emociones. En ella se muestran las que Ekman consideró como las seis emociones básicas: alegría, tristeza, miedo, asco, ira y sorpresa.

Tras muchos trabajos de investigación, se ha visto que estas seis emociones no se pueden considerar básicas en sentido universal. Es decir, que cualquier persona de cualquier parte del mundo no puede reconocerlas de manera innata, por ejemplo, mirando las facciones del rostro de la persona que tiene delante. Aún no existe un consenso claro de cuáles son las emociones básicas innatas de un ser humano, pero en todas las propuestas siempre está presente un núcleo de cuatro: miedo, ira, tristeza y alegría.

Del miedo ya hemos hablado, pero ¿qué hay de la ira? Es curioso, porque resulta que la ira activa la misma parte del cerebro que el miedo: nuestra querida amígdala.

> La ira hace que se desprendan las dos hormonas de vía rápida que se sueltan también cuando sentimos miedo: la adrenalina y la noradrenalina. Sube la presión arterial, el rostro se enrojece y aumenta la temperatura en las manos.

Ira

La ira te ayuda también a luchar, a atacar, a actuar, a espabilarte, a que te muevas, pero también a defenderte, a poner límites; te ayuda a decir «no quiero» o «por aquí no paso». La ira sin la intervención de la razón puede ser peligrosa, sobre todo a nivel social, por eso tiene tan mala fama, pero, como veremos más tarde, tan solo necesita de la corteza prefrontal para estar controlada.

Tristeza

La tristeza nos ayuda a decir basta con aquello que nos está provocando sufrimiento; nos pone en movimiento, nos da la fuerza para que produzcamos los cambios necesarios para estar mejor. Incluso nos empuja a acercarnos al otro para pedir ayuda si es necesario.

> Cuando sentimos tristeza se activan otras partes del cerebro, como el córtex prefrontal medial o la corteza cingulada anterior en caso de pacientes con depresión. ¿A que ya no la ves como una emoción negativa?

Alegría

La alegría es una emoción contagiosa, muy vinculada a las relaciones interpersonales, es la que nos ayuda a crear vínculos con los demás, a que tengamos una red social. Formar parte de esta red, estar integrados dentro de un grupo, es muy importante para nuestra supervivencia, ya no solo a nivel individual sino también para mantener a la especie. Y aquí incluiría el amor, que nos ayuda a encontrar compañero con el que reproducirnos y con el que proteger a nuestra descendencia para que crezca fuerte y sana. Cuando nos reímos o sentimos amor, se activan otras partes del cerebro, como la ínsula o la corteza cingulada, que nos ayudan a tomar conciencia de aquello que está pasando, nos hacen vivir de manera más presente. Cuando sentimos alegría o amor se desprende una neuroquímica característica de la que hablaremos más en detalle cuando abordemos la neurociencia de la felicidad.

Cuando miramos la foto de una persona amada, la amígdala se ve más apagada. ¡Quizá por eso dicen que el amor es el mejor antídoto contra el miedo!

Sorpresa

La sorpresa o el asombro es una emoción que me encanta estudiar. Quizá porque en el yoga te hablan de un tipo de actitud que debes tener para prestar atención plena en todo lo que haces; es la actitud del principiante. Tener la curiosidad de un niño te permite observar, valorar, fascinarte por todos los pequeños detalles de los que está hecha la vida. Si vas con esta actitud de asombro, de sorpresa, verás que ganarás en presencia. Y eso te favorece si tienes ansiedad, ya que esta, como veremos más tarde, es un miedo al futuro, tu mente no está en el presente, sino que está concentrada en lo que pueda ocurrir.

La sorpresa te ayuda en el proceso de aprendizaje, ya que te hace focalizar la atención en aquello que te produce interés y facilita que la información permanezca en la memoria. Además, está asociada con chutes de dopamina, que te ayudan a recordar mejor el evento novedoso para tenerlo en cuenta la próxima vez, sea para bien o para mal.

Asco

Sentimos asco hacia alimentos en mal estado, hacia infecciones o animales que puedan provocarlas (garrapatas, piojos, gusanos, moscas...), hacia temas escatológicos que pueden afectar a la higiene... Es fácil concluir que el asco nos ha servido para evitar ponernos enfermos, para tomar conciencia de aquello que nos puede resultar dañino a nivel físico. La parte que se activa al sentir asco es también la ínsula. Ya ves que una misma parte del cerebro puede estar implicada en múltiples funciones; de hecho, la ínsula en cuestión es compleja en este sentido, ya que está metida en muchísimos «fregaos».

Según António Damásio, estas emociones primarias se dan para que tenga lugar un proceso de homeostasis. Es decir, cuando recibimos un estímulo (sea interior o exterior), se descompensa nuestro estado de «bienestar corporal» y las emociones ayudan a volver a recuperar este equilibrio, estar de nuevo en homeostasis. Prácticamente todo lo que sabemos acerca de las emociones desde una perspectiva neurocientífica viene de los grandes trabajos de este autor. Si te gusta este tema, te recomiendo que leas cualquiera de sus libros.

Evitar que aparezcan estas emociones primarias es algo casi imposible, aunque muchos lo intenten con estímulos externos o sustancias que te dejan KO. Lo que sí podemos hacer es gestionarlas, pasándolas por la corteza prefrontal, por la razón, y convirtiéndolas en sentimientos. Un niño, por ejemplo, solo se emociona, no «siente», no hace el proceso de reflexionar, de tomar conciencia de la emoción, debido al hecho de que su corteza prefrontal aún no está desarrollada. Por eso a un niño se le pasa todo rápido, porque las emociones se desvanecen rápido mientras que los sentimientos pueden persistir dentro de nosotros durante mucho más tiempo.

Emociones secundarias

Luego existen las emociones secundarias. El primero en hablar de ellas fue también António Damásio. Según él, estas son una combinación de las primarias que surgen al desarrollarnos como adultos, al entrar en contacto con la sociedad.

> La vergüenza, la culpa, la ansiedad, el orgullo, la decepción o los celos son emociones secundarias.

En opinión de Damásio, si se ven perjudicadas partes del cerebro como la amígdala, la capacidad de sentir cualquier emoción se ve afectada. Por el contrario, si las lesiones se dan en la corteza prefrontal, como fue el caso de nuestro amigo Phineas Gage (el hombre a quien una barra de hierro le atravesó la cabeza, supongo que lo recuerdas), la elaboración de las emociones secundarias se ve comprometida. La persona en cuestión sentirá emociones, pero no sabrá controlarlas ni cómo autorregularse emocionalmente ni cómo gestionarlas a nivel social.

Tanto las emociones básicas como estas más complejas surgen de manera inconsciente.

Las emociones primarias son innatas, universales. Las emociones secundarias se aprenden por el hecho de vivir en sociedad, por la cultura y la educación que recibimos. Ambas, al ser procesadas por la razón, generan sentimientos.

La ansiedad es una emoción, no un dolor en el pecho

La ansiedad es una emoción secundaria y, como tal, ha sido «seleccionada» a nivel evolutivo porque tiene una ventaja adaptativa: se antepone a lo que pueda pasarte en un futuro, hace predicciones; tu respuesta condicionada por el miedo hace que tomes unas decisiones u otras que pueden «salvarte la vida». La ansiedad en su justa medida es adaptativa. El problema aparece cuando vives en estado de ansiedad constante, con tu mente centrada en todo lo horrible que puede pasarte; entonces es cuando se hace crónica y ocasiona trastornos de ansiedad.

Que te afecten unas u otras emociones secundarias dependerá de lo que has aprendido durante la vida, de cómo interpretas el mundo. Y esto nos lleva a ver que la ansiedad es algo que viene condicionado por la forma de pensar, por las creencias, por las experiencias vividas, por cómo percibimos la vida. Como dice Ferran siempre: «No tenemos ansiedad por lo que nos pasa, sino por cómo interpretamos aquello que nos sucede». O: «El miedo es inevitable, la ansiedad es opcional».

HOLA, SOY TU EMOCIÓN

Con mi práctica del qigong emocional, empecé a ver, siempre desde mi experiencia personal, que las emociones van ligadas a un síntoma. Es decir, llegué a creer que solo podía sentir miedo si iba acompañado de un pinchazo; si no, no lo podía considerar miedo. La teoría cuadraba a la perfección en mi cabeza, «pues con el amor pasa lo mismo», pensaba. Cuando te enamoras, pierdes el hambre, no duermes, te encuentras entre melancólico y feliz, es decir, que también va acompañado de síntomas. En cambio, cuando no sentía ningún pinchazo estaba en paz y, en consecuencia, no había emoción alguna pululando por mi corazón.

Esta teoría se me desmontó el día en que empecé a estudiar sobre la felicidad. Y comencé en casa de mis padres, donde hay un altillo enorme en el que se almacenan todas las cosas habidas y por haber que mi madre considera necesario conservar. Después de instalar una escalera y rebuscar por ese agujero negro, encontré mis apuntes de filosofía. No recuerdo si te había contado que estudié el bachillerato humanista, o así lo llamaban entonces; letras puras, para que me entiendas. Desde latín y griego, pasando por historia, literatura y filosofía. Me arrepiento un poco de no haberle sacado más provecho a esos estudios, pero, bueno, era muy joven.

La cuestión es que, en unos apuntes viejos llenos de dibujos míos en los laterales, encontré un resumen sobre el concepto de la felicidad en la historia de la filosofía. Me impactó. ¿Cómo puede ser que en su momento no le hiciera ni puto caso a todo esto? El primero en aparecer subrayado en esas páginas era Pirrón, un filósofo griego que decía que la felicidad era la suspensión del juicio sobre las cosas. Estableció el concepto de adiaforía, que significa «indiferencia por las cosas». Creo que el nombre de esa teoría (escepticismo) lo resume bien y, de alguna manera, concuerda bastante con mi manera de ver el mundo. Nada es tan importante. Así que empecé a aplicar este concepto: si quería ser feliz, la idea era dejar de juzgar. La filosofía nos hace pensar, pero necesité herramientas básicas para aplicar esto; la meditación budista y la PNL me ayudaron a conseguirlo.

En esos mismos apuntes me reencontré también con el estoicismo, una corriente que no me ha abandonado jamás. Los filósofos estoicos decían que la felicidad tenía que ver con la moral, con la virtud. Una actitud correcta, como podría ser la honestidad, la moderación, la fortaleza y la autodisciplina, sería perfecta para conseguir la felicidad. También me puse manos a la obra con esto. Me propuse no decir nunca más una mentira y te puedo asegurar que lo cumplo siempre; esto me acerca mucho a la felicidad, sin duda. La moderación se convirtió también en algo muy importante; ya la conocía por el taoísmo y su teoría del yin y el yang, pero empecé a aplicarla de manera práctica gracias a Epícteto. Ni comía mucho ni muy poco, ni dormía demasiado ni me quedaba con sueño. El equilibrio te acerca a la felicidad, no hay duda, te invito a que lo pruebes.

Gracias a estos apuntes empecé a leer cada vez más y más filosofía, no solo sobre la felicidad, sino sobre muchos otros temas. La verdad es que me encanta, es una carrera que me gustaría estudiar cuando me jubile, a ver si así aprendo algo. Pero no nos despistemos; gracias a ir leyendo y formándome, terminé por concluir que síntomas y emoción no tenían por qué ir ligados. Respecto a las emociones, los estoicos sostenían que no servían para nada y que lo que mandaba era la razón; Platón y

Aristóteles hablan de su funcionalidad. El segundo, que me encanta, asimila el placer con un hábito o deseo natural y dice que todo aquello que te aleja de él te provoca dolor. A mí me encaja mucho. Pero la conclusión es que desde los principios de la humanidad se ha intentado definir qué son las emociones, cuáles son buenas y cuáles son malas, si van ligadas o no a avisos corporales, y para gustos los colores. Podemos seguir debatiendo a nivel filosófico, eso nos llena como seres humanos. Y esperemos que los avances en la ciencia nos ayuden a cuantificar parte de esas teorías para llegar a conclusiones claras. A ver qué tiene Sara que decir sobre el tema.

Emoción, cuerpo y mente

William James, filósofo y psicólogo, fue uno de los primeros que habló sobre las emociones. Para él las emociones necesitan del cuerpo, no son más que las sensaciones corporales que experimentamos al percibir algún evento. Justo lo que nos decía Ferran, aunque te desmontaré rápido esta teoría. Según él, una persona no sentiría miedo si no notara las palpitaciones, la respiración entrecortada o la tensión de los músculos. Lo que podría llevarte a plantearte preguntas como: si no percibo ningún síntoma físico, ¿no siento la emoción? Si, por ejemplo, me medico y desaparecen los síntomas, ¿dejo de sentir ansiedad? ¿Estaré liberado completamente de la ansiedad cuando no note los cambios fisiológicos que se producen en mi cuerpo?

Pues siento decirte que no.

Muchos científicos se han posicionado en contra de la teoría de William James por olvidar ese valor o evaluación cognitiva que realizamos cuando sentimos los cambios físicos en el cuerpo.

Uno de los experimentos que descartó su teoría fue el siguiente. Ya sabes que el nervio vago es el que permite que te enteres de todo aquello que sucede dentro del cuerpo, el que te ayuda a percibir los mensajes de los órganos (interocepción). Pues bien, Charles Scott Sherrington demostró que, cuando se cortaba el nervio vago en ratas, estas expresaban igualmente emociones, con lo que demostraba que, sin percibir estos cambios físicos, uno también puede sentir emociones. Lo que sí te puedo asegurar es que la aparición de síntomas hace que aumente la intensidad de la propia emoción. O al menos esto se vio en unos estudios muy interesantes, donde a los pacientes se les inyectaba chutes de adrenalina. Vamos a explicarlos.

Gregorio Marañón fue de los primeros en hacer este tipo de estudios, y lo que vio es que, aunque los pacientes experimentaban cambios fisiológicos tras recibir el chute de adrenalina, declaraban no sentir ninguna emoción, no experimentaban ni el miedo ni la euforia que podría causar la adrenalina. Eso sí, cuando se les pedía que pensaran en experiencias pasadas intensas, la adrenalina en el cuerpo hacía que la emoción se potenciara de forma notable. Así que la presencia de la neuroquímica que se desencadena en el cuerpo cuando se siente ansiedad puede estar potenciando esta emoción.

Lo que me lleva a pensar que por eso es importante no tomar cafeína o bebidas estimulantes; si estas incrementan las reacciones físicas, pueden hacer que, al notar algún síntoma, la intensidad de la ansiedad se vea aumentada.

> Saber que puedo controlar los síntomas con la respiración o con cualquier otra herramienta hará que la intensidad de la emoción se vea mermada.

La investigadora Magda Arnold llevó a cabo otro estudio parecido que también merece la pena comentar. Cogió tres grupos distintos a los que inyectó adrenalina. El primero estaba compuesto por personas que no sabían lo que se les iba a inyectar, al segundo se les engañaba diciéndoles que se les iba a inyectar algo que no era, y al último grupo se les decía la verdad, que se les iba administrar adrenalina y se les explicaba todos los efectos que esta producía en el sistema nervioso. Aparte de todo esto, había un actor en la sala, una persona que fingía distintas reacciones emocionales: se mostraba a veces eufórico y otras veces de lo más rabioso. ¿Y qué se vio? Que las personas del grupo que conocía todos los efectos de la adrenalina fueron las únicas que no reaccionaron ante las emociones *fake* del actor. El resto se dejaban llevar por su reacción, mimetizaban la emoción que el actor expresaba. Lo que concluyó la investigadora es que los sujetos pueden sentir emociones diferentes bajo las mismas reacciones corporales dependiendo de la interpretación que hagan de ellas. Es decir, cuando el actor hacía ver que estaba superfeliz, todos relacionaban las sensaciones físicas desencadenadas por la adrenalina con estados de felicidad. Cuando el actor transmitía su ira, todos asociaban las reacciones físicas de la adrenalina con la ira.

Puedes estar sintiendo un aumento del ritmo cardiaco, un incremento en la presión arterial y en el tono muscular, y asociarlo a distintas emociones dependiendo de lo que tú percibes del mundo en ese momento.

La gran neurocientífica Lisa Feldman Barrett, que comparte una visión acerca de las «emociones» totalmente diferente a la versión clásica de Damásio, dice en su libro *La vida secreta del cerebro*:

Estas sensaciones puramente físicas del interior del cuerpo no tienen un significado psicológico objetivo. Pero cuando nuestros conceptos entran en juego, esas sensaciones pueden adquirir un significado adicional. Si sentimos una sensación de malestar en el estómago al sentarnos a la mesa, podríamos experimentarlo como hambre. Si la temporada de la gripe está al caer, podríamos experimentarlo como náuseas. Si fuéramos un juez de un tribunal, podríamos experimentar el malestar como presentimiento de que el acusado no es de fiar. En un momento dado, en un contexto dado, el cerebro usa conceptos para dar significado a sensaciones internas y a sensaciones externas del mundo, todas al mismo tiempo. A partir de un malestar estomacal, el cerebro construye un caso de hambre, de náusea o de desconfianza.

Si diéramos menos importancia a los síntomas físicos de la ansiedad, si los desvinculáramos del miedo, quizá podrían percibirse de manera diferente. Es curioso, ¿no crees?

Y aún sacaría alguna conclusión más de este experimento. El conocimiento hace que el miedo disminuya, y la ansiedad, en consecuencia, también.

Dijo Marie Curie: «Nada en la vida ha de ser temido, solamente comprendido. Ahora es el momento de comprender más para temer menos».

Emoción versus razón

A veces vemos las emociones como algo malo que interfiere en la razón, te descentra, te hace cometer estupideces. Las emociones han sufrido muy mala prensa durante años, pero ahora sabemos que esa crítica no tiene sentido, pues nacen en la mente y no están desligadas por completo de la razón. Además, ya hemos visto lo útiles que resultan en el día a día. Hace poco veía a David Broncano en su programa *La Resistencia* diciendo que, para él, las emociones no servían de nada. Lo decía en broma, espero, porque ya sabes que a nivel científico podemos desmentir esto.

Joseph E. LeDoux, otro colega muy famoso, fue el primero en ver que la amígdala se activaba al sentir miedo, aunque hace poco escribió un artículo subrayando que no había que darle tanta importancia a esta zona como causa única del miedo. Como bien dice, la amígdala participa en este proceso, pero también hay otras partes implicadas en el «circuito del miedo»; digamos que la amígdala sería su epicentro, pero no lo es todo.

Una gran contribución de LeDoux fue descubrir que «primero somos emocionales y después racionales»: la amígdala responde a estímulos externos milisegundos antes de que lo haga la corteza prefrontal. Ambas están interconectadas, pero las conexiones son mucho más rápidas y fuertes de la amígdala a la corteza que viceversa.

Según Daniel Kahneman, existen dos tipos de pensamiento, el rápido y el lento. Podríamos decir que el primero es el que se produce cuando la amígdala «secuestra» la corteza prefrontal y somos más impulsivos; cuando es al revés sería la vía lenta, en que la razón es capaz de gestionar la emoción, podemos reflexionar acerca de lo que sentimos y actuamos en consecuencia. Esto tiene un sentido y es el de reaccionar rápido, algo muy conveniente sobre todo si nos encontramos en peligro.

«Una emoción es un patrón de conducta inconsciente que ocurre sin que te lo propongas. No tienes control sobre el surgimiento de una emoción, pero sí sobre su posterior gestión. Las emociones surgen en la amígdala y su función es facilitar respuestas rápidas y automatizadas ante una situación diferente (como una amenaza o estímulo peligroso). Todas las emociones son indispensables evolutivamente, por ello forman parte de la zona más primitiva de tu cerebro. No son ni buenas, ni malas, son indispensables, necesarias para tu supervivencia».

DAVID BUENO I TORRENS

Por ejemplo, yo puedo sentir una ira incontrolable dentro de mí, pero cuando pasa por la corteza prefrontal, tomo conciencia de ella y me calmo. Imagina que te enfadas con tu pareja por algo que ha dicho o ha hecho, sientes esa ira que aparece dentro sin saber siquiera de dónde viene, y lo que te gustaría es quizá gritar o irte de casa dando un fuerte portazo. Pero ahí es cuando puedes respirar un segundo y darle tiempo suficiente a tu cerebro para que pase toda la actividad de la amígdala hacia la corteza prefrontal. Porque una vez sucede esto, eres capaz de racionalizar esa emoción y transformarla en un sentimiento más funcional o incluso hacer que desaparezca. Puedes tomar conciencia y saber cómo gestionarla.

Lo mismo pasa con los miedos. Imagina que tienes fobia a volar o a conducir. Coges un avión y empiezas a sentir miedo. ¿Qué ha pasado? La amígdala se ha disparado y ha hecho que el miedo se libere en el cuerpo en forma de adrenalina, noradrenalina y quizá cortisol (si el temor es muy intenso y prolongado, y necesita más de tu energía). En esa situación, puedes quedarte colapsada o puedes respirar un segundo y gestionarlo todo desde la corteza prefrontal. Puedes decirte que estadísticamente el avión es más seguro que el coche, que la azafata de vuelo coge el avión cada día de su vida y sigue viva... Y es posible que poco a poco ese miedo intenso que te provoca ansiedad se convierta en un sentimiento de «preocupación» con el que puedes lidiar.

> Cuando la emoción se apodera de nosotros y la amígdala toma el control, tendemos a reaccionar, mientras que si todo pasa a la corteza prefrontal, tenemos la oportunidad de ser conscientes (o autoconscientes) y responder ante esa situación, ante esa emoción inicial.

Cuando uno tiene ansiedad utiliza casi siempre la vía rápida de pensamiento, se vuelve reactivo y pierde capacidad de reflexión; es más impulsivo, se deja llevar por las emociones sin racionalizarlas. A una persona impulsiva le cuesta mucho gestionar sus emociones y, por lo tanto, manejar el estrés o la ansiedad. En general, las personas impulsivas puede que lo sean por genética, existe una predisposición innata, un 40-50 % de heredabilidad de este rasgo. Pero que eso no te sirva de excusa, se puede trabajar, ya te lo hemos demostrado.

Por fortuna, se ha visto en estudios que las personas que se dan espacio para racionalizar sus emociones ven reforzada la conexión amígdala-corteza prefrontal. Meditar o escribir, por ejemplo, ayuda muchísimo a reforzar la vía lenta y desbancar la amígdala del trono. Cuando nos obligamos a poner en palabras aquello que sentimos, de alguna manera forzamos la racionalización de la emoción, pues nos damos cuenta de lo que estamos sintiendo.

7

Qué, cómo, cuándo y por qué

EL MUNDO SEGÚN JEFF GOLDBLUM

Hace unos días mi mujer y yo vimos un documental presentado por Jeff Goldblum, un famoso actor de Hollywood que interpretó al matemático de *Parque jurásico* y un muy buen pianista de jazz. Sus discos me encantan y esta fue la razón para decidirme a ver la serie de National Geographic titulada igual que este apartado. El documental trata sobre curiosidades varias, desde cómo se fabrica una bicicleta, a un paseo por el mundo de los tatuajes o la barbacoa. Cosas muy mundanas, la verdad, la serie aguanta bien porque juega con el factor ¡mira tú!, que no es más que eso que dices cuando te enseñan alguna curiosidad que desconocías, y por la gracia innata que tiene el señor Goldblum.

Después de ver la serie me dio un ataque de nostalgia y me puse a buscar algunas producciones de mi infancia que tenían que ver con el título. Me acordé de *El mundo según Wayne*, una película de humor descabellada de los noventa. Y me vino a la cabeza también la serie *Yo y el mundo*, que trataba sobre cómo un chico crecía y lidiaba con sus problemas en el colegio, con la familia y con el amor. Buscando por Google me apareció una más de las que veía de pequeño, *Malcolm el de en medio*, otra comedia disparatada sobre las dificultades de no ser ni el hermano pequeño ni el mayor.

Todo eso me hizo pensar sobre cómo interpretaba el mundo y sobre las diferentes etapas de mi vida, sobre cómo había cambiado desde que jugaba con las Tortugas Ninja y He-Man (a los que no seáis de mi generación esto os sonará a chino, pero eran los juguetes de moda en mi infancia), y sobre cómo se había transformado mi vida desde la adolescencia hasta mis casi cuarenta años actuales.

Todo lo bueno y lo malo que me ha pasado en esta vida tiene que ver con cómo he interpretado cada momento. Me explico: guardo un recuerdo muy feliz de cuando jugaba con mis tortugas de plástico, y por eso me parecía que eran superchulas comparadas con los juguetes con los que se divierten ahora mis hijos. Pero resulta que hace poco, en un mercadillo callejero, quiso la casualidad que encontrara esas tortugas a la venta y treinta años más tarde volví a tenerlas en la mano. Ceo que es el juguete más feo que he visto en mi vida. Prácticamente no se mueven y están muy mal hechas. Mi percepción de esa realidad cambió en un segundo: de «los mejores juguetes de la historia» a «cómo podía jugar con esto».

Esta pequeña anécdota me sirvió para reflexionar sobre mi pasado ansioso y todo lo que había aprendido en mi camino respecto a la interpretación de la realidad. Siempre suelto la frase de que no tenemos ansiedad por aquello que nos sucede, sino por cómo lo interpretamos. Y así es. Las Tortugas Ninja eran lo más para mí porque estaban ligadas a una emoción positiva y al recuerdo de un niño que interpretaba la realidad de esa forma.

Mi mundo, tal y como lo interpretaba el Ferran de hace veinte años, era peligroso, feroz, costoso, cansado y difícil de llevar.

Ahora mismo lo veo amable, precioso, costoso pero gratificante, fácil de llevar y una oportunidad constante de crecer.

Y sé que te estarás preguntando cómo se cambia de un pensamiento a otro. He usado muchas técnicas para ello, desde la meditación hasta la PNL, pero te voy a contar el secreto de la felicidad: párate y piensa.

Así de sencillo, no te dejes llevar por lo primero que te pase por la cabeza; cuando tengas que actuar, párate y piensa si esa es la mejor manera, si te hace falta más información sobre ese tema, si necesitas consejo o simplemente meditarlo con la almohada.

No contestes a nada al momento, la mejor respuesta que le puedes dar a alguien es: mañana te digo algo, necesito meditarlo.

Cómo percibimos la realidad

Los circuitos de la emoción y la cognición son interdependientes. No podemos tratar la toma de decisiones como un fenómeno puramente racional.

El estado emocional impregna todos los procesos cognitivos, sea en la toma de decisiones, la memoria, la atención, el lenguaje, la resolución de problemas, la planificación...

En concreto veremos que la atención y la percepción son los primeros pasos que damos para tomar decisiones.

La atención se origina en el tronco del encéfalo, en el sistema reticular ascendente. Activa aquellos núcleos del cerebro que después distribuirán la información de aquello que estamos atendiendo a prácticamente toda la corteza cerebral.

Percibimos estímulos bien del exterior a través de los sentidos (20 %), bien desde el interior a través de los pensamientos o las sensaciones corporales provenientes de nuestros órganos (80 %). Imagina que estás leyendo un libro de terror con una taza de té al lado. Las letras que ves son percibidas por los ojos a partir de ondas electromagnéticas. Lo que hueles por la nariz proviene de partículas químicas que revolotean en el aire. Tocas la taza o el libro, que los percibes por un cambio de presión en la piel de las manos. Toda esta información que nos llega por los receptores sensoriales se convierte al final en electricidad dentro del cerebro, que se transmite por los nervios correspondientes hasta llegar al tálamo.* Este decide cuánta de toda esta información va a ser filtrada, cuál es realmente relevante, y distribuirá la información resultante por las diferentes partes del cerebro pertinentes.

> Podríamos decir que el tálamo es la puerta de entrada al cerebro y hace de centralita.

La información recibida y filtrada por el tálamo sigue dos caminos. En el primero el tálamo pasa la información a la

---

* Como nota curiosa, el olfato no pasa a través del tálamo. Nada filtra lo que olemos. Por eso se dice que es el sentido más primitivo y que te conecta con lo más instintivo.

amígdala, que aporta el contenido emocional, y al hipocampo, que ya sabes que sería tu «baúl de los recuerdos». La amígdala mandará un mensaje al hipotálamo, que está situado debajo del tálamo y este será el encargado de hacer reaccionar al cuerpo. La actividad neuronal del hipotálamo regula funciones corporales como el hambre, la sed, la temperatura corporal o el sexo, y lleva el cuerpo a la homeostasis. Todo esto sucede en cuestión de unos setenta milisegundos.

La misma información es enviada también por un segundo camino que va desde el tálamo hasta la corteza cingulada anterior, que transformará lo inconsciente en consciente, y transmitirá esta información a las cortezas cerebrales correspondientes, entre ellas la prefrontal. En este momento, podré ser consciente de estar leyendo con mi taza de té. Tomo esta consciencia ciento ochenta milisegundos más tarde que la información haya sido procesada por la amígdala.

RECORRIDO DE LA INFORMACIÓN

Percibimos la realidad exterior a través de los **sentidos**

El **tálamo** lee y filtra esta información

Entra en juego el **cerebro emocional**

Cerebro racional
Estas emociones pasan luego a la corteza cerebral (milésimas de segundo después) donde pueden hacerse **conscientes y serán racionalizadas (sentimientos)**

REINTERPRETANDO MI MUNDO

La realidad que percibes no es un reflejo directo del mundo exterior objetivo; el cerebro filtra la información que recibe y la procesa teniendo en cuenta cómo te sientes, tus experiencias pasadas, tus creencias, haciéndola después consciente «a su manera».

¿Sabes lo que esto significa? La realidad que ves es subjetiva; que la información pase primero por el sistema límbico (amígdala e hipocampo) significa que la verás filtrada según la «mochilita de vida» que lleves encima. Nos explayaremos más en este tema más adelante, cuando hablemos de las creencias y los sesgos cognitivos.

«No vemos la realidad tal y como es, sino tal y como somos».

ANAÏS NIN

Toma de decisiones

La toma de decisiones es un proceso muy complejo. Hemos visto que las emociones ayudan en el razonamiento. Y, según Damásio, el propósito de razonar es decidir; lo haremos primero emocionalmente y después racionalmente.

La emoción que se ve reflejada en el cuerpo será la que nos ayude a tomar decisiones de manera rápida cuando sea necesario.

La corteza prefrontal, en concreto la orbitofrontal, participará en la toma de decisión final, simulando las consecuencias futuras de esta. En concreto Damásio nos habla de su famosa «hipótesis del marcador somático». Según él, las sensaciones del cuerpo son las emociones que guían la toma de decisiones. Cuando percibimos algo, todos los cambios corporales, como pueden ser el aumento de temperatura en la piel, el dolor de barriga, las palpitaciones, la presión en el pecho... serán «corazonadas», «intuiciones» que nos ayudarán a saber mejor qué decidir. Según su hipótesis, conocer lo que el cuerpo te dice, lo que te está mostrando, te ayuda a decidir de forma más rápida, reduciendo el espectro de opciones y produciendo un «sesgo» en tu decisión.

Este mismo doctor realizó unos experimentos en que los sujetos jugaban a un juego llamado «Iowa» y sus resultados se inclinan muy a favor de su hipótesis.

Se repartieron entre los participantes en el estudio cuatro mazos de cartas externamente idénticos (A, B, C y D). El juego consistía en lo siguiente y así se les explicó: cada vez que eliges una carta ganarás un poco de dinero o lo perderás. La meta es ganar tanto dinero como sea posible. A y B son «malos mazos», y C y D son «buenos mazos», es decir, las barajas A y B conducirán a pérdidas a largo plazo, y los mazos C y D llevarán a ganancias. La gracia del experimento es que los sujetos no saben esto. Lo que le interesaba al equipo del doctor Damásio era medir la respuesta galvánica de la piel de los participantes. Así conocían la respuesta corporal a través de la sudoración y el sistema nervioso.

Se vio que los participantes levantaban de media unas ochenta cartas para descubrir cuál era el mazo ganador, pero el cuerpo ya lo sabía después de haber levantado diez cartas. Si fuéramos capaces de escuchar mejor a nuestro cuerpo, no habríamos necesitado levantar tantas cartas. Según Damásio, uno es capaz de predecir a través de los cambios corporales lo que la razón aún no le ha dicho.

> El cuerpo nos advierte, nos manda mensajes. Escuchémoslo.

De hecho, la ansiedad no deja de ser otra emoción acompañada de una reacción corporal que posiblemente está avisándote para que cambies y tomes decisiones diferentes de las actuales. En mi opinión, el cuerpo está gritándote desesperadamente que hagas cambios en tu vida porque las cosas, tanto por dentro como por fuera, no van bien.

Pero mi estudio preferido sobre la toma de decisiones es el que afirma lo siguiente: siete segundos antes de que decidamos alguna cosa, el cerebro ya lo ha hecho por su cuenta sin que nos enteremos, de manera inconsciente.

Catorce personas se sometieron a pruebas de resonancia con un escáner (fRMI) para estudiar la anticipación del cerebro a las decisiones conscientes. Se pidió a uno de los grupos que se relajaran y se les mostraron una serie de letras que aparecían en una pantalla a una velocidad de una cada medio segundo. Cuando sentían la necesidad de hacerlo, podían apretar uno de dos posibles botones con los dedos índices izquierdo o derecho. En ese momento debían recordar la letra que estaba pasando por la pantalla. Después de apretar el botón visualizaban otra pantalla con cuatro letras entre las que estaban las últimas en aparecer y allí tenían que comunicar la letra que habían visto. Los resultados fueron bastante espectaculares porque, siete segundos antes de que el sujeto sintiera que había tomado la decisión, se ponían en marcha zonas del cerebro correspondientes al hemisferio en el cual se había decidido mover el dedo.

Cerebro ansioso versus cerebro adolescente

Recuerda que la corteza cerebral recibe información directa del tálamo, pero también otra ya procesada emocionalmente por la amígdala. Esta y la corteza están interconectadas, como ya vimos en el capítulo anterior.

> En la toma de decisiones influye esta conexión: la interacción razón-emoción.

Personas con historial violento que pueden ser consideradas impulsivas muestran una menor actividad en la corteza prefrontal.

> Lo mismo pasa con personas que padecen mucho estrés o ansiedad, se vuelven más impulsivas (que no significa violentas).

Esto hace que las decisiones que se tomen sean menos racionales, resulta más difícil frenar conductas como comer o comprar compulsivamente, y cuando la situación se pone tensa se reacciona de manera muy visceral o emotiva.

Un adolescente muestra una gran actividad en la zona de recompensa en comparación con la de un niño, pero, por el contrario, la corteza prefrontal no está madura del todo. Eso hace que un adolescente sea emocionalmente más sensible: le costará mucho más gestionar sus emociones y decidirá dejándose llevar por las recompensas inmediatas sin pensar demasiado en las consecuencias. Por eso un adolescente corre muchos más riesgos, hace las cosas sin pensar. Es a partir de los veinticinco años cuando la corteza prefrontal alcanza su madurez.

Cuando tenemos ansiedad pasa lo mismo, nos dejamos llevar por la emoción más que por la razón. Y tomamos las decisiones movidos por las recompensas a corto plazo, sin pensar en las consecuencias . Por eso vimos que es tan difícil seguir unos buenos hábitos. Cuesta sostener decisiones que implican objetivos a largo plazo, como es querer salir de la ansiedad.

Por la misma razón se produce la procrastinación en el trabajo. La propia ansiedad debilita la fuerza de voluntad.

> Es importante intentar no tomar decisiones rápidas y basadas solo en el estado de ánimo. Antes de decidir y de actuar, aplica la calma y pasa cada pensamiento por el filtro de la razón.

Si aplicas el razonamiento en decisiones importantes como las que se toman durante el proceso de salir de la ansiedad actuarás, muy posiblemente, con mayor acierto.

Si te pones las pilas con los hábitos correctos que ya te hemos enseñado, vas a reconectar muy rápido con tu corteza

prefrontal y a darle a tu cerebro una configuración que con-
duzca a la toma de mejores decisiones. Y así, a la larga, podrás
salir de la ansiedad. Gracias a la neuroplasticidad esto es posible. Lo que nadie te cuenta sobre nuestro amigo Phineas
Gage es que, aunque tuviera dañada la corteza prefrontal,
con el tiempo se recuperó del daño. No murió en un ataque
de furia, ni sucumbió al impulso de tirarse de un puente, falleció después de una serie de convulsiones que debieron de
ser parte de los efectos a largo plazo de la herida.

¿CÓMO PERCIBIMOS LA REALIDAD?

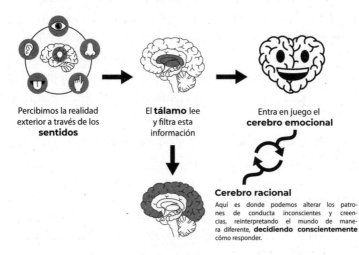

Percibimos la realidad
exterior a través de los
sentidos

El **tálamo** lee
y filtra esta
información

Entra en juego el
cerebro emocional

Cerebro racional
Aquí es donde podemos alterar los patrones de conducta inconscientes y creencias, reinterpretando el mundo de manera diferente, **decidiendo conscientemente**
cómo responder.

Si cuando sentimos la emoción, tomamos conciencia de ella y la
racionalizamos, aún estamos a tiempo de responder ante el estímulo en vez de reaccionar. Tenemos poder para decidir cómo
queremos comportarnos, cuál va a ser nuestra conducta ante esa
situación.

La autoconsciencia o autorreflexión es la capacidad de reflexionar sobre los propios pensamientos y sensaciones, nos ayuda a tomar conciencia de los patrones de conducta inconscientes, a dejar de ir en piloto automático y por lo tanto a responder en vez de reaccionar ante novedades e incertidumbres.

«Pensando sobre como pensamos cambiamos el mismo pensamiento».

DAVID BUENO I TORRENS

Recuerda que cuando tienes ansiedad percibes el mundo de manera más emocional y menos racional. Eres más reactivo y menos consciente. Te vuelves víctima de tus pensamientos inconscientes y de tus sensaciones corporales. Tienes menos capacidad para tomar decisiones racionales y menos autocontrol. Más dispersión y confusión mental.

Motivación y fuerza de voluntad

Las necesidades son una fuente de motivación. Nos empujan a superar las dificultades y posponer las recompensas inmediatas. Cuando estamos motivados, liberamos sobre todo dopamina y serotonina.

Ten presente tu objetivo: cambiar aquello que necesites modificar para sentirte mejor.

Recuérdate a ti misma cómo te sentirás y cómo será tu vida una vez logres ese cambio; mantén vigente tu motivación. Es normal que durante el proceso para salir de la ansiedad te sientas incómoda y con miedo, te equivoques y fracases unas cuantas veces. Es totalmente normal y necesario. En eso consiste aprender algo nuevo, al fin y al cabo. Pero si tienes la motivación detrás, cada paso quedará más integrado dentro de ti y te será más fácil y rápido salir de la ansiedad.

8

Esto es así... o no

Creencias y sesgos cognitivos

Tanto si percibimos algo del exterior como si pensamos en algo, la información no pasa solamente por la amígdala, sino también por el hipocampo, uno de los encargados de la memoria y al que prestaremos toda la atención para no complicar las cosas.

En la memoria es donde guardas todos tus aprendizajes, tus experiencias vividas y tus creencias. Este sistema de creencias está compuesto por todas aquellas «verdades» que has ido aceptando a lo largo de la vida. Han sido construidas a partir de las verdades que hemos deducido respecto a nuestras experiencias pasadas, la educación que hemos recibido, los valores que hemos adquirido, lo que leemos, lo que escuchamos, lo que vivimos. Todo aquello que has creído que te era útil.

Por ejemplo, un día me di cuenta de que si le decía a mi madre «Qué guapa vas hoy», se alegraba; aprendí que, siempre que lanzo un piropo, su receptor se pone contento. Estas creencias que tenemos y que cada psicólogo, coach, etc., llama de una manera diferente son lo que determina en gran parte cómo nos sentimos. Pueden ser positivas, las que nos empoderan y nos ayudan a conseguir nuestros propósitos, o negativas, las irracionales o limitantes, que nos alejan de aquello que queremos en la vida.

Una creencia positiva podría ser: «Los deportes se me dan bien». Quizá en el pasado, cuando eras pequeño, jugabas al fútbol y algún compañero de clase o el mismo profesor te dijo: «Muy bien, ¡qué bien lo haces!», y esa frase quedó grabada dentro de ti, pasó al hipocampo con su componente emocional positivo y tú te la creíste y la generalizaste en: «Es verdad, soy bueno en los deportes». Quizá esa creencia te sirvió de motivación para prácticar el fútbol, y fuiste mejorando porque no dejaste de hacerlo. Por otro lado, podrías tener una creencia limitante como «A mí cantar no se me da bien». Quizá un día llegaste a casa pletórico y te pusiste a cantar a pleno pulmón, pero tu madre estaba agobiada y cansada y te gritó: «Para ya que me estás dando dolor de cabeza». De nuevo esa frase, impactante para ti, se quedó grabada a fuego en tu memoria y esta vez la generalizaste en: «Es verdad, canto fatal». Recuerda que las cosas que más se nos quedan guardadas son las que llevan una carga emocional considerable. Y desde entonces dejaste de cantar por temor a molestar.

Aprendimos la mayoría de estas creencias cuando éramos pequeños, cuando la corteza prefrontal aún no estaba madura, por lo que no aplicábamos el filtro de la razón.

Mis creencias filtran en gran parte mi realidad. Dicen que «lo que crees lo creas», pero en cualquier momento eres capaz de decidir en qué quieres creer. Todo lo que está siendo tu «filtro» es lo que has aprendido del pasado, lo que te has creído de todo aquello que has vivido. Las creencias son las que nos ayudan a evaluar las emociones que sentimos, a darles un sentido a nivel cognitivo.

> Si cambias aquellas creencias que te limitan, probablemente surgirán en ti menos emociones «negativas». ¡Ahí tienes la llave!

Según la doctora Nazareth Castellanos:

> El periodo refractario es el tiempo durante el cual solo somos, vemos y evocamos recuerdos que confirmen y justifiquen la emoción que nos secuestra. En el periodo refractario solo accedemos a aquellos recuerdos que coincidan con nuestra hipótesis, que la confirmen, poniendo a su servicio la dialéctica interior, la rumiación y la razón, que se despliega como un escudero fiel capaz de crear un sinfín de argumentos que la apoyen. La emoción nos ciega en ese momento. Ser conscientes de tal secuestro abre la puerta al autocontrol mediante la atención sobre uno mismo.

Cuando tenemos ansiedad nos inundan pensamientos negativos, preocupaciones que alimentan nuestro estado emocional ansioso. Al estar secuestrados por el miedo y la ansiedad, vemos el mundo a través de estas gafas que nos inducen a pensar de una cierta manera probablemente sesgada y llena de creencias «irracionales», lo que mantendrá ese estado de ansiedad.

Estas creencias irracionales o pensamientos negativos marcarán cómo «reacciono» ante lo que me pasa, o cómo «interpreto de primeras» aquello que tengo delante. Por ejemplo, una amiga me dice: «Este vestido no te favorece mucho», o si es más directa: «Qué mal te queda este vestido». Si yo tengo la creencia de que «soy fea» o «estoy gorda», ese comentario me va a doler, va a despertar en mí la emoción de la ira o quizá de la vergüenza. Esa emoción conseguirá que yo me enfade con mi amiga o me quede callada y triste.

Gracias a la corteza prefrontal puedo ser capaz de racionalizar esa situación y pensar que ella quizá me lo dice por «mi bien», porque quiere que «brille» en todo mi esplendor, y objetivamente quizá ese vestido tiene un color que no me favorece o no se ajusta a mi talla. Tomar esos segundos para racionalizar la emoción hará que le responda algo así: «Gracias por la sinceridad, voy a mirar otro vestido», y me pueda sentir bien, a gusto.

> Las creencias (patrones mentales) se gestionan en las zonas emocionales del cerebro, son ideas que poseen a nuestra mente. Dependiendo del tipo de creencias que tengamos, así veremos e interpretaremos el mundo.

Yo no soy psicóloga, pero sigo los estudios de un psicólogo muy conocido que se llama Albert Ellis, que ha fundado la terapia llamada TREC (terapia racional emotiva conductual). Se basa en observar y cuestionarte tus creencias irracionales y te da herramientas para poder cambiarlas. Este tipo de planteamiento es parecido a lo que promueven la PNL y otras terapias. Si no cambias tus creencias, tu manera de filtrar el mundo, seguirás molestándote, enfadándote, entristeciéndote, deprimiéndote, avergonzándote, culpabilizándote, y un largo etcétera de «ándotes» negativos.

Si no cuestionas tu pasado, tu presente seguirá impregnado de él y, como sabes, tu futuro también, ya que para imaginar el futuro el cerebro hace predicciones a partir del pasado. Nunca es tarde mientras sigas vivo para decidir cómo quieres interpretar el mundo.

«No puedes cambiar aquello que no puedes ver», decía Richard Bandler, fundador de la PNL.

Uno de los grandes pasos que podemos dar para soltar la ansiedad es reconocer qué creencia hay detrás de aquello que me afecta, cuáles son las que disparan mi ansiedad, que tanto me daña y me bloquea.

Albert Ellis hace un apunte muy interesante respecto a las ganancias secundarias que obtenemos al mantener el problema; dice que suelen ser las principales resistencias que se interponen en el proceso de cambio. Y una de las herramientas que utiliza para desmitificar las creencias irracionales es el debate socrático, preguntarte de manera imparcial y objetiva si tiene sentido esa creencia.

Por ejemplo, voy a hacer algo que nunca he hecho, como dar una charla en público, y me entra el miedo porque creo que lo voy a hacer fatal. Esta creencia quizá provenga de que un día, de pequeño, te entró el pánico y te quedaste en blanco cuando el profe te preguntó delante de toda la clase algo. Y claro, pues ya está, ahora vas a pensar que esta vez pasará lo mismo, pero cuestiónate: ¿realmente ocurrirá lo mismo? ¿Existen hechos reales que verifiquen esa predicción futura?

¡No dejes que tu pasado te condicione! Tú ya no eres el mismo de hace veinte años, has ido desarrollando otras habilidades que quizá ahora hagan que te luzcas más que nadie hablando.

Si quieres que las emociones que te bloquean, como la ansiedad, no surjan dentro de ti, te animo a que descubras y cuestiones tus creencias irracionales o limitantes. Obviamente, aquellas que no nos limitan pueden quedarse ahí, no hace falta cuestionarlas.

Puedes empezar apuntando en un diario cada día qué te sentó mal, qué situación o estímulo propició ese estado, e intenta ver qué pensamiento había detrás de esa situación. Poco a poco, haciendo este registro diario, en menos de un mes podrás ver tus creencias limitantes. Y luego te las puedes cuestionar como si fueras una científica, de manera racional, para ir poco a poco quitándoles el peso de la verdad. Una vez familiarizada con tus creencias irracionales, el siguiente paso es transformarlas en otras más positivas.

Puedes ir un poco más allá tomando conciencia de tus pensamientos destructivos o creencias limitantes y, así, cambiarlos gracias a la plasticidad neuronal.

Los sesgos cognitivos

Casi todos los sesgos provienen del objetivo prioritario del cerebro: sobrevivir. De nuevo ponte en la piel de tus antepasados, de ese hombre o mujer cazador-recolector que vivía en la selva o en el campo. Piensa en las condiciones poco cómodas en las que se desenvolvían, en las amenazas a las que se enfrentaban. ¿Quién sobrevivía en aquella época? ¿Quién dejaba descendencia? Pues aquel que tenía presentes los percances que podían surgir, aquel que estaba más preocupado por darse cuenta del peligro y por tanto podía enfrentarse mejor a él.

Imagínate a dos personas de aquella época: una que se pasaba el día despistada y otra que tenía en cuenta todos los peligros, que estaba atenta a todas las adversidades. Están las dos caminando por la selva, se acerca un tigre, y la primera, feliz, no lo oye porque está ensimismada mirando las mariposas y las flores; en cambio, la segunda oye ya de lejos los pasos del tigre y se resguarda. ¿A quién se comerá el tigre? ¿Quién crees que sobrevivirá y quizá dejará descendencia? Obviamente la segunda. Nuestro cerebro actual es fruto de aquella especie que era de una «cierta manera», que tenía esas facultades cognitivas que hemos heredado y que serían los «sesgos cognitivos».

> Tenemos el cerebro que tenemos gracias a aquellos que sobrevivieron en el pasado, pero esto ha creado una mente propensa a pensar de una manera determinada.

Se cree que estos sesgos son pequeños atajos que el cerebro toma para ahorrarnos tiempo y recursos cognitivos, por ejemplo en el momento de tomar una decisión. Hay científicos que los etiquetan como errores de la mente, porque tú consideras que estás siendo racional y lógico, pero se ha visto que de forma objetiva no es así.

Sesgos cognitivos frecuentes

Existen muchísimos sesgos cognitivos; te explicaré solo aquellos que creo que te irá bien conocer para que no te dejes engañar por tu propia mente o para que no permitas que los demás te manipulen. Como dice la psicóloga Helena Matute, autora del libro *Nuestra mente nos engaña*:

> Estos errores de la mente no son aleatorios, sino predecibles. Podemos provocarlos los investigadores de forma controlada para fines científicos y sin consecuencias serias para los voluntarios [...] o pueden provocarlos las empresas de publicidad, las redes sociales y las grandes plataformas de internet a través de sus algoritmos de inteligencia artificial, que a menudo son diseñados con el propósito de sacar provecho de estos sesgos. La consecuencia en estos casos puede ser grave para los usuarios.

> Mantén la mente abierta y capaz de cuestionarse de manera constante si esas suposiciones automáticas que te surgen son realmente ciertas o no.

Miedo a la pérdida

Ya hablamos de Daniel Kahneman, autor del libro *Pensar rápido, pensar despacio*. Este psicólogo fue el primero en ganar un Premio Nobel de Economía gracias a descubrir muchas de las tendencias de la mente que han sido muy útiles en este ámbito. Por ejemplo, las personas tienden a evitar el riesgo para obtener ganancias y, en cambio, lo aceptan para las pérdidas. Dicho con otras palabras, tendemos a tener más motivación cuando queremos evitar perder algo que ya poseemos y menos cuando se trata de ganar algo. Preferimos ser precavidos a jugárnosla.

Sesgo de confirmación

Solo ves lo que quieres ver. Tiendes a interpretar, buscar y recordar solo aquello que concuerda con tus creencias iniciales. «Yo pienso que esto es cierto o falso, y encontraré evidencias que confirmen que esto es cierto o falso».

Por ejemplo, si piensas que los zurdos son más inteligentes, solo verás zurdos inteligentes, aunque quizá el número de veces que veas diestros inteligentes sea mayor, por una mera cuestión estadística. También puede ocurrirte con creencias personales como: «es que todo me sale mal» y, a la mínima que ves que algo lo corrobora, ya te reafirmas en tu creencia inicial.

Una de las razones por las que al cerebro no le gusta ver los hechos objetivos y salir de su creencia inicial es que hacerlo consume mucha energía, requiere una «carga cognitiva» elevada.

El problema principal de este sesgo es que condiciona la información que consumimos. Tendemos a leer aquella que va alineada con nuestras convicciones personales, igual que nos juntamos con personas que comparten nuestras teorías e ideologías y perdemos de vista el resto de las opiniones.

Sesgo de negatividad

¿Te has encontrado alguna vez rumiando sobre un error que cometiste en el pasado o repitiendo una y otra vez en tu cabeza una conversación que no fue del todo bien? Si es así, no te preocupes, tiene una explicación.

> Según han demostrado diferentes estudios, pensamos más en nuestras experiencias negativas que en las positivas, y estos eventos negativos tienden a influenciarnos más cuando evaluamos nuevas situaciones.

En el fondo tiene sentido, ¿no? Todo para que no nos sucedan cosas negativas que puedan poner en peligro nuestra vida.

Esto no solo ocurre con cosas pasadas; si pensamos en el futuro, este sesgo de negatividad también juega su papel: tendemos a pensar en lo peor que puede pasar y tendemos a preocuparnos más de la cuenta, y así prevenir que nada malo nos llegue a suceder.

La incertidumbre, el no saber qué ocurrirá, da miedo, porque puede poner en peligro nuestra supervivencia. ¿Y qué hace el cerebro? Pues, ante lo desconocido, predice qué pasará a partir de los datos recolectados del pasado.

Por ejemplo, si durante la pandemia me paso el día oyendo que está muriendo muchísima gente a causa del virus, acabaré pensando que todos mis seres cercanos o yo vamos a correr la misma suerte.

Preocuparse por aquello que nos sucede, o tener miedo, hasta cierto punto es útil, nos protege, pero si tiendes a oír y pensar cosas negativas (si has ido construyendo por la plasticidad neuronal un cerebro más pesimista o temeroso) es normal que visualices un futuro catastrófico: la mínima pizca de incertidumbre producirá un terror irracional dentro de ti.

Esta es una de las causas por la que puede aparecer la ansiedad generalizada: de tanto activar la amígdala, esta se vuelve «loca», se descontrola y acaba hiperactivada.

Todo lo que puedes hacer al respecto es racionalizar y preguntarte: ¿me estoy basando en experiencias o en hechos reales? ¿Es verdad que puede pasar tal cosa? ¿Qué probabilidad hay según los datos concretos? Utiliza el debate socrático del que hablamos.

En general se trata de prestar más atención a lo que piensas y tomar conciencia cuando aparece este sesgo.

9

El gran enemigo

ORCOS EN LAS ESQUINAS

En 2001 se estrenó en cines *El Señor de los Anillos: la Comunidad del Anillo*. Recuerdo que cuando era pequeño mi madre me leía ese libro cuando me iba a dormir. Pensándolo bien, no sé por qué me contaba esa historia en particular, no me parece la mejor lectura para un niño pequeño. El otro día, cuando decidí escribir esta parte de mi vida, le pregunté, y no se acordaba de haberlo hecho, así que nos quedaremos con el misterio. Aunque seguro que tiene que ver con alguna teoría que leyó en su momento, de cómo hacer que tu niño sea más inteligente y saque mejores notas. A lo mejor hasta se llamaba el método Tolkien, nunca lo sabremos. La cuestión es que con diecisiete años me fui al cine, junto con mis pinchazos y ahogos, a ver el inicio de la que es, probablemente, la mejor trilogía de la historia del cine hasta la fecha.

Nunca habría imaginado que se podía dar vida de una manera tan real a un universo de imaginación y fantasía como el que tenía en la cabeza el autor de la obra original.

Pero te cuento esto porque quiero hablarte del miedo.

Hacía ya unos años que me movía solo por el mundo, quiero

decir, que no tenía que ir acompañado por ningún adulto, me había convertido ya en uno, en un proyecto de adulto, mejor dicho. Desde el primer día que empecé a moverme solo por la ciudad mis pasos eran rápidos como los de un corredor de fondo. Siempre tenía la sensación de que alguien podía estar acechando y listo para hacerme daño.

El miedo se reforzó después de que, en varias ocasiones, me atracaran en el centro de Barcelona; un par de veces, unos yonquis que necesitaban financiar su siguiente dosis, y otras, matones que querían cambio para las recreativas. Aunque no hubiese ningún peligro, yo, a la que me quedaba solo, normalmente de vuelta a casa, corría que me las pelaba, y al llegar al portal lo abría no más de treinta centímetros, por los que me colaba en posición lateral, para así poder cerrarla de inmediato.

La cuestión es que, después de ver *El Señor de los Anillos*, la fobia fue a más. Fui a verla con un amigo a lo que llaman sesiones golfas. Creo que la peli empezó a las once de la noche; si la has visto, podrás calcular la hora a la que salimos de la sala.

Con ese mundo de elfos, magos, hobbits y orcos en la cabeza, me enfrenté, pasadas las dos de la madrugada, a la vuelta a casa. Te aseguro que podía ver orcos que me perseguían en cada esquina. Esa noche no dormí.

El miedo me acompañó durante años, en realidad hasta que empecé a superar la ansiedad. Superar la ansiedad te lleva a vencer al miedo. Si te soy sincero, no puedo señalar una fecha concreta de cuándo sucedió, fue un camino que recorrí poco a poco. Aunque a veces hay situaciones, lecturas o experiencias que te llevan a afianzar una idea. La de que para superar mis miedos tenía que enfrentarme a ellos llegó con un vídeo en YouTube. Era una entrevista al actor y músico Will Smith. Es un artista que me encanta, básicamente por su serie *El príncipe de Bel-Air*, que me acompañó durante toda la infancia. En esa entrevista hablaba sobre el miedo. Contaba que se dio cuenta de lo estúpido que es el miedo anticipatorio. Explicaba con mucha gracia la historia del día que quedó con unos amigos para saltar en paracaídas, y cómo la noche anterior el miedo le bloqueaba y no le dejaba ni comer ni dormir. Estuvo paralizado prácticamente hasta el momento de saltar, y en ese punto, en el momento justo que empezó a volar, pudo comprobar que no tenía miedo; «el punto de peligro máximo es el punto de miedo mínimo», según sus palabras. Entonces Will se preguntaba: ¿de qué sirve ese miedo paralizante veinticuatro horas antes, si ni siquiera estás cerca del avión? «Solo arruina tu día. Dios colocó las mejores cosas de la vida al otro lado del terror».

Después de ver este vídeo, me di cuenta de que todas las series de mi infancia, mis héroes de la niñez, en realidad te estaban queriendo mostrar esto. Hay que ir de cara frente a los miedos y, si eres valiente, detrás de ellos está la recompensa. Spiderman tiene que superar el miedo a ser un héroe y a defraudar a los demás para brillar como lo que realmente es. Bastian, el niño de *La historia interminable*, tiene que superar sus miedos e inseguridades viviendo una historia de fantasía. Batman se disfraza de murciélago porque les tiene fobia, así se enfrenta a ella y se la transmite a sus enemigos. Bueno, y como ellos muchos, es uno de los grandes temas de la humanidad y aparece en muchas obras artísticas, es normal. ¿O no es el miedo el que impide a Ulises descansar en su regreso a Ítaca?

Miedo y ansiedad

Hemos dicho que el miedo es una emoción primaria, que se desata ante una amenaza real, mientras que la ansiedad es una emoción secundaria, más compleja, que tiene que ver más con un miedo irracional; aparece y no sabes explicar bien el motivo. La función clave de la ansiedad es la constante anticipación a miedos futuros; podríamos decir que la ansiedad es una especie de sobreprotección para asegurarnos de que todo saldrá bien en un futuro. Y es exclusiva de los humanos, los orcos no la sufren, ni cualquier otra especie animal, pues interviene la imaginación, característica de la que el resto de las especies carece. Y es que al cerebro no le gusta nada la incertidumbre, cuando aparecen cosas nuevas, analiza y predice qué ocurrirá para poder combatir de la mejor manera posible la amenaza o para aprovechar la nueva oportunidad que se presenta.

Cuando imaginamos el futuro, se activan partes del cerebro relacionadas con los recuerdos, con los aprendizajes pasados, con el presente más inminente, con la razón que nos ayudará a predecir ese futuro, con la emoción, la imaginación y con las recompensas inmediatas. El cerebro hace un popurrí creativo con todos estos elementos y de ahí saca a nuestra pitonisa interior, que favorecerá nuestra «supervivencia».

Esto sucede cuando el cerebro está en condiciones normales. Pero ¿qué pasa cuando tengo ansiedad y mi cerebro ya no se encuentra en ese estado? Pues que la ansiedad se cronifica y tienes un miedo perenne a que algo malo te suceda. Sin darte cuenta, imaginas futuros destructivos, apocalípticos, que existen solo en tu mente, y eso hace que sientas aún más miedo.

El 80 % de lo que percibimos de la realidad viene de dentro, básicamente de los pensamientos o de las sensaciones físicas internas (si te duele la barriga, si sientes palpitaciones...). Ya sabes que el cerebro al final no distingue lo que es real de lo que no, sobre todo cuando la corteza prefrontal se ve debilitada; si piensas en situaciones futuras que pueden ser amenazantes y te las crees, esto ya puede provocar en ti una alarma y desencadenar toda la neuroquímica que te produce ansiedad.

Cuando notas toda esa sintomatología en el cuerpo, el miedo se intensifica y se desencadenan más pensamientos de pánico. Muchos de ellos pueden estar relacionados con el hecho de estar sintiendo ansiedad en ese momento, como, por ejemplo: «Oh, Dios, ya estoy volviendo a tener ansiedad, esto es fatal, es terrible». Estas frases aún crean más tensión en ti, perpetúan tu estado y lo empeoran, lo que te hace sentir aún más miedo, y así entras en un bucle del que, como ya sabes, es difícil salir.

> Arthur Schopenhauer decía que «el rasgo característico del pánico consiste en no darse cuenta claramente de cuáles son sus causas, y sobre todo en presuponerlas más de cuanto se conocen, incluso en hacer que el miedo mismo se convierta ocasionalmente en causa del miedo».

Preocupaciones

Hemos dicho que el fin último del cerebro es sobrevivir, por lo que es comprensible que busques seguridad y control en las cosas que suceden en tu vida. Pensar puede ayudarte a valorar todos los peligros, predecir y buscar posibles soluciones para que nada malo pueda ocurrirte.

Según dicen, podemos tener de unos setenta mil a noventa mil pensamientos al día (escribo «según dicen» porque no he conseguido encontrar la referencia científica de este famoso dato). Parece ser que cuando estamos en modo supervivencia seguramente la mayoría de estos pensamientos son preocupaciones o rumiaciones. Recordando el estudio que comenté al principio del libro:

«El 91 % de las cosas que me preocupan nunca pasan».

Cuando tienes ansiedad las preocupaciones aumentan. Vives constantemente en alerta, la amígdala que detecta las amenazas y pone en marcha el miedo está alterada e hiperactivada, lo que hace que constantemente veas o sientas peligros donde no los hay. Cuando tienes ansiedad, la amígdala toma el control del cerebro, lo que significa que tu emoción se intensifica ante esos pensamientos anticipatorios o preocupaciones.

La corteza cerebral, que nos ayuda a racionalizar, deja de funcionar bien, lo que nos produce dispersión y confusión mental. Nos cuesta más encontrar soluciones. Preocuparse constantemente agota muchos recursos cognitivos y aumenta el cortisol, lo que debilita al sistema inmune.

Los efectos de preocuparse demasiado pueden ser incluso más peligrosos que aquello que realmente nos inquieta. Cuidado, no acabemos teniendo dos problemas: la ansiedad + la preocupación por la ansiedad.

Piensa en toda esa energía mental que estás utilizando en preocuparte por cosas que aún no han sucedido. ¿Qué pasaría si en vez de vivir en el futuro «PREocupándote» vivieras más en el presente y sencillamente te «ocuparas» cuando llegara el momento? Imagina toda la energía que te ahorrarías y que podrías dedicar a pensar en otras cosas más positivas. Sería increíble, ¿no?

LA GENERACIÓN PERDIDA

Este es el título de un vídeo que se hizo viral en internet y que utilicé durante un tiempo en mis charlas para ilustrar qué significaba vivir en el futuro y sentir miedo de perder aquello que aún no tenías. La verdad es que me sigue pareciendo muy actual; repasa todo lo que nos decían de pequeños que debíamos hacer para lograr una vida feliz. La fórmula era la siguiente: si estudias y sacas buenas notas, estudias una carrera y aprendes inglés e informática, cuando seas mayor tendrás un piso en la ciudad, una casita en la playa, dos coches, mujer e hijos y un perrito llamado Toby.

La cuestión es que, esa historia, los de mi generación nos la creímos, ¿y qué pasó entonces? Que llegó la crisis de 2008 y después de terminar la carrera, aprender inglés y ser la generación mejor preparada de la historia, resultó que no había trabajo, ni piso, ni casa en la playa, ni mujer e hijos. Bueno, en mi caso sí, pero yo soy un inconsciente, la mayoría como mucho tenían a Toby.

Lo curioso del tema es que años más tarde estuve acompañando a una chica en su proceso y, el día que le hablé de ese vídeo, resultó ser la creadora. La vida es un pañuelo lleno de mocos, me decía siempre mi abuela.

De alguna manera, mirando atrás, creo que nunca me tragué esa historia. Desde muy joven he intentado crear mis propios trabajos, eso a lo que ahora llaman emprender, y me ha dado un poco igual la estabilidad económica para hacer lo que me ha apetecido en cada momento. Aunque cometí errores, me sirvieron para aprender. Luego la ansiedad me paralizó y me tomé un break, pero eso ya te lo he contado.

Te digo esto para que veas que nada es perenne, todo cambia en esta vida, y estar estancado en una sola forma de ver el mundo trae miedo y ansiedad. Hay que prestar atención a los cambios para poder adaptarnos a ellos. Que nos lo cuenten si no ahora con la pandemia de la COVID. ¿Tú te la esperabas?

Claro que la incertidumbre da miedo, y la falta de control también, pero si algo he aprendido es que el miedo está allí, mientras que la ansiedad es opcional. Entender cómo funciona el amor me ayudó mucho a integrar este concepto.

Antes de esa clase de filosofía que me dio un buen maestro, para mí el amor era salvar a una princesa en apuros o algo así. Pero ese día aprendí qué era el amor incondicional.

Te he hablado ya sobre cómo me sentía cuando sufría ansiedad, incluso de mis pensamientos de cruzar hacia otra vida mejor. Así que te harás una idea de que durante la mayor parte de mi vida he sido una persona con falta de autoestima. Nunca se ha notado por fuera, la procesión iba por dentro, como dicen, aunque ahora veo fotos mías de la época y no entiendo cómo nadie se dio cuenta; la cara lo dice todo.

Como todos los martes por la tarde desde hacía unos meses, asistí a clase de psicología budista. Mi compañera y yo, los únicos alumnos del curso, nos sentábamos en los cojines de meditación y nos disponíamos a escuchar dos horas de historias maravillosas por parte de nuestro maestro. Ese día el tema era el amor incondicional.

—Hay que querer a todo el mundo por igual —nos decía el maestro—. Hay que amar a tu enemigo igual que amas a tu madre, y así tu enemigo dejará de serlo.

—¿Y eso cómo se hace? —saltó mi compañera a la defensiva—. Porque es muy fácil de decir, pero no creo que se pueda hacer.

—No es fácil, es cierto, pero eso no significa que sea imposible. La respuesta a tu pregunta es: amándote a ti misma —concluyó.

Nos contó que cuando una persona nos provoca rechazo y, en consecuencia, nos despierta emociones como la ira o el miedo, la mayoría de las veces es porque nos refleja algo de nosotros mismos que no nos gusta. Que la manera de lidiar con estas emociones es mirar hacia dentro, detectar nuestra carencia y, con una bonita sonrisa, estar dispuesto a amar de forma incondicional a esa persona.

Años después en medicina china mi maestra de fitoterapia

262 REINTERPRETANDO MI MUNDO

soltó una frase en relación con este tema: «No hay gente mala, hay gente enferma. Busca la manera de ayudar a que sanen».

Con estos temas en la cabeza, iba entrando poco a poco en el camino del autoconocimiento, la superación de la ansiedad y del miedo. La guinda del pastel que me ayudó a poner fin al miedo anticipatorio y a vivir cada día como si estrenara zapatos fue el día que releí a los Grimm.

Durante toda mi vida le he conocido dos hobbies a mi padre: el ajedrez y la lectura. En casa siempre ha habido muchos libros, en su despacho hay una gran librería repleta. Muchos muy viejos y con ese encanto especial de libro amarillento, y otros más actuales. La cuestión es que siempre que voy a visitar a mis padres dedico un rato a contemplar la biblioteca a ver qué encuentro.

Un día di con un libro encuadernado en piel que me traía recuerdos de la infancia. Eran los cuentos de los Hermanos Grimm. Hay veces que pienso que la magia existe, porque abrí el libro justo por una página en la que había un viejo punto de lectura con las siglas CCOO. Lo que se escondía allí era el cuento de Juan sin miedo. Por si no lo recuerdas permíteme que te haga un resumen:

Cuenta la historia que Juan era un chico algo bobo, pero que era incapaz de sentir miedo. Tenía mucha curiosidad por saber qué era eso de lo que los demás tanto hablaban, y se fue de viaje a ver si podía encontrarlo. El chico termina en un castillo encantado y supera tres noches allí, cosa que hace que el rey le entregue la mano de la princesa, se case y sea muy feliz.

La moraleja es simple: el chico era algo tontito, pero, si vas sin miedo por la vida, todo se puede conseguir.

A lo mejor mi carácter es algo competitivo, pero al cerrar el libro pensé: si este chico tonto puede, yo también. O a lo mejor es que este chico no es tan tonto y los tontos somos los demás, los que sufrimos miedo a lo que no está pasando. A partir de ese instante me prometí no salir nunca más a la calle con miedo y vivir cada día con ilusión y alegría. La respuesta a cómo conseguir amarme a mí mismo la descubriría años después.

Las aventuras de Ms Sinmiedo

Hay cosas que siempre formarán parte de la vida, la incertidumbre es una de ellas. Lo siento, estamos fabricados así. Lo hemos podido comprobar con la pandemia: ha hecho más tangible que la duda existe y ha despertado el miedo a una de la más grandes: la muerte.

Ante el desconocimiento, podemos hacer dos cosas: o pasarnos el día asustados pensando en lo peor, o vivir lo más tranquilos que podamos, confiar en la vida y, si al final pasa algo, ocuparnos en ese momento y listos. Confiar, qué fácil es decirlo y qué difícil sentirlo, ¿verdad?

A veces nos preocupamos por cosas que no dependen de nosotros o no en su totalidad. Como Ferran con lo orcos... Eso no me lo había contado nunca.

Si no nos preocupamos, parece que no estamos siendo responsables. Lo que pasa seguramente es que has acostumbrado a tu cerebro y a tu cuerpo a sentirse y pensar de cierta manera.

Dejar de preocuparte y de sentir ansiedad sería serte infiel. Te sentirías raro contigo, en parte ya no serías tú.

Y entonces aparece el miedo, porque estás haciendo algo diferente a lo que hasta ahora te ha ayudado a seguir «vivo». No es verdad que por dejar de preocuparte por las cosas vayas a perder el control de tu vida y acabes muerto. Te voy a contar el curioso y fascinante caso de la mujer sin miedo (*Nature*, 1994).

Ms Sinmiedo llevaba años sin sentir esta emoción. Afectada por la rara enfermedad de Urbach-Wiethe, que en ocasiones provoca daños graves en la amígdala, los investigadores de la Universidad de Iowa le presentaban arañas, serpientes, películas de miedo, caras amenazantes, la exponían a cuchillos o a otras situaciones aterradoras, pero no había manera de que Ms Sinmiedo reaccionara.

Vamos, una historia parecida a la del cuento de los Hermanos Grimm.

La cuestión es que esta mujer amigable, divertida, confiada, abierta a todo el mundo y con una elevada empatía, no podía sentir miedo, y muchos pensaban que no viviría muchos años, pues sin él no podría sobrevivir.

Pues resulta que no, esta señora es mi ídolo, porque vive la mar de feliz y es madre de tres hijos a los que ha cuidado de manera muy responsable. Para que veas que vivir sin miedo no es tan peligroso como se cree.

Hay otro estudio que también me llamó la atención. En él, mostraban a los participantes fotografías de sus seres queridos, para observar qué partes del cerebro se activan cuando sentimos amor. Lo que me sorprendió no fue tanto saber qué partes se activaron, sino cuál se redujo. ¿Sabes cuál fue? La amígdala. Pues sí, así que podríamos decir que el antídoto del miedo es el amor. También sentimientos relacionados como la confianza, el agradecimiento, el perdón...

Muchos estudios demuestran que el amor hace reducir muy notablemente el estrés y la ansiedad. Quizá por eso el yoga, el qigong y la meditación (sobre todo el kindfulness) son tan útiles para combatir la ansiedad, ya que son herramientas que promueven estados de bienestar emocional.

Es curioso porque, frente a la incertidumbre o la novedad, la gente suele responder o bien con miedo o bien con curiosidad. Cuando vives en un estado de calma es mucho más fácil interpretar aquello nuevo que te muestra la vida desde la curiosidad y el asombro.

Todo lo que no sabías sobre el miedo y jamás te habías atrevido a preguntar

¿Sabías que el miedo a las alturas no se denomina «vértigo»? Se llama «acrofobia» y, como su nombre indica, es una fobia. El vértigo es solo uno de los síntomas que sentimos cuando tenemos miedo a las alturas, es esa sensación de perder el equilibrio, pero que puede ocurrirte en otras tantas situaciones.

Existe una multitud de nombres que tienen relación con el miedo, como es «fobia» o «pánico». Una fobia es un miedo muy intenso a un objeto, animal, lugar o situación concretos que a la mayoría de las personas no les causa temor. Por ejemplo, puedes tener fobia a las arañas o a estar en situaciones sociales donde hay mucha gente.

A Ms Sinmiedo se le hicieron muchas pruebas, entre ellas la de inhalar aire con extra de CO_2, lo que provoca una disminución de O_2. Te estarás preguntando qué pintan aquí el CO_2 y el O_2. Pues bien, cuando sentimos un ataque de pánico, se desequilibra la cantidad de estos dos gases en el cuerpo.

Esto se debe a que la respiración se acelera sin control. Comenzamos a experimentar entonces una sensación de ahogo y, aunque respiramos a toda velocidad, sentimos que no hay aire suficiente. ¿Por qué?

> Nuestra respiración se basa en el equilibrio de dos gases: el oxígeno (O_2) y el dióxido de carbono (CO_2). La clave está en ese balance.

Para sorpresa de todos, Ms Sinmiedo experimentó esa emoción que hacía *años que no sentía*. Se concluyó que la activación de la amígdala no es totalmente necesaria para experimentar el pánico. Es curioso, pero parece que dependiendo del tipo de miedo hay unas partes u otras del cerebro que se activan.

> Es posible que el miedo que siento cuando la amenaza viene de fuera y el que noto si proviene de dentro, causado por mis pensamientos o por las reacciones físicas de mi cuerpo, no sean lo mismo.

El miedo o quizá el sentimiento de miedo es muy complejo, subjetivo y puede que cada persona lo viva de manera diferente. Como dice Francisco Mora en su libro *¿Es posible una cultura sin miedo?*: «El miedo es, pues, un sentimiento único para cada ser humano (y diferente al de otro ser), como único es el cerebro de cada individuo con su historia, sus vivencias, sus percepciones y memorias, sus pensamientos y razones».

Cuando estoy viendo una película de terror y siento miedo, ¿también se activa la amígdala? Sí, y esta pone en marcha el sistema nervioso simpático (por lo que no es muy aconsejable si padeces ansiedad). Pero ¿cuál es la diferencia con otras situaciones? Se sabe que en este caso se activa el circuito de recompensa, liberando dopamina. Así que ese miedo que sientes viendo una peli de terror te causa a su vez placer, algo que obviamente no sucede cuando el miedo es real.

> El miedo a padecer ansiedad bloquea la capacidad de sentir placer.

Detrás del miedo está todo lo bueno que te sucederá en la vida

Según la mayoría de los estudios y experimentos hechos con ratitas, lo mejor para superar un miedo es enfrentarse a él; eso sí, se cree que la manera correcta es exponerse a él en un entorno seguro. Así la persona podrá ir asociando esa situación a un estado más positivo o neutro, e ir creando una nueva conexión que le ayudará, en un futuro, a perder el miedo a esa fobia o pánico.

Déjame ponerte un ejemplo personal. Hace muchos años que formo parte de varias compañías de baile y colaboro con otras. Debido a ello, creo y escenifico muchos espectáculos del sector. Cuando empecé a bailar en público tenía pánico a salir al escenario delante de tanta gente, me sudaban las manos, me temblaba el cuerpo y muchas veces se me quedaba la mente en blanco. A base de enfrentarme una y otra vez a la misma situación, con una buena predisposición mental (imaginándome que saldría todo bien, recordándome que bailo para disfrutar y compartir algo que me apasiona) y con unas condiciones óptimas (bailando en compañía de personas que me aportaban confianza y amor, con mis amigos como espectadores), conseguí que un día el miedo se esfumara y lo reemplazara el placer. Desde entonces disfruto muchísimo pisando un escenario. Pero fueron muchas actuaciones, muchas oportunidades de exponerme al mismo miedo desde una perspectiva más positiva lo que hizo que este desapareciera. O, por ejemplo, Ferran; aunque no os lo haya contado, tiene fobia a volar en avión. Esto se conoce técnicamente como «aerofobia». Para superarlo tendrá que enfrentarse a ello haciendo uso de un programa de simulación, por ejemplo, para reactivar su memoria fóbica almacenada y, con la ayuda de un terapeuta, analizar y criticar la situación hasta que consiga superarla.

10

No soy capaz

EL DESPERTAR DEL AMOR

Hacía dos días que había cumplido veintitrés años y mis parálisis prácticamente habían dejado de existir. Como casi todas las tardes, me dirigí hacia la quedada diaria para tomar algo con mis amigos. Éramos un grupito de entre nueve y doce, dependiendo del día, que seguíamos juntos desde secundaria. Ese día nos encontramos en una terraza de la plaza de la Revolució, una de las múltiples placitas del barrio de Gràcia de Barcelona. En esta, en concreto, hay una heladería italiana muy buena donde la gente hace colas de más de quince minutos para conseguir dos bolas de cacao, pero nosotros elegimos la terraza del bar de al lado. A mis amigos y a mí, en esos años, lo que nos interesaba realmente era beber cervezas y fumar algún porro. Choqué la mano con todos y me senté. Ya hacía mucho tiempo que no bebía alcohol, sabía que empeoraba considerablemente mis síntomas, así que pedí una infusión. Mis compañeros de mesa me pinchaban siempre por no tomar una cerveza. «Ya está aquí el hierbas», me decían. Pero yo aguantaba el tipo y dejaba que la bolsita de aquel té malo se empapara de agua.

Te cuento esto porque creo que aquel día fue cuando empecé a aprender a amar.

La conversación en la mesa de la terraza versó primero sobre el Barça (ese año tenía que ganar la Champions, según los entendidos), y luego derivó a los pechos de la camarera. Me evadí de la conversación unos minutos, inmerso en mis pensamientos, que en ese momento eran «Qué coño me importa a mí el fútbol» y «No me interesan los pechos de esta pobre chica, estará pensando que somos una panda de pervertidos».

Al cabo de un rato de darle vueltas en la cabeza, por primera vez en la vida me concedí prioridad ante los demás. Una sonrisa inesperada me levantó ligeramente los pómulos; miré a mis compañeros y les dije: «Me tengo que ir, nos vemos». Nunca más volví a juntarme con ellos.

Ese día puse mis necesidades por delante de las de los demás, y cambié el «Qué pensarán de mí» por el «Voy a amarme tal y como soy». Esta segunda frase me acompañó desde aquel día cada vez que me pillaba diciéndome algo negativo. Es un ejercicio que te aconsejo que hagas si ves que tienes un diálogo interno negativo.

La cuestión es que ese día dejé de juntarme con mis amigos de toda la vida. Mis primeros pensamientos y reflexiones sobre esto fueron muy corrosivos, me decía cosas como «ellos no te aceptan tal y como eres», «menudos cabrones, ahora que estás mostrándote de verdad te dan la espalda». Con el tiempo, esa opinión cambió y empecé a pensar de otra manera. Me di cuenta de que nos juntamos con aquellos que hablan de la misma manera que nosotros.

Para que me entiendas, déjame que te recuerde a grandes rasgos cómo era el Ferran preansiedad. Un chico activo, que siempre alzaba la voz, con ganas de mandar y dirigir el grupo, con opiniones sobre todo, deportista, músico, con el cigarro en una mano y la cerveza en la otra.

Mis amigos se sentían atraídos por ese Ferran y por el diálogo que transmitía, no solo a la hora de hablar, sino con los gestos e incluso con la forma de vestir. Al pasar por mi proceso de ansiedad y empezar con un profundo trabajo de autoconocimiento, ese Ferran dejó de existir y aparecieron rasgos nuevos, nuevas maneras de hacer y de comunicarme. Y a ese grupo de chicos dejó de interesarles esa persona.

Podemos cambiar, Sara ya nos ha hablado de las conexiones neuronales y cómo lo demuestran. Pues yo cambié; se reconocían un montón de cosas de mi esencia, eso es evidente, pero muchas otras aparecieron por sorpresa.

Mi diálogo entonces varió; no era culpa suya, no estaban haciendo nada mal. De la misma manera que a mí me habían dejado de interesar sus temas y sus tardes de drogas y fútbol, a ellos no les atraía para nada que les hablase de taichí o de infusiones para dormir.

En pocos meses empezaron a aparecer personas nuevas en mi vida, gente maravillosa que sí se sentía atraída por esos temas, por esa manera de hablar, de comunicar. Somos tal y como nos hablamos y, en consecuencia, como nos comunicamos con los demás.

Ondas vibracionales cambiando vidas

Podemos descubrir muchas de nuestras creencias irracionales y sesgos observando cómo nos hablamos. Lenguaje y pensamiento van muy relacionados. Tenía una profesora de comunicación que decía que el estado mental de cada persona se ve reflejado en la forma que tiene de comunicarse. El lenguaje ayuda a estructurar los pensamientos, a organizar todo lo que percibimos de la realidad y a construir nuestra identidad. Te voy a demostrar que lo que dice Ferran está probado y sabemos cómo funciona; espero que, así, una teoría que te han vendido como un poco de *illuminati* empiece a cuajar con fuerza en tu vida.

Cuando escuchamos a alguien hablar, las ondas vibracionales de la voz van a parar al oído, en concreto a unos receptores que están ahí situados y que tienen la capacidad de convertir esas ondas en señales eléctricas. Estas últimas viajarán hasta el tálamo, que, como ya sabes, es la puerta de entrada sensorial. La información filtrada por el tálamo se enviará en este caso a la corteza auditiva; si en vez de escuchar a alguien estuviéramos leyendo algo, la información captada por el tálamo se mandaría hacia la corteza visual.

Una vez procesada ahí, pasa a la corteza asociativa, donde la información se conecta una con otra, y de ahí viaja hasta el área de Wernicke, zona encargada de procesar e interpretar el lenguaje, y a la vez también hace una parada en la memoria semántica (hipocampo). Después la información pasa hacia el área de Broca, y esta envía la señal a la corteza motora específica que activa los músculos que necesitamos para hablar. Estas dos áreas están situadas en el hemisferio izquierdo del cerebro (excepto para las personas zurdas) y son vitales en el procesamiento del lenguaje.

Si leo o escucho un idioma que no conozco, toda la información llegará hasta el área de Wernicke y ahí se parará. Mi hipocampo no encontrará ningún recuerdo, ningún aprendizaje que me ayude a comprender aquello que estoy viendo o escuchando.

En cambio, una persona que tiene una lesión en el área de Broca puede comprender lo que lee y lo que escucha, porque esto ya ha pasado por el área de Wernicke, pero tendrá problemas a la hora de hablar debido al poco control de los músculos del habla.

El lenguaje es una capacidad cognitiva muy potente donde el factor social ha sido clave para que se haya seleccionado evolutivamente; gracias a comunicarnos unos con otros hemos desarrollado el lenguaje.

Y ahora enlazamos con lo que te contaba Ferran: el lenguaje también nos ayuda a construir el sentido de identidad y, según como nos hablamos o hablamos a los demás, podemos cambiar completamente nuestra forma de percibir la realidad. Somos narradores de historias, y tu vida puede verse de una manera u otra según como te la cuentes.

El lenguaje está relacionado con un gran número de funciones cognitivas como la atención, la orientación o la memoria, por eso ahora se sabe que las habilidades lingüísticas no se localizan en un área cerebral concreta sino en muchas diferentes.

El lenguaje es muy complejo y aún existe mucho desconocimiento dentro del mundo de la neurociencia al respecto.

Entonces ¿tu mente cambia dependiendo de la lengua que hablas? ¡En parte sí! El idioma que utilizamos va relacionado con el lugar en el que vivimos y con su cultura local. La lengua va impregnada de estas diferencias culturales y sociales que afectarán a cómo percibimos la realidad.

Por ejemplo, es bien sabido que los rusos tienen un montón de palabras para referirse a diferentes tonos de azul. Realmente son capaces de percibir esa variedad de matices, mientras que los que no somos rusos no podemos.

Se ha demostrado también que las personas bilingües o políglotas perciben el mundo de manera diferente que los monolingües porque su cerebro, gracias a la plasticidad neuronal, ha desarrollado más rutas neuronales, más opciones diferentes para captar la realidad en función de los distintos idiomas que esa persona habla.

El biólogo David Bueno i Torrens, en su libro *El arte de persistir*, nos dice que: «Las palabras concretas que utilizamos también contribuyen a esculpir la visión del mundo en un momento dado».

> Las palabras que oímos o que leemos alteran la percepción del entorno y de nuestro estado de ánimo.

Como él comenta en su libro, durante las primeras semanas de la pandemia había muchos titulares que utilizaban un vocabulario muy bélico: «una batalla que ganaremos unidos», «los sanitarios están luchando en primera línea (de combate)»... ¿Cómo nos afecta este tipo de lenguaje? Pues en este caso causando más miedo y terror, ¿no crees? Plantéate qué hubiese pasado si el lenguaje utilizado hubiera sido más amable y positivo durante toda la pandemia.

Reprogramando la mente

No es difícil darse cuenta de que las palabras que utilizamos pueden afectar a cómo nos sentimos. El lenguaje influye en nuestras sensaciones. Háblate bien y te sentirás bien. Si yo me digo «no puedo», está claro que no me hará sentir muy bien. Siguiendo el principio de la neuroplasticidad, lo más conveniente sería que te repitieras frases más positivas, en este caso un «yo puedo».

> Es cierto que si me digo «yo puedo» pero no me lo creo, puede aparecer la frustración.

Por ese motivo, después de escuchar el trabajo personal que hizo Ferran y preparando este capítulo, me puse en contacto con Patricia Ibáñez, fundadora de la primera escuela en español de mentalidad y PNL para lograr objetivos: Aprendízate. Como su nombre indica, la programación neurolingüística o PNL estudia la relación que existe entre pensamientos, lenguaje y conducta, y aunque aún tiene que fundamentar más sus bases a nivel científico, nos puede aportar una visión muy enriquecedora en este tema.

Patricia me decía que existe el «mito» de que si me repito mucho a mí mismo frases positivas, entonces todo cambia en mi cabeza, pero si no me veo capaz de algo es porque realmente existe un listado de creencias que apoyan ese pensamiento.

> Lo que nos decimos, lo que nos creemos y lo que nos representamos en la cabeza constituyen tres niveles muy relacionados.

Si una persona dice: «No me veo capaz», se cree lo que está diciendo, y a la vez se está representando una imagen o se repite una voz interna que le dice: «Es que no eres capaz». Según la PNL, podemos cambiar nuestro lenguaje, pero, si esta modificación no afecta a tus creencias o cómo te representas las cosas en la cabeza, poco vas a cambiar. Por eso, si te repites en el espejo cada día: «Yo sí que puedo, soy una diosa», pero en el fondo no te lo acabas de creer, no lo «ves», es normal que no te lo creas y te frustres.

> Este cambio en las palabras tiene que afectar también a los otros dos niveles; mis creencias tienen que cambiar, y la imagen o la voz que sale cuando me lo digo tiene que ir acorde con ellas.

Es verdad que el cambio de uno de los tres afecta a los demás, y que eso puede ser ya suficiente para producir un gran cambio. Hay veces que decirse frases positivas puede funcionar, pero otras en las que no será suficiente.

Si me lo repito y repito, al final estoy plantando como una semillita en la cabeza que poco a poco puede ir dando sus frutos (gracias a la plasticidad neuronal). Pero el proceso puede ser muy lento porque quizá estás luchando con experiencias, emociones, creencias pasadas que juegan en contra. Cuanto más y peores sean estas, más difícil va a ser transformar un pensamiento negativo en otro más positivo o una frase negativa en otra más positiva. Por ejemplo, si me he presentado a las oposiciones tres veces y las he suspendido siempre, tal vez me diga «yo puedo» para ir más motivada al cuarto intento, pero está claro que «la mochilita» que llevo detrás pesa más; me resultará más difícil decírmelo y creérmelo que si fuera la primera vez que me presento.

HAY QUE APRENDER A VIVIR CON ELLA

El primer día que hablé con el psicólogo que me asignaron para tratar la ansiedad me soltó la frase que da título al epígrafe.

Veinte años después y con más de dos mil alumnos a nuestras espaldas, me he dado cuenta de que se la sueltan a casi todo el mundo.

Esta frase puede ser cierta, aunque no del todo, pero lo que es seguro es que no es ni positiva ni esperanzadora. Con los años he aprendido que el cerebro se cree lo que le digamos, y que las imágenes que proyectemos sobre cualquier cosa serán su interpretación de la realidad. La frase es verídica en cierto modo, ya nos ha contado Sara al inicio del libro que la ansiedad es una respuesta natural del cuerpo; entonces ¿cómo no vamos a tener que aprender a vivir con ella si forma parte de nosotros? El problema lo tenemos con la ansiedad patológica, que sucede cuando este mecanismo de supervivencia está dañado. Así que borra la frase de tu mente.

¿Te acuerdas de mi experiencia con *El Señor de los Anillos*?

Pues en mis charlas hago el símil con *Juego de tronos*. Si por la noche, con la intención de relajarte, te sientas en el sofá a ver *Juego de tronos*, tu yo consciente pensará: «Estoy en el sofá, tranquilito, viendo una serie». El cerebro entenderá: estoy a caballo, en medio de una guerra, cortando cabezas y matando dragones. Evidentemente esta historieta es una exageración, pero me sirve para explicar a los asistentes cómo nos hablamos y cómo influyen nuestras creencias. Si crees que la ansiedad no se cura, tienes muy pocas posibilidades de conseguirlo.

Como te contaba, cuando transformé mi diálogo interno cambié mi grupo de amistades y años más tarde me separé de una relación toxica que me tenía atrapado. Me costó tanto salir de allí que me dio tiempo a tener dos hijas, maravillosas por cierto. Cuando finalmente lo conseguí, mi círculo de gente empezó a cambiar. Conocí a Xavi, un chico con un camino de superación brutal que se convirtió en una persona con la que compartir las aventuras, y, tras él, llegaron muchas otras amistades. Recuperé relaciones perdidas como Edu, mi primo. Me rodeé de gente increíble para sacar mis proyectos adelante como Cris y Óscar. Llegaron maestros como Francesc que me guían aún en mi camino. Y finalmente, creo que cuando ya estaba preparado, conocí a Elva, mi actual mujer, que me mostró lo que es realmente amar, y de los dos surgió Jan, mi hijo: no hay maestro superior.

Muchas veces tenemos miedo a perder. «Más vale malo conocido que bueno por conocer», me decía mi abuela. ¡Menuda mentira! Ámate, acéptate tal y como eres, potencia tus habilidades y afina tus defectos; todo lo que desaparezca de tu vida será porque ya no lo necesitas, vendrán cosas nuevas que ahora mismo no te puedes ni imaginar.

Si alguna frase, durante mi proceso de crecimiento personal, se ha convertido en un mantra diario es: «Somos la media de las cinco personas con las que más nos relacionamos». Desde ese día que tuve el valor de levantarme de la mesa de la terraza, me doy cuenta de la importancia de esto.

No hace más de una semana pasé por aquella plaza, por aquel bar, justo por la misma terraza. Aunque te parezca increíble en ella estaban sentados tres de esos amigos, tomando cerveza y fumando. Han pasado veinte años, estaban con sus parejas y dos bebés. Paré a saludar, nos abrazamos y nos pusimos al día. Estaban mayores y con cara de cansados; dos de ellos presentaban un notable sobrepeso y a uno le faltaba media dentadura. Enseguida me vino a la cabeza la cantidad de cocaína que tomaba de joven. «Espero que no sea de eso», pensé para mis adentros.

Se interesaron un poco por lo que estaba haciendo con mi vida. Era 22 de abril, así que les dije que al día siguiente tenía que ir a firmar libros; era Sant Jordi y acababa de sacar mi segunda publicación.

—Uau, felicidades, Ferran —dijo uno—, no sabía que te iba tan bien.

—¿Y vosotros qué tal? ¿Qué es de vuestra vida? —repuse yo, mostrando interés.

—Aquí con los críos, venimos por la tarde y echamos unas cervecitas mientras juegan.

Nos despedimos con un cálido abrazo, por todos los años de infancia compartidos. De camino a casa, pensé: «Si te quedas quieto, igual que el agua, te estancas».

Misión imposible

Según la PNL, cada palabra es un paquete de información para el cerebro, y la representación mental que cada uno hace de ella es diferente. Hablando con Patricia, me di cuenta de que su imagen mental para la palabra «ansiedad» es ella de pequeñita frente al mundo; en mi caso aparece mi viva imagen sufriendo la sensación de opresión en el pecho.

Compartimos la misma palabra, pero es muy posible que la imagen que tenemos de «ansiedad» sea distinta. Las palabras son importantes, pero el cerebro interpreta cada una de ellas de forma diferente.

El neurocientífico Uri Hasson vio en uno de sus experimentos sobre el tema qué partes del cerebro se activan cuando nos comunicamos. Descifró que es necesario que el córtex prefrontal se active para entender el significado de lo que estamos oyendo. También descubrió que se activan las mismas partes del cerebro cuando le estás contando una historia a alguien que cuando la vive en primera persona.

Somos capaces a través del lenguaje de crear los mismos patrones mentales que nuestro narrador. ¿No es increíble?

De la misma manera Hasson concluyó que es más fácil comunicarte con alguien con el que mantienes un sistema de creencias similar. Captas lo que dice más rápido utilizando menos recursos cognitivos. Digamos que, por vagancia mental o por optimizar nuestro precioso tiempo, tendemos a estar con personas que creen lo mismo que nosotros. Y como apunta Yuval Noah Harari en su obra maestra *Sapiens*, esto ha hecho que podamos colaborar como especie sin necesidad de conocernos, solo a través de las creencias.

Quizá sea cierto lo que ha dicho Ferran de que somos la media de las cinco personas con las que más tiempo pasamos (y nos comunicamos).

Mi profesora de comunicación me decía que, considerando que cada uno tiene un mundo propio interior que consigue que lo expresado a través de las palabras esté bañado de connotaciones, lo difícil es comprender cómo conseguimos entendernos cuando nos hablamos.

Son muchos los conflictos que se dan entre personas por temas de comunicación; esperamos que el otro entienda todo lo que decimos o incluso a veces que adivine lo que nos callamos. Y con frecuencia esta mala comunicación es la que hace que finalmente nos sintamos solos.

Seguro que puedes esforzarte más en comunicarte mejor. Te animo a que te lances a este nuevo reto.

Recuerda esto: «Lo que comunicas es para el otro, no para ti». Tengo que investigar la realidad del otro para saber «traducir», expresarme en el lenguaje que utiliza mi interlocutor; soy yo el que tiene que asumir la responsabilidad de que me entiendan. Por eso en clases de comunicación siempre nos repetían que tiene más sentido preguntar «¿Me he explicado bien?», que preguntar «¿Lo entiendes?» o «¿Me captas?».

Diálogo interno

Por último, me gustaría hablar un poquito más sobre el diálogo interno, esa especie de cháchara mental que nos viene de forma imprevisible a la cabeza y con la que muchas veces nos sentimos poco a gusto.

Ya hemos hablado a lo largo del libro de lo que es la «red por defecto». Esta red está compuesta por partes diferentes del cerebro que se activan cuando en principio no estamos haciendo nada, cuando no recibimos ningún estímulo del exterior. Y es entonces cuando nos encanta mantener ese diálogo interno. Parece ser que nos pasamos la mitad del día enfrascados en estos pensamientos que no elegimos, sino que sencillamente vienen. Aún no se sabe por qué sucede, por qué no puedo nunca acallar mi mente.

Cuando esta red está activa, no paramos de recordar, imaginar y sobre todo hablar. Nos pasamos el 70 % del tiempo hablando de nosotros mismos, teniendo pensamientos autobiográficos. O, mejor dicho, nos pasamos la mayor parte del tiempo oyéndonos a nosotros mismos.

Nos narramos esos planes futuros, recordamos las cosas que nos han pasado durante el día, pensamos en las cosas pendientes, imaginamos..., pero siempre es YO, YO, YO. Vamos, que tenemos una mente bastante egocéntrica.

> Se cree que es importante que esto suceda para que construyas tu «yo» de manera continua: día tras día narras tu autobiografía, creas tu identidad.

Pero si todo lo que te narras de ti es negativo, las palabras que oyes van impregnadas de un estado de «ansiedad», pues imaginas todo lo que va a afectarte a nivel anímico, físico y mental.

> Las personas que se pasan el día pensando en bucle con un diálogo interno negativo presentan una alteración en su red por defecto.

¿Qué puedo hacer?

En vez de pensar «no soy capaz», «soy idiota», «soy lo peor»..., piensa: ¿qué le dirías a un amigo? Siempre es genial ponerse en el lugar del otro, disociarse. Así el cerebro cree que aquello no va con él, no lo siente tan de cerca. Es mucho más fácil coger perspectiva. Por eso siempre es más fácil dar consejos a un amigo, ver cuál es el problema, que a uno mismo.

Imagina que quedas con un amigo, os sentáis y él te cuenta de la mejor manera posible que lleva tiempo sufriendo ansiedad. Está muy frustrado y cansado con la situación que está viviendo. Y te dice que ya no puede más, que «le resulta imposible» ver la salida, no se cree capaz de superarlo. ¿Qué le dirías? Piénsalo.

Créeme que todo cambia cuando modificas la forma de hablarte. Si te hablas con amor y respeto, valorando que tú eres lo más importante, tu vida empieza a transformarse. Dejas de machacarte, dejas de ser tu propio enemigo. Haz las paces contigo. Empieza a prestar atención a ese diálogo interno. Ese es el primer paso.

> Nárrate las historias a tu favor, conviértete en el protagonista «bueno» de tu vida.

Patricia me explicó el otro día algo que me encantó: es mucho mejor decirse algo intermedio, algo que tú consideres más asequible, como «Algún día podré salir de la ansiedad», «Tengo posibilidades para ser bueno en lo que hago», que decirse algo extremo que no acabas de creerte, como «Yo puedo con todo», «Soy el mejor». Este tipo de frases «positivas» no acaban de funcionar.

En vez de decir: «Es terrible tener ansiedad», decirte: «Preferiría no tener ansiedad», pero no ir al blanco o negro. En vez de decirme: «Tengo que hacer perfecta la presentación de mañana», cambiarlo por un: «Quiero hacer bien la presentación de mañana, pero si no me sale bien no voy a morirme». ¡Recuerda que los errores son aprendizajes! «Seguro que la próxima vez me saldrá mejor, no he nacido sabiéndolo todo. Necesito equivocarme para averiguar cómo hacerlo mejor la próxima vez».

Yo siempre pongo el mismo ejemplo:

¿Verdad que es imposible que un niño pequeño aprenda a caminar sin caerse muchísimas veces? Pues piensa eso mismo respecto a todo lo nuevo que no estás acostumbrado a hacer.

El segundo paso es la importancia de hacernos preguntas en vez de formular frases lapidarias tipo «No soy capaz». En vez de afirmarte o negarte algo como una sentencia cerrada, prueba a hacerte preguntas tipo: «¿Cómo podría ser capaz?». En tu caso puedes decirte: «¿Cómo podría salir de la ansiedad? ¿Qué pasos están en mi mano ahora que sé todo lo que sé?». Me encanta este planteamiento: cuestionar más que sentenciar.

El cerebro siempre tiende a querer responder las preguntas que le haces, las guarda en la «memoria de trabajo» e intenta buscar solución.

Por eso también es importante observar qué tipo de preguntas me hago para no salir frustrado.

Ahora no te preguntes «¿Por qué soy tan tonto?», intenta más ir hacia el «¿Cómo puedo hacerlo mejor la próxima vez?». Observa qué te dices, no seas tan categórico contigo. Transforma «Soy tonto» en una pregunta que despierte en el cerebro el modo de solucionar aquello que te preocupa.

Utiliza el precioso tiempo en el que te estás machacando y haciéndote la víctima para ponerte manos a la obra, en ese momento puedes decirte: «Vale, lo que ha pasado, pasado está. No puedo hacer ya nada. Pero ¿a qué puedo dedicarme ahora para mejorar aquello?». Ahí va de nuevo una pregunta que hará que el cerebro quiera buscar la solución. Discutir con tu pareja, por ejemplo, es siempre una pérdida de tiempo, mucho mejor un: «Vale, ¿cómo lo solucionamos? ¿Qué podemos hacer para que esto no vuelva a ocurrir?».

Te recuerdo que, si no se te ocurre qué preguntas hacerte, piensa en cuáles le podrías plantear a tu amiga para que mejore su situación. En ese momento tu mente se abrirá para encontrar soluciones, no para generar problemas. Cambiarás el foco de atención.

Cuando nos hacemos preguntas, el cerebro de forma instantánea necesita resolverlas, no le gusta la falta de control. Estás poniendo a trabajar tu zona de influencia.

Responsabilízate de realizar cambios, no se lo dejes todo al universo o a una fuerza suprema que te ayude desde el más allá.

11

El cerebro de la gente feliz

EL GYM Y EL ÑAM

Hace pocos años, me sentí tan poderoso por haber superado la ansiedad que me veía vencedor en todo. A través de todas las herramientas que había aprendido en mi proceso, empecé a intentar sentir felicidad cada segundo de mi vida. Ya te avanzo que esto es imposible. Y caí realmente rápido en el porqué. La cuestión es que, como había leído y estudiado la teoría de la programación neurolingüística, empecé a aplicarla en mi vida. Me decía cosas bonitas todo el rato, trabajaba con anclajes; me acuerdo de que cada vez que miraba el reloj me decía: «Me acepto tal y como soy». También empecé a aplicar la teoría de la sonrisa forzada. Todo el día estaba con una sonrisa en los labios: según los escritos sobre el tema, el cerebro interpretaría que estaba feliz. Sinceramente, todo esto ayuda un montón, a mí me funcionó superbién. Gané en autoestima, en seguridad y en felicidad. Pero de ahí a estar de manera permanente feliz hay un largo trecho.

En mi etapa estudiando taoísmo y medicina china caí en el porqué. Aprendí la teoría del yin y el yang, o, como leí una vez en un meme, la teoría del «gym y el ñam». Creo que el meme consigue que se entienda por sí solo cómo funciona a nivel básico. Es una teoría dual, es decir, no hay blanco sin negro, no hay alto sin bajo, no hay día sin noche. De la misma manera, no hay felicidad sin tristeza. El secreto está en el equilibrio.

Era una noche de primavera el día que tuve el valor de coger una mochila con mi ropa e irme de casa. Fue un día muy triste y posiblemente la mejor decisión de mi vida. Pues aun sabiendo que una relación no funciona y dos personas no se quieren, cuando hay hijos de por medio todo esto se complica. Ese día, sin embargo, decidí que sería la última vez que aguantaba un abuso. Pero este tema ya te lo contaré en otra ocasión. Pensé mucho, durante casi un año, en cómo afrontar esa situación, hasta que llegué a la conclusión de que lo mejor para mis hijas era que tuviesen al lado a un padre feliz, con el que poder reflejarse y crecer seguras, y estar allí me provocaba todo lo contrario. Así que superé todos los miedos y di el paso.

Al mes de salir de esa casa, empecé a quedarme las niñas poco a poco y mi vida se fue ordenando. Fue una liberación salir de esa cárcel que yo mismo me había impuesto a causa de mis antiguas creencias, pero te aseguro que me recordaba a esa escena en que la orca Willy salta por el acantilado hacia la libertad. Esta sensación de felicidad no llega si no conoces la tristeza al mismo nivel. Si no estás dispuesto a sentirte triste, nunca conocerás la felicidad. Pasa lo mismo con el miedo: si no te atreves a sentirlo, jamás podrás experimentar qué es ser valiente. Hoy en día, cuando algo me da miedo, mi primer pensamiento es que se trata de una oportunidad nueva para crecer y de inmediato voy a por ella. Y con eso me di cuenta de que es posible que la felicidad sea tener objetivos y superar obstáculos para cumplirlos. Así de simple, pero esa es solo mi visión.

Felicidad: qué bonito nombre tienes

¿No te parece curioso que una misma situación pueda vivirse de distintas maneras según la persona? ¿Por qué ante una novedad algunas personas responden con curiosidad y otras con miedo? Hemos hablado de la gran importancia de cambiar nuestras creencias para así poder interpretar la realidad de manera diferente. Vimos que existe ese espacio de tiempo en el que puedo decidir entre reaccionar (dejarme llevar principalmente por mi amígdala) y responder (hacer uso de mi corteza prefrontal) que es crucial para saber controlar y gestionar las emociones.

> Gracias a la plasticidad neuronal puedes hacer un cambio en tus creencias irracionales, controlar los impulsos que te llevan a los placeres inmediatos y al malestar a posteriori, aprender a sacar tu mejor versión y superar la ansiedad.

Como todo en esta vida, requiere de constancia, determinación y práctica. Espero que este capítulo te inspire y te motive no solo para salir de la ansiedad sino además para llegar a conseguir ese cerebro «feliz» que la gente tanto ansía.

A mí, sinceramente, la palabra «felicidad» puede causarme mucha presión. Estamos bombardeados por instantes de supuesta felicidad en las redes, solo vemos caras sonriendo, vidas en que parece que todo el mundo es feliz. Es cierto que la alegría se contagia, y no me parece mal que se muestre este lado de las personas, pero también me gusta ser consciente de que es una sola cara de las muchas que tenemos.

> Si «felicidad» es sinónimo de «alegría», sabemos que esta emoción es un estado de excitación, pero no es un sentimiento que se pueda mantener todo el tiempo dentro de ti.

Vivimos, en la mayor parte del globo terrestre, una de las eras de paz más largas de la historia. Pero en 2020 llegó la pandemia, y la tasa de suicidios y los casos de ansiedad en todo el mundo se incrementaron. Entonces ¿qué es lo que da la felicidad?

Para mí ser feliz es sentir que estoy a gusto con mi vida y conmigo misma. ¿Y qué es estar a gusto y en paz?

Los científicos miden la felicidad según el grado de bienestar subjetivo que uno siente.

> Esta felicidad no la conseguimos cuando tenemos mucho dinero, salud o más amigos. Depende, más bien, de la correlación entre las condiciones objetivas y las expectativas subjetivas.

Si uno quiere un chalet en Miami y consigue tener un chalet en Miami, está contento. Si uno desea un Ferrari último modelo y consigue solo un Fiat de segunda mano, lo asimila como una pérdida. Necesitando menos, es más fácil ser feliz.

Cuando la diferencia entre lo que yo quiero que pase y lo que realmente tengo es similar, mi bienestar subjetivo aumenta. De hecho, la diferencia en el cumplimiento de las expectativas personales y sociales y lo que percibimos como logro se considera uno de los grandes estresores.

Según la OMS, el concepto de calidad de vida se define como «la percepción de un individuo de su situación de vida, en el contexto de su cultura y sistema de valores, en relación con sus objetivos, expectativas, estándares y preocupaciones».

Receta para un cerebro feliz

100 gramos de aceptación del presente

Abraza todo lo que hay en ti, te guste de primeras o no. Todas las emociones pueden ser vistas como útiles, todas te enseñan o te preparan para algo. Oponer resistencia, intentar no transitar por el dolor o evitar el miedo hace que no lo aceptes y que por lo tanto no puedas gestionarlo.

Parece que paz y ansiedad son antónimos, ¿verdad? Una vez Ferran me definió la ansiedad como «una mala gestión del estrés». Saber gestionar el estrés, el miedo, es la clave para obtener ese estado de calma en el que nos sentimos «felices».

Una pizca de resiliencia

¿Hay personas más resilientes que otras? Depende de la personalidad de cada uno. La personalidad es lo que hace que cada individuo sea único y diferente. Y dentro de esta podemos distinguir el temperamento y el carácter.

El temperamento es la parte de la personalidad que tiene un origen genético y, por lo tanto, es razonablemente estable a lo largo de la vida.

El carácter, en cambio, se va generando con los años a

través de las experiencias vividas, que actúan sobre las conexiones neuronales que se van estableciendo.

Hay una frase en *Las meditaciones* de Marco Aurelio que dice: «Acepta lo que puedes dominar y deja ir lo que no puedes controlar».

La parte que no puedes controlar es la «genética» (40 %), mientras que la que sí puedes dominar es la parte «neuroplástica» (60 %). Ya ves que tienes más posibilidades de cambio que de permanencia, un 20 % más. No está nada mal.

Dos tazas de identidad

Tenemos un 60 % de margen para formarnos a través de las cosas que hacemos, que leemos, que escuchamos, que sentimos, para forjar nuestro carácter, a través de la interacción con el mundo, de la interpretación que les damos a las cosas. El día a día moldea el cerebro gracias a la plasticidad neuronal.

Aquello que sentimos libera una neuroquímica en el cuerpo. Si tendemos a repetir los mismos patrones, por ejemplo preocuparnos, sentir ansiedad o miedo, esto hace que siempre se libere la misma neuroquímica en el cuerpo, y al final nos volvemos adictos a ella.

Cuando intentas modificar tus creencias, convertir en positivos tus pensamientos o incluso cambiar tu identidad, muchas veces encuentras resistencia, y no sabes por qué no puedes hacer esa transformación. Eso es porque tu cuerpo está con el «mono». Has pasado tanto tiempo sintiéndote con ansiedad que, si cambias, el cuerpo te pide esa «droga» que le falta. Pero, como con el tabaco, dejar y romper este círculo vicioso es posible.

Cuatro cucharadas rasas de atrevimiento

Cuanto más rutinarios sean tu entorno y tus vivencias, más revivirás siempre los mismos recuerdos y sensaciones. Tu mente se convierte en tu propia cárcel de pensamientos y sentimientos repetitivos. Salir de ella depende de ti. La clave está en aprovechar la neuroplasticidad del cerebro, es decir, buscar nuevas experiencias y conocimientos para ampliar tu cárcel, tu identidad, y así poder acceder a nuevos patrones de pensamiento y conducta. ¡Aunque te dé miedo!

El cerebro interpretará como una amenaza cualquier cosa que altere esa comodidad. Tu mente y tu cuerpo buscarán excusas para mantenerte en el estado de siempre. Mejor programa eso que quieres hacer, marca un lugar y una hora, o crea un patrón. Si por la mañana te levantas y no tienes nada programado, buscarás una excusa para no hacer o para postergar lo que deberías hacer. Sin los cambios no hay evolución; sin salir de la zona de confort no hay expansión. Si te atreves a vivir nuevas experiencias, a acoger nuevas situaciones, aceptando que el miedo aparecerá, pero no dejando que te bloquee, crearás nuevas conexiones (más costosas al principio, claro) que permitirán que sigas aprendiendo, que sigas creciendo.

Si quieres atreverte a hacer cambios o potenciar dentro de ti unos aspectos más que otros, mi consejo es que lo decidas conscientemente para que la transformación se pueda dar porque, como ya hemos visto, si no tomas una determinación, te dejas llevar en modo zombi y acabarás en el mismo punto una vez más.

Sentido del humor al gusto, nunca sobra

Este año para mi cumpleaños me invitaron a ver la obra de teatro cómica de mi amigo Dani Amor *La gran ofensa*. En ella se cuestionan los límites de las bromas. Parece ser que reírse de uno mismo es algo que está bien aceptado a nivel social, mientras que burlarse de las desgracias de los demás es algo que consideramos muy irrespetuoso. Sin querer entrar en este debate, hubo un mensaje final que me encantó (lo siento por el *spoiler*): «El humor ayuda a superar las cosas duras que te trae la vida».

> Martin Seligman lo consideraba una característica clave que presenta una persona resiliente. Y es que el sentido del humor se considera un indicador de salud mental.

Walter Riso, en su libro *El arte de ser flexible*, comenta que las personas que presentan una mente rígida piensan que sus conocimientos, sus pensamientos, sus creencias, son la auténtica sabiduría, son la verdad absoluta. Son personas que se toman demasiado en serio y parecen tener fobia a la alegría. Y añade: «Para estos individuos, la carcajada es una manifestación de mal gusto; la broma o el chiste, un síntoma de superficialidad, y el humor en general, un escapismo cobarde de los que no son capaces de ver lo horripilante del mundo».

Una mente rígida, entre otras muchas cosas, genera un alto nivel de estrés, baja tolerancia a la frustración, alto nivel de angustia por no tener el control total de las cosas, dificultad en la toma de decisiones, déficit en la resolución de problemas, alteraciones laborales, sexuales, afectivas y demás, porque toda persona rígida busca un perfeccionismo inalcanzable. Presenta miedo a cometer errores, miedo al cambio y dificultades en su crecimiento personal.

> «Las mentes rígidas prefieren hacerlo bien a pasarlo bien».
>
> WALTER RISO

Cuando sonríes, aunque sea de manera forzada, envías un mensaje al cerebro a través del nervio vago de que todo está bien y segregas muchos de los neurotransmisores de la felicidad: endorfinas, dopamina y serotonina. Reír alarga la vida, mejora el sistema inmunológico, equilibra la presión arterial, hace que sientas menos estrés y ansiedad, contagia felicidad a los demás, hace que la gente confíe más en ti. Todo beneficios, ¿no crees?

Mezclar bien empatía, amabilidad y gratitud

Cuando nos ponemos en el lugar del otro, se activan diferentes partes del cerebro (lo que algunos llaman la «teoría de la mente»), entre ellas las que forman parte del circuito de recompensa. Ser empático con el otro nos da placer.

Aunque tendemos a ser bastante egoístas. Hubo un estudio en el que se les mostraba a unos participantes todo tipo de símbolos en una pantalla y estos apretando unos u otros tenían que descubrir cuáles les daban más recompensa. Después el experimento seguía de manera que, apretando otros símbolos, hacías que otras personas pudieran obtener también una gratificación. Pues bien, se vio que la gente aprende antes a obtener recompensas para ellos mismos que para los demás.

Cuando los participantes ayudaban a otras personas se pudo comprobar qué partes del cerebro se activaban, entre ellas la corteza cingulada anterior, que, como vimos en el capítulo de la meditación, hace de puente entre la parte más inconsciente (amígdala) y la consciente (córtex prefrontal) y que también está asociada con la vía de gratificaciones.

> Sentimos placer cuando ayudamos al otro, cuando pensamos en el otro.

De hecho, en el mismo experimento, aquellas personas que decían sentir más empatía son las que mostraban más activa esta parte del cerebro.

Una pizca de amor

También hemos visto que el amor es el antídoto al miedo. Cuando estamos rodeados de las personas que queremos, la amígdala reduce su actividad. Se desconoce mucho acerca del amor en el mundo de la neurociencia, pero vale la pena comentar las pocas cosas que se han ido viendo hasta hoy. Empecemos por diferenciar entre el enamoramiento, la atracción sexual, el afecto y el amor romántico.

En el enamoramiento se activa el sistema de recompensa, la dopamina te inunda, sientes muchísimo placer. Realmente el amor en ese momento es como una droga, quieres más. Parece ser que a nivel cerebral la amígdala se desconecta, no tienes miedo de aquella persona nueva que estás conociendo, y que, a la vez, la corteza prefrontal disminuye su actividad, no estás en tus plenas facultades cognitivas. Por eso durante el enamoramiento nos comportamos de manera irracional. Lo curioso es que en esta primera fase del amor suelen subir los niveles de cortisol y disminuye la serotonina.

Después, durante la fase de asentamiento de este amor, lo que llamaríamos amor romántico, la amígdala, la corteza prefrontal, los niveles de cortisol y de serotonina se normalizan. Y de regalo parece ser que aumentan los niveles de oxitocina y de vasopresina. Todas estas sustancias te hacen sentir a gusto y en paz.

Conectar con los demás es el mejor antiinflamatorio natural que podemos tener.

Tres cucharaditas de moca de optimismo

El pesimista está todo el día preparado para lo peor y acaba haciendo que muchas de sus autoprofecías se cumplan. El optimista ve oportunidades, esperanza en todo lo que le sucede, enfatiza, pone la atención en el lado bueno de las cosas.

Según ha descubierto la neurocientífica Tali Sharot, nuestra tendencia natural es ser optimistas: «El sesgo optimista está presente en casi el 80 % de la población», asegura.

En el capítulo 8 no hablamos de este sesgo; me lo guardaba para la ocasión.

El sesgo optimista nos hace creer que tenemos menos probabilidades de experimentar cosas negativas de las que realmente existen.

Por ejemplo, no pensamos que tendremos contratiempos durante el día, y esto hace que luego nuestra planificación pueda verse perjudicada y aparezca la ansiedad. Por eso, para un pesimista, un optimista no está siendo «realista», y en parte es así, pero poseer este sesgo, si tienes ansiedad, puede ser muy positivo, ya que se ha comprobado que mirar el mundo de manera optimista reduce mucho el estrés y es excelente para la salud mental y física.

Mezcla todo esto bien, ponlo en el horno unos días y verás qué sucede a continuación.

La neuroquímica de la felicidad

Hay muchas personas que hablan sobre el cuarteto de la felicidad: serotonina, oxitocina, dopamina y endorfinas. Hemos ido hablando de ellas a lo largo del libro.

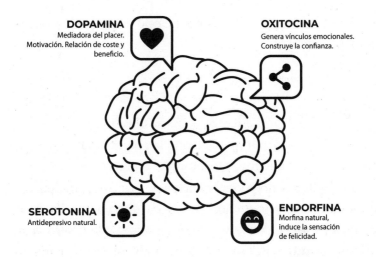

DOPAMINA
Mediadora del placer.
Motivación. Relación de coste y
beneficio.

OXITOCINA
Genera vínculos emocionales.
Construye la confianza.

SEROTONINA
Antidepresivo natural.

ENDORFINA
Morfina natural,
induce la sensación
de felicidad.

Endorfinas

Las endorfinas son quizá las que más hemos oído mencionar con relación al deporte. Es la neuroquímica que se desprende al realizarlo; ese momento de euforia, de sensación de bienestar que se produce por ejemplo al acabar de correr una maratón. Las endorfinas se desprenden también al realizar otro tipo de actividades que nos producen placer, como comer dulces o reír. Se las conoce como morfina natural, son los *painkillers* del cerebro, ayudan a disminuir el dolor físico, te vuelves menos sensible a él.

Oxitocina

De la oxitocina ya hablamos anteriormente cuando nos referimos al amor y al vínculo madre-hijo. Es la hormona del «abrazo», del contacto físico y social. Es como un ansiolítico que nos calma y nos hace sentir a gusto, genera estados de confianza. Para producirla pasa tiempo con personas que te quieren.

Serotonina

La serotonina, comúnmente llamada «hormona de la felicidad», se encuentra muy relacionada con el buen estado de ánimo y es un antidepresivo natural. La mayor concentración de serotonina se halla en el intestino.

Por eso se cree que gran parte la conseguimos llevando una buena dieta. Aunque también se segrega al realizar actividades que te hacen sentir bien, como practicar yoga, oír música o salir a pasear por la naturaleza.

Dopamina

La dopamina, como vimos, tiene dos caras. La buena es que gracias a ella aumenta nuestra motivación por las cosas, nos ayuda a buscar los pequeños placeres de la vida y disfrutar de ellos. La mala es que a veces nos hace decidirnos por los placeres momentáneos y olvidarnos de las repercusiones a largo plazo.

> Para tener el cerebro lleno de este cuarteto de la felicidad, solo debes hacer todo lo que comentamos en la segunda parte del libro, todo lo que en realidad ya sabes. Aquello que te hace estar a gusto contigo mismo.

Llevar un buen estilo de vida, comer bien, descansar bien, hacer ejercicio, alejarte de las pantallas, caminar por la naturaleza, meditar, reír, exponerte al sol, oír música y mantener unas buenas relaciones sociales. Si le añades ser empático y bondadoso con los demás, mejor aún. Y si tienes entre manos un proyecto que te motive y que te haga ilusión segregarás aún más estos neuroquímicos ;) Yo creo que Ferran va a tope de ellos.

Neuroproductividad

Para no dejar con tan mala reputación a la pobre dopamina y para que entiendas un poco mejor la utilidad de las hormonas del estrés, te voy a hablar por último del que podríamos llamar el «trío de la productividad».

Se trata de los tres neurotransmisores que se han identificado en personas que experimentan un estado de «fluidez». En ese estado permaneces concentrado en aquello que tienes que hacer, pero a la vez estás disfrutándolo, te hallas a gusto.

Se cree que la causante de este estado es la dopamina, porque es la que te da el empujón para ponerte a hacer lo que debes. Si ves que te falta dopamina, motivación al trabajar o en aquello que quieras hacer, prodúcetela tú mismo dándote una recompensa cuando acabes con la tarea.

Después está la noradrenalina, ¿te suena? Pues sí, mantenerse un poco alerta, vigilante, atento con lo que haces es necesario para no caer en la procrastinación. (Por cierto, cuando nos da palo hacer una tarea se activan las mismas partes del cerebro que cuando padecemos un mal físico, la ínsula, de ahí que procrastinemos). Por eso la gente funciona tan bien con fechas límites, porque, de ese modo, este neurotransmisor aumenta, dándote el empuje necesario para salir de tu zona de confort y poder acabar a tiempo.

Por último, está la acetilcolina, el neurotransmisor que se desprende mayoritariamente cuando el nervio vago se activa. Está implicado en procesos como la atención, la memoria o el aprendizaje. Déficits de acetilcolina o daños en el sistema colinérgico repercuten en estas funciones.

La neurocientífica Friederike Fabritius creó este gracioso cuadro donde lo plasma muy bien:

DIVERSIÓN	MIEDO	ATENCIÓN
dopamina	noradrenalina	acetilcolina

12

Cosas que puedes hacer

Durante todo el libro he ido explicando conceptos y técnicas que puedes aplicar para sentirte mejor y conseguir ese estado de paz, de encontrarse a gusto, que tanto anhelamos. En este último capítulo te añado aquellas que a mí personalmente me funcionan y que por hache o por be no he podido comentar antes.

Copiar está genial

Si te cuesta ser optimista, una de las herramientas que a mí me sirven es pensar como lo haría una persona optimista de mi entorno (Ferran es una de las que utilizo). Seguro que tú conoces alguna a tu alrededor. Me pregunto: «¿Qué pensaría sobre esta situación?». También me ayuda seguir a personas que me inspiran, ya sea oyéndolas hablar en un podcast o leyendo sus posts en Instagram. O puedes leer libros de autoayuda para elevar tu estado de ánimo y ver la vida de manera más optimista.

Registra tus pensamientos

Escribir mejora los mecanismos de aprendizaje y memoria, el control de la atención y la conciencia. Ordena tu mente. Aumenta la flexibilidad cognitiva (la capacidad de dar respuestas diferentes ante un mismo problema). También favorece el control emocional y disminuye el estrés y la ansiedad. Aumenta la empatía y la conciencia en la toma de decisiones. Además, puede ayudarte a desahogarte y relajarte.

Equilibrio entre divagar y estar atento

El cerebro puede estar en dos modos: activo o relajado. Podemos estar en modo concentrado, atento, haciendo aquello que debemos, o en modo más relajado, cuando la red neuronal por defecto se activa y la cabeza se pone a ensoñar, a divagar. Cuando estoy en Babia, vamos.

> Si tienes ansiedad y a la vez mucho tiempo libre, puede pasar que este diálogo interno (las rumias, los pensamientos recurrentes) se intensifique, lo que agrava la ansiedad.

Vimos que es necesario tomar descansos cuando estamos trabajando, porque entrar en este modo de ensoñación regenera el cerebro; también comentamos que promueve la creatividad ya que te permite asociar ideas que en principio parecen no tener relación, ayudándote a resolver problemas. Asimismo, hemos visto que si me paso mucho tiempo divagando y tengo ansiedad, la cháchara mental que se da en mi cabeza no me hará mucho bien hasta que empiece a pensar de manera más beneficiosa para mí. Ya vimos que las personas que sufren depresión tienen esta red por defecto alterada.

La motivación

Cuando estamos motivados liberamos sobre todo dopamina y serotonina (neurotransmisores del placer y la felicidad), pudiendo disfrutar así del proceso.

Ten presente tu objetivo (cambiar aquello que necesites para sentirte mejor).

> Recuérdate cómo te sentirás y cómo será tu vida una vez que logres ese cambio. Mantén vigente tu motivación.

Es normal que durante el proceso para salir de la ansiedad te sientas incómoda, con miedo, te equivoques y fracases unas cuantas veces. Es totalmente normal y necesario. En esto consiste aprender algo nuevo, al fin y al cabo. La motivación hará que cada paso quede más integrado dentro de ti y te será más fácil y rápido lograrlo.

> «El tiempo no cura, lo que cura es lo que haces con el tiempo».
>
> EDITH EGER

LAS VENTANAS DE OPORTUNIDAD

Una mañana como tantas otras, me dirigí a la calle Milton, n.º 1 en busca de mi rincón favorito de la ciudad para trabajar. Allí se encuentra una pequeña tetería donde la paz y el té me acompañan en mis largas jornadas de trabajo. De esto hace tan solo dos o tres años, ahora no lo recuerdo bien.

Casi siempre llego nada más abrir el local, así que acostumbro a ser el primero en sentarme. Esa mañana pedí un té verde japonés y me puse a trabajar. Llevaba ya unos años dirigiendo el proyecto Bye bye ansiedad, y desde hacía unas semanas había empezado a escribir un libro. Quería plasmar mi experiencia con la ansiedad para que todo el mundo pudiese beneficiarse de ella y contar mis cientos de historias dirigiendo el taller.

Mientras iba tecleando hojas y hojas de ideas, la tetería se llenaba también de amantes del té que venían a compartir una buena taza. De repente se sentó un chico justo en la mesa de al lado. Su cara me era familiar. Era Francesc Miralles, el famoso escritor de crecimiento personal. Había leído algunas de sus obras, entre ellas el superventas *Ikigai*, un libro que me ayudó mucho a la hora de decidir dedicarme a lo que ahora hago.

Mi yo ansioso hubiera visto a Francesc tan cerca y no habría hecho nada, simplemente esperar a que ese tren pasara de largo. Pero hace tres años mi ansiedad ya estaba más que superada y mis miedos solo estaban allí para enseñarme el verdadero camino que debía seguir. Así que me giré hacia su mesa.

—Perdona, ¿eres Francesc Miralles? Me encantó tu libro sobre el *ikigai*.

No recuerdo si me contestó o simplemente me miró con cara de «A ver qué me espera», pero, conociéndolo como lo conozco ahora, lo más probable es que fuera superamable y me diera conversación. Después de hablar un poco sobre su libro, di un paso más allá.

—Estoy escribiendo un libro, ¿me darías algún consejo?

—¿Sobre qué estás escribiendo? —me preguntó.

—Sobre ansiedad. —Y a continuación le hice un resumen de mi historia.

—Quedamos mañana aquí mismo y lo miramos.

Esa era la respuesta que menos me hubiese esperado de un best seller como él. Pero en ese momento no me sorprendió. Con los años, Francesc me ha ayudado en todo mi proceso con los libros, y en la vida en general es un maestro para mí. Sé que cada vez que quedo con él para tomar un té, surgen aprendizajes nuevos que integrar.

Ese día, pude comprobar que hay ventanas que se abren de vez en cuando y que después se cierran. Si no las aprovechas cuando están dispuestas para cruzarlas, pierdes una oportunidad. El miedo te impide mirar a través de ellas y te hace creer que todas están cerradas a cal y canto. Creo que este libro puede ser una de esas ventanas, no la dejes pasar.

Me he propuesto en estas últimas páginas resumir el libro y al principio me ha parecido muy difícil comprimir tanta información en unas pocas líneas. Pero a medida que voy dándole vueltas al asunto me parece más y más fácil.

Si quieres dejar de sentir ansiedad, enfréntate a tus miedos. Ahora ya sabes que se puede. Y sabes cómo conseguirlo. Trabaja con hábitos, ten una vida saludable, aplica las herramientas que Sara te ha ido explicando y verás cómo la ansiedad al final desaparece.

Recuerda que detrás del miedo está todo lo maravilloso que

aún tiene que pasarte en la vida: formar pareja, encontrar tu propósito de vida, tener hijos, dar la vuelta al mundo, montar un negocio, hacerte millonario, escribir un libro, rodar una película, a lo mejor la siguiente serie de éxito... O cosas mucho más sencillas; a veces la felicidad no tiene por qué ser algo tan del tipo «el sueño americano». También puedes marcarte objetivos como: tener más tiempo para ti, estar tranquilo en casa, disfrutar de un paseo en la montaña, o simplemente leer una buena novela. Aquello que te haga feliz y te mueva en tu día a día será por lo que tendrás que luchar. Aquello que te propongas se hará realidad una vez superes la ansiedad y apliques a cualquier objetivo de tu vida lo que te ha llevado a vencerla. Por eso este libro se llama *El cerebro de la gente feliz*. En realidad, fue mi mujer, Elva, quien le puso el título, yo soy malísimo en esa tarea. Pero la cuestión es que el libro cumple nuestro propósito inicial, ayudarte a superar la ansiedad y que la dejes de ver como un fracaso en tu vida. De igual manera te muestra la fórmula para ser feliz.

Si estás interpretando el hecho de tener ansiedad como un fracaso y no encuentras la puerta a la felicidad, esta es la piedra que te ayudará a comprender qué es lo que te mueve a vivir. Todos y cada uno de los seres humanos fracasamos y, si aún no te ha pasado, no te preocupes, llegará. Si ves a alguien a tu alrededor que asegura no haber fallado nunca, señal de que no está intentando conseguir sus objetivos con la misma fuerza que lo estás haciendo tú, y por tanto ya ha fracasado antes de empezar. El fracaso siempre te ayuda a encontrar el camino. Así que, si la ansiedad lo es, bienvenida sea.

Si crees que tienes ansiedad porque no eres capaz de hacer lo que te propones, porque te han dicho demasiadas veces que «no puedes», «no eres bueno» o «podrías hacerlo mucho mejor», manda a la mierda a todos los que suelten por la boca esos comentarios. Si tienes un objetivo, debes ir a por él. Y si no sabes qué meta marcarte es porque el miedo te lo impide. ¿Qué harías si no lo tuvieses? Piensa que todos aquellos que se cruzan en tu vida y te sueltan esas frases lo hacen porque ellos no lo han conseguido y, buscando que los demás se sientan igual que ellos, consiguen encontrarse mejor. No dejes que nadie te gane esa batalla. Si quieres conseguir algo, simplemente lucha por ello. Si quieres olvidarte de la ansiedad, no te falta información, solo necesitas empezar hoy.

Esfuérzate, si no, no hay recompensa. Cada una de las veces que sientas que estás esforzándote para superar el miedo, le estarás dando valor a tu vida. Durante todos estos años acompañando a gente como tú a salir de la ansiedad, me he dado cuenta de que a la gran mayoría lo único que les falta es entender que hay que esforzarse para conseguirlo y que hay que empezar hoy, mañana ya no lo harás. Como decía el gran maestro Yoda: hazlo o no lo hagas, pero no lo intentes.

Al final piensa que, si ya has luchado veinte veces contra la ansiedad, es posible que ella te haya vencido diecinueve. Pero, a partir de ahora, la batalla número veinte la vas a ganar tú. Porque por fin te has implicado personalmente en el proceso y es tu destino conseguir esta victoria, no hay otra opción.

Y me gustaría decirte una última cosa. Durante esta lucha y el resto de tus días, disfruta de la vida, de los preciosos momentos que esta te ofrece. Sonríe todos y cada uno de ellos, expresa tus emociones y comparte con los que amas todo aquello que te pasa. No dejes que nada se pudra dentro de ti. Mantén tus sueños vivos, te ayudarán a superar este bache, y, una vez lo hayas conseguido, usa todo lo que la ansiedad te ha enseñado para lograr que los sueños se hagan realidad. En esta vida, al único que tienes que demostrarle algo es a ti mismo. Ponte las pilas y, si aún no has aprendido nada, vuelve a empezar el libro. Cuando te sientas preparado, actúa. Ya solo depende de ti.

Ya no tienes excusa; no hay secretos. A partir de hoy, la ansiedad debe formar parte de tu aprendizaje de vida, no de tu día a día. Nos vemos al otro lado.

A modo de resumen

En esta parte final del libro me gustaría hacerte un resumen de todo lo hablado en forma de puntos, ideas básicas que creo que tienen que quedar muy claras para que logres alcanzar tu objetivo. Lo he resumido por partes y por temas; así, si algún día necesitas recordar alguno de estos conceptos, la tarea de búsqueda será más sencilla.

Resumen de la primera parte

Sobre el cerebro y todo aquello que entra en juego cuando sufrimos ansiedad

- La última evolución de nuestro cerebro ocurrió hace unos cien mil años.

- El cerebro aún no ha tenido tiempo de adaptarse a todos los cambios tan vertiginosos que hemos vivido los últimos cien años (móviles, ordenadores, plasmas, internet...).

- El estrés es la respuesta natural asociada al miedo que el organismo activa ante una amenaza y que nos ayuda a responder de la mejor manera posible ante el desafío o peligro.

- La ansiedad ha sido un mecanismo adaptativo, de supervivencia, que hace que aumente la actividad mental para tomar la mejor solución ante el desafío, incrementa la capacidad y la velocidad de decisión haciéndonos reaccionar rápido ante la amenaza sin pensarlo mucho, y aumenta la atención.

- Frente a la amenaza, todo lo que recibimos de nuestros sentidos se procesa en la amígdala. Esta manda una señal al hipotálamo, este a la hipófisis, y esta a las glándulas suprarrenales que segregan adrenalina, noradrenalina y cortisol.

- Todas estas funciones hacen que el cuerpo se prepare para atacar, luchar contra la amenaza o huir.

Sobre lo que el cerebro produce y las emociones

- En general, nos sentimos estresados cuando pensamos que no tenemos los recursos necesarios para afrontar una situación.

- Ser autoexigente o procurar tenerlo todo controlado son acciones naturales para el cerebro, ya que nos garantizan la supervivencia.

- La ansiedad generalizada o trastorno de ansiedad se define como un estado de alta tensión prolongado en el tiempo que aparece en ausencia de una amenaza inmediata o aparente.

- Estar intoxicado de cortisol es lo que a la larga puede dañar más al organismo, ya que se bloquea el sistema inmune y este se acabará deteriorando, por lo que tendrás más probabilidades de padecer alguna enfermedad.

- Cuando sufres ansiedad, la emoción que prima en el cuerpo es el miedo, así que tus decisiones se canalizan básicamente a través de él.

- El hecho que lo decidas todo a través de impulsos te lleva a caer en los peores hábitos para el cuerpo y para el cerebro.

- Mientras nos encontramos en este estado de ansiedad buscamos la satisfacción a corto plazo, motivados en gran medida por la búsqueda del placer y la evasión del dolor.

Sobre la plasticidad neuronal

- El cerebro es cambiante, y a cualquier edad podemos seguir aprendiendo y moldeándolo.

- El 40 % de lo que tú eres viene determinado por la genética.

- Las neuronas no se reproducen porque, si cada día nacieran muchas nuevas, acabarías perdiendo aquello que te hace sentir estable, tu identidad, ese «yo» continuo que percibes como inmutable.

- Una parte de este cableado viene predeterminada por cómo son nuestros padres o nuestra familia, por herencia. Pero el resto se forma a partir de la experiencia vivida en el colegio, la educación, la cultura, los amigos, la pareja...

- Si tus padres padecen ansiedad, tienes un 30-40 % de probabilidades de que sea también tu caso. Tienes más riesgo, pero no es condicionante.

- El hecho de que repitas mucho un pensamiento o conducta hace que refuerces unas conexiones más que otras.

- El cerebro interpreta como real aquello que pensamos; si pienso en lo mismo continuamente o de la misma manera, estas neuronas se activarán siempre juntas y acabarán reforzando mucho sus conexiones.

- El cerebro es perezoso, no quiere realizar algo que le cueste trabajo, y además le gusta siempre hacer lo mismo por motivos de supervivencia.

- El cerebro prefiere sobrevivir a ser feliz.

- Si no dejas de preocuparte constantemente o de dar vueltas a pensamientos negativos, tu cuerpo continuará respondiendo fisiológicamente como si realmente nos estuviera persiguiendo un mamut.

- Cada vez que te pongas tensa por algo, intenta pensar en un paisaje que te produzca calma y bienestar, o visualiza la imagen de una persona a la que amas o de algo que te tranquilice. Como el cerebro no sabe distinguir lo que es real de lo que es imaginario, pensará que aquello que te estás imaginando sucede de verdad y tu sistema nervioso empezará a relajarse de golpe.

- Es importante tomar conciencia de qué hábitos o programas automatizados mentales te están destruyendo o te resultan limitantes e intentar cambiarlos por unos que te beneficien. ¡Gracias a la plasticidad neuronal esto es posible!

Resumen de la segunda parte

Sobre las conexiones neuronales

- Somos seres de hábitos, tendemos a seguir cada día las mismas rutinas. Igualmente, tendemos en general a pen-

sar o actuar de la misma manera. Llevar una misma rutina diaria nos ayuda a sentirnos más liberados mentalmente.

• Una vez instaurada una tarea, gracias a repetirla día tras
día acaba volviéndose un hábito, y estos marcarán tu vida.

• Si cada vez que recibo una señal actúo siempre igual, refuerzo el mismo circuito neuronal, que paulatinamente se
hace más fuerte; entonces mi actividad neuronal tenderá
a circular por este y no por otro para optimizar recursos,
para ahorrar energía.

• Hay una recompensa inmediata que libera en el cerebro
una neuroquímica de placer, la dopamina; este mismo
comportamiento se repetirá con toda probabilidad ante la
misma señal.

• La dopamina se encarga de que tengas ganas de buscar
ese placer, de que aumente tu deseo por él. Es la que nos
hace desear querer más de aquello que nos da placer.

• Cuando comemos y bebemos, tenemos un orgasmo; y
cuando sentimos que somos aceptados socialmente el
orgasmo puede ser inolvidable. El placer fomenta que realicemos estas funciones y que repitamos estas mismas
conductas cuando se presente la ocasión.

• Cuando estamos en un mal estado físico y mental, muchas
veces perdemos el placer por las cosas. Bajar demasiado
los niveles de dopamina puede llevarte a una depresión.

Sobre las adicciones

• A nivel genético hay personas más propensas a sufrir adicción que otras.

- La gente con ansiedad tiene más tendencia a volverse adicta a las cosas.

- Cuanto más consumes algo, más tolerancia creas, ya sea un pastel de chocolate o unos fármacos.

- En la mayoría de las «drogas», lo que sucede es que como tú estás aportando constantemente de forma externa aquella sustancia, el cerebro deja de fabricarla o reduce los receptores a los que se adhiere, para que todo esté en equilibrio.

- Como el cerebro no produce esas sustancias, cada vez necesitas más de ellas para sentir el mismo efecto.

Sobre el miedo a perder

- FOMO son las siglas en inglés de *Fear of missing out*, que se puede traducir como «miedo a perderse algo».

- Es esconderse detrás de una fachada repleta de selfies en fiestas, viajes, rodeados de amigos, comidas sanas y ricas, triunfos académicos o deportivos, un amor romántico y perfecto.

- Parece que decimos que sí a todo por presión social, por miedo a sentirnos excluidos, a no ser aceptados por los demás. El problema es que de esta manera estás viviendo una realidad alternativa incoherente con lo que de verdad quieres para ti. El FOMO te distrae de poder realizar tus pasiones o propósitos.

- Cuando te mueves por recompensas inmediatas, todo el tiempo sientes esta neuroquímica dentro de ti; estamos todo el día buscando y buscando más, los circuitos de dopamina se ven alterados. Nos volvemos adictos a vivir bajo la satisfacción a corto plazo. Si no la consigues, sientes ese vacío, te falta ese premio.

• La hiperactividad está tan bien vista por la sociedad que muchas veces es muy difícil luchar contra ella. Da miedo. Parece que, si paras, terminarás siendo un «nini» o acabarás fracasado y vagabundeando solo bajo un puente.

Sobre los hábitos

• Crea objetivos plausibles. Lo difícil es llevarlo todo a cabo.

• Sintiendo temor cambiamos, pero solo temporalmente. Lo de la foto del pulmón negro en las cajetillas de tabaco no funciona. Hazlo desde la valentía y el amor.

• Si los demás lo hacen, yo también, así gano en aprobación. Somos seres sociales y queremos hacerlo bien.

• Si te premias por tus acciones en el momento, tenderás a querer repetirlo. Busca recompensas inmediatas.

Sobre comer por ansiedad

• La parte primitiva del cerebro sigue pensando que la comida que contiene azúcar o grasa es escasa, así que, por si acaso, te anima a que la busques continuamente haciéndote sentir placer al comerla.

• Necesitas la glucosa como combustible, no solo para que funcionen bien todos los procesos fisiológicos del cuerpo sino también para el bienestar de tu propio cerebro, que ya sabes que es el órgano que más energía gasta en relación con su peso.

- Antaño comer grasas y azúcares era todo ventajas, pero hoy en día sabemos que es un riesgo para la salud. Este tipo de alimentos afectan a todo el cuerpo de forma muy negativa, y el cerebro también se ve perjudicado.

- Un consumo abusivo de alimentos ricos en grasa, azúcar o sal dispara aún más la ansiedad.

- No hace falta ingerir expresamente azúcar ni alimentos dulces para obtener la glucosa, ya que todo lo que comemos acaba siendo reconvertido, en mayor o menor medida, en ella.

- Comer con mucha sal puede tener repercusiones en el sistema cardiovascular y acabar produciéndonos hipertensión, insuficiencia renal o un infarto cerebral.

- Mejor comer grasas buenas que puedes encontrar en los aguacates, en los frutos secos o en los productos lácteos. Y la reina de las grasas saludables, las grasas omega-3.

- Existe una comunicación intestino-cerebro que se da en cada momento, es constante y bidireccional.

- Es importante comer despacio y masticar mucho, para que el cerebro pueda ir recibiendo todas las señales de lo que está pasando. Comer de pie, de manera rápida o delante del ordenador, sin ser consciente, hace que no te sientas saciado y que ingieras comida mucho más calórica.

- Se ha podido comprobar en un estudio cómo el uso del prebiótico que aumenta las bacterias del tipo *Lactobacillus* consigue atenuar los niveles de cortisol, y en otro en que se introdujo el mismo tipo de bacteria se vio cómo se incrementaban los niveles del neurotransmisor GABA.

- Lo que comemos puede impactar en el aumento de la ansiedad y esta a su vez puede afectar a nuestro sistema digestivo.

Sobre el dormir

- Hay muchos misterios aún sin resolver acerca de cómo funciona el sueño fisiológicamente. Lo único que sabemos seguro es que nos pasamos casi un tercio de la vida durmiendo.

- Un sueño de calidad se atribuye a poder caer dormidos pronto, en menos de media hora, plácidamente y despertando solo unas pocas veces durante la noche.

- La privación del sueño no solo afecta al cerebro, sino también al sistema endocrino, al cardiovascular e incluso al inmunitario.

- Gracias al sueño, el cerebro es capaz de integrar los nuevos contenidos que ha recibido durante el día en las memorias ya existentes, haciendo que los recuerdes mejor.

- Mientras duermes el cerebro desecha aquellas memorias que ya no usas, y te ayuda a olvidar.

- El cortisol debe bajar durante la noche e incrementarse al alba, con los primeros rayos de sol. Tiene su pico a las doce del mediodía. Mientras que la melatonina, conocida como la «hormona del sueño», juega el papel contrario: sube durante la noche, tiene su pico a las cuatro de la mañana y desciende al amanecer.

- Todos los alimentos que llevan triptófano aumentan la serotonina del cuerpo para poder dormir mejor. Comiendo alimentos como pescado azul, huevos, chocolate negro puro, frutos secos o plátanos mejoras por un lado tu estado de ánimo y por otro te preparas para inducir un buen sueño.

- Si estamos todo el día en casa teletrabajando sin realizar ninguna actividad física, es normal que cueste más dormir.

- Las infusiones con sustancias agonistas de adenosina fomentan el sueño, mientras que sustancias antagonistas como el café lo disminuyen.

- Si eres de los que les cuesta coger el sueño, aprovecha para salir por la mañana al sol, y si eres de los que se despiertan demasiado temprano, sal a pasear al atardecer; eso fomentará un mejor acompasamiento con el ciclo circadiano.

Sobre el top 3 del cerebro feliz

- Respirar de manera profunda ralentiza la frecuencia cardiaca, disminuye la presión arterial y baja la concentración de cortisol, viéndose reforzado también el sistema inmune.

- Cuando respiramos profundo, el ritmo cardiaco se ralentiza, gracias en principio a la estimulación del nervio vago, lo que hace que el sistema parasimpático se active y se alcance el estado de relajación.

- La respiración parece ser que influye sobre la atención, la memoria y cómo gestionamos las emociones.

- El yoga como actividad física habitual tiene muchísimos beneficios, que van más allá de mejorar el sistema cardiovascular, quemar calorías, reducir grasa o mantener la masa muscular.

- Ayuda a la liberación de la dopamina, un neurotransmisor que activa los sistemas de recompensa, entre otras muchas funciones. También se segrega serotonina, otro neurotransmisor conocido como «la hormona de la felicidad», lo que propicia una sensación de bienestar y felicidad.

- Libera asimismo oxitocina, considerada por muchos la hormona del amor social.

- Al practicar estas técnicas, activas el sistema nervioso parasimpático, lo que disminuye el cortisol. Todo esto contribuye a reducir el estrés, la ansiedad y la depresión.

- La meditación te permite dominar la mente, dejar de entrar en bucle y no vivir en piloto automático constantemente.

- Cuando meditamos respiramos de forma más pausada, disminuyendo la frecuencia cardiaca y aumentando su variabilidad, con lo que se gana tono vagal y se facilita el tránsito al estado de relajación mejorando la coordinación cerebro-corazón.

Resumen de la tercera parte

Sobre las emociones

- Las emociones son indispensables. Igual que a lo largo de la evolución se han producido mutaciones o cambios físicos que han sido útiles para adaptarnos mejor al mundo, también existe una forma de ver las emociones de la misma manera: puede que estén presentes en nosotros hoy en día por tener también una utilidad a nivel evolutivo.

• El miedo nos protege, nos ayuda a enfrentarnos a las adversidades, al peligro, preparándonos para luchar o huir, aumentando así la probabilidad de supervivencia.

• Aún no existe un consenso claro de cuáles son las emociones básicas innatas de un ser humano, pero en todas las propuestas siempre está presente un núcleo de cuatro: miedo, ira, tristeza y alegría.

• La ansiedad es una emoción secundaria y, como tal, ha sido «seleccionada» a nivel evolutivo porque tiene una ventaja adaptativa: se antepone a lo que pueda pasar en un futuro, hace predicciones, y la respuesta condicionada por el miedo lleva a que tomes decisiones que te pueden «salvar la vida».

• Que te afecten unas u otras emociones secundarias dependerá de lo que has aprendido durante la vida, de cómo interpretas el mundo.

• Primero somos emocionales y después racionales: la amígdala responde a estímulos externos milisegundos antes de que lo haga la corteza prefrontal.

• Una emoción es un patrón de conducta inconsciente que ocurre sin que te lo propongas. No tienes control sobre el surgimiento de una emoción, pero sí sobre su posterior gestión.

• Cuando uno tiene ansiedad utiliza la vía rápida de pensamiento la mayor parte del tiempo, se vuelve reactivo y pierde capacidad de reflexión. Esa persona es más impulsiva, se deja llevar por las emociones sin racionalizarlas.

A una persona impulsiva le va a costar mucho gestionar sus emociones, y por lo tanto manejar el estrés o la ansiedad.

- Los estudios demuestran que las personas que se dan espacio para racionalizar sus emociones ven reforzada la conexión amígdala-corteza prefrontal. Meditar o escribir, por ejemplo, ayuda muchísimo a reforzar la vía lenta y desbancar la amígdala del trono.

Sobre la fuerza de voluntad y las creencias

- Las necesidades son una fuente de motivación. Nos empujan a superar las dificultades y posponer las recompensas inmediatas. Cuando estamos motivados, liberamos sobre todo dopamina y serotonina.

- Tanto si percibimos algo del exterior como si pensamos en algo, la información no pasa solamente por la amígdala, sino también por el hipocampo, uno de los encargados de la memoria.

- La mayoría de las creencias se aprenden en la infancia, cuando la corteza prefrontal aún no está madura, por lo que no se aplica el filtro de la razón.

- Si cambias aquellas creencias que te limitan, probablemente surgirán en ti menos emociones «negativas».

- Cuando tenemos ansiedad nos inundan pensamientos negativos, preocupaciones que alimentan el estado emocional ansioso. Al estar secuestrados por el miedo y la ansiedad, vemos el mundo a través de estas gafas, lo que nos induce a pensar de una manera probablemente sesgada y llena de creencias «irracionales», y eso mantendrá el estado de ansiedad.

- Si no cuestionas tu pasado, tu presente seguirá impregnado de él, así como tu futuro, ya que para imaginarlo el cerebro hace predicciones a partir del pasado. Nunca es tarde mientras sigas vivo para decidir cómo quieres interpretar el mundo.

Sobre el miedo y cómo nos hablamos

- El miedo, o quizá el sentimiento de miedo, es muy complejo, subjetivo y puede que cada persona lo viva de manera diferente.

- Según la mayoría de los estudios y experimentos hechos con ratitas, lo mejor para superar un miedo es enfrentarse a él.

- Podemos descubrir muchas de nuestras creencias irracionales y sesgos observando cómo nos hablamos. Lenguaje y pensamiento están muy relacionados.

- El lenguaje también nos ayuda a construir nuestro sentido de identidad. Según cómo nos hablamos o hablamos a los demás, podemos cambiar completamente nuestra forma de percibir la realidad. Somos narradores de historias, y la vida puede ser vista de una manera u otra según cómo te la cuentas.

- El lenguaje está relacionado con un gran número de funciones cognitivas como la atención, la orientación o la memoria, por eso ahora se sabe que las habilidades lingüísticas no se localizan en un área cerebral concreta sino en muchas diferentes.

- Las palabras que escuchamos o que leemos alteran la percepción del entorno y de nuestro estado de ánimo.

- El lenguaje influye en nuestras sensaciones. Háblate bien y te sentirás bien.

- Nos narramos planes futuros, recordamos cosas que nos han pasado durante el día, pensamos en cosas pendientes, imaginamos, pero siempre es YO, YO, YO. Tenemos una mente bastante egocéntrica.

- Las personas que se pasan el día pensando en bucle con un diálogo interno negativo presentan una alteración en su red por defecto.

- En vez de decir «no soy capaz», «soy idiota», «soy lo peor»..., piensa: ¿qué le dirías a un amigo? Siempre es genial ponerse en el lugar del otro, disociarse.

- Todo se transforma cuando cambias la forma de hablarte. Si te hablas con amor y respeto, valorando que tú eres lo más importante, tu vida empieza a transformarse. Dejas de machacarte y de ser tu propio enemigo. Haces las paces contigo. Así que empieza a prestar atención a ese diálogo interno. Es el primer paso.

Sobre la felicidad

- Gracias a la plasticidad neuronal puedes hacer un cambio en tus creencias irracionales, puedes controlar los impulsos que te llevan a los placeres inmediatos y al malestar a posteriori, puedes aprender a sacar tu mejor versión y superar la ansiedad.

- Si felicidad es sinónimo de alegría, sabemos que esta emoción es un estado de excitación, pero no es un sentimiento que se pueda mantener todo el tiempo dentro de ti.

- La felicidad no se consigue cuando tenemos mucho dinero, salud o más amigos. Depende más bien de la correlación entre las condiciones objetivas y las expectativas subjetivas.

- Cuando la diferencia entre lo que yo quiero que pase y lo que realmente tengo es similar, mi bienestar subjetivo aumenta.

- El sesgo optimista es un sesgo cognitivo que nos hace creer que tenemos menos probabilidades de experimentar cosas negativas de las que realmente existen.

Trabaja junto a nosotros

Somos conscientes de lo difícil que es explicar en un libro el mecanismo correcto para realizar los ejercicios, así que hemos decidido ayudarte y hacerlo en forma de vídeo. Accediendo a través del siguiente código QR podrás trabajar con nosotros la respiración, la meditación, el yoga y el qigong, y profundizar más adelante en los hábitos y cómo aplicarlos.

Te esperamos.

Bibliografía

Artículos científicos

Babo-Rebelo, Mariana; Richter, Craig G., y Tallon-Baudry, Cathe-
rine, «Neural responses to heartbeats in the default network
encode the self in spontaneous thoughts», *Journal of Neuroscience* 36.30, 2016, pp. 7829-7840.
Baik, Ja-Hyun, «Dopamine signaling in reward-related behaviors»,
Frontiers in Neural Circuits 7, 2013, p. 152.
Breit, Sigrid, *et al.*, «Vagus nerve as modulator of the brain-gut axis
in psychiatric and inflammatory disorders», *Frontiers in
Psychiatry* 9, 2018, p. 44.
Brewer, Judson A., *et al.*, «Meditation experience is associated with
differences in default mode network activity and connectivity», *Proceedings of the National Academy of Sciences* 108.50,
2011, pp. 20254-20259.
Buckner, Randy L.; Andrews-Hanna, Jessica R., y Schacter, Daniel
L., «The brain's default network: anatomy, function, and relevance to disease», *Annals of the New York Academy of Science*,
1124.1, abril de 2008, pp. 1-38.
Calhoon, Gwendolyn G., y Tye, Kay M., «Resolving the neural
circuits of anxiety», *Nature Neuroscience* 18.10, 2015, pp. 1394-
1404.
Camilleri, Michael. «Leaky gut: mechanisms, measurement and clinical implications in humans», *Gut* 68.8, 2019, pp. 1516-1526.

Canli, Turhan, y Lesch, Klaus-Peter, «Long story short: the seroto-
nin transporter in emotion regulation and social cognition»,
Nature Neuroscience 10.9, 2007, pp. 1103-1109.

Carney, Dana R.; Cuddy, Amy J. C., y Yap, Andy J., «Power posing:
Brief nonverbal displays affect neuroendocrine levels and risk
tolerance», *Psychological Science* 21.10, 2010, pp. 1363-1368.

Chu, Coco, *et al.*, «The microbiota regulate neuronal function and
fear extinction learning», *Nature* 574.7779, 2019, pp. 543-548.

Colcombe, Stanley J., *et al.*, «Cardiovascular fitness, cortical plasticity, and aging», *Proceedings of the National Academy of Sciences* 101.9, 2004, pp. 3316-3321.

Concha, Daniela, *et al.*, «Sesgos cognitivos y su relación con el
bienestar subjetivo», *Salud & Sociedad* 3.2, 2012, pp. 115-129.

Conio, Benedetta, *et al.*, «Opposite effects of dopamine and se-
rotonin on resting-state networks: review and implications
for psychiatric disorders», *Molecular Psychiatry* 25.1, 2020,
pp. 82-93.

Cropley, Mark, *et al.*, «The association between work-related rumination and heart rate variability: a field study», *Frontiers in
Human Neuroscience* 11, 2017, p. 27.

Cryan, John F., y Dinan, Timothy G., «Mind-altering microorga-
nisms: the impact of the gut microbiota on brain and beha-
viour», *Nature Reviews Neuroscience* 13.10, 2012, pp. 701-712.

Da Silva, Tricia L.; Ravindran, Lakshmi N., y Ravindran, Arun V.,
«Yoga in the treatment of mood and anxiety disorders: A review», *Asian Journal of Psychiatry* 2.1, 2009, pp. 6-16.

Damásio, Antonio, y Carvalho, Gil B., «The nature of feelings:
evolutionary and neurobiological origins», *Nature Reviews
Neuroscience* 14.2, 2013, pp. 143-152.

Daw, Nathaniel D., y Shohamy, Daphna, «The cognitive neuroscience of motivation and learning», *Social Cognition* 26.5, 2008,
pp. 593-620.

De Filippo, Carlotta, *et al.*, «Impact of diet in shaping gut microbiota revealed by a comparative study in children from Europe

and rural Africa», *Proceedings of the National Academy of Sciences* 107.33, 2010, pp. 14691-14696.

Dinan, Timothy G., y Cryan, John F., «The microbiome-gut-brain axis in health and disease», *Gastroenterology Clinics* 46.1, 2017, pp. 77-89.

Dominguez-Bello, Maria G., *et al.*, «Partial restoration of the microbiota of cesarean-born infants via vaginal microbial transfer», *Nature Medicine* 22.3, 2016, pp. 250-253.

Everitt, Barry J., y Robbins, Trevor W., «Neural systems of reinforcement for drug addiction: from actions to habits to compulsion», *Nature Neuroscience* 8.11, 2005, pp. 1481-1489.

Eyre, Harris A., *et al.*, «Changes in neural connectivity and memory following a yoga intervention for older adults: a pilot study», *Journal of Alzheimer's Disease* 52.2, 2016, pp. 673-684.

Feinstein, Justin S., *et al.*, «Fear and panic in humans with bilateral amygdala damage», *Nature Neuroscience* 16.3, 2013, pp. 270-272.

Fink, Andreas, y Benedek, Mathias, «EEG alpha power and creative ideation», *Neuroscience & Biobehavioral Reviews* 44, 2014, pp. 111-123.

Foster, Jane A., y McVey Neufeld, Karen-Anne, «Gut-brain axis: how the microbiome influences anxiety and depression», *Trends in Neurosciences* 36.5, 2013, pp. 305-312.

Gard, Tim, *et al.*, «Potential self-regulatory mechanisms of yoga for psychological health», *Frontiers in Human Neuroscience* 8, 2014, p. 770.

Ghosh, Supriya, y Chattarji, Sumantra, «Neuronal encoding of the switch from specific to generalized fear», *Nature Neuroscience* 8.1, 2015, pp. 112-120.

Gothe, Neha P., *et al.*, «Differences in brain structure and function among yoga practitioners and controls», *Frontiers in Integrative Neuroscience* 12, 2018, p. 26.

Gross, Cornelius, y Hen, Rene, «The developmental origins of anxiety», *Nature Reviews Neuroscience* 5.7, 2004, pp. 545-552.

Grossman, Paul, y Taylor, Edwin W., «Toward understanding respiratory sinus arrhythmia: Relations to cardiac vagal tone, evolution and biobehavioral functions», *Biological Psychology* 74.2, 2007, pp. 263-285.

Groves, Duncan A., y Brown, Verity J., «Vagal nerve stimulation: a review of its applications and potential mechanisms that mediate its clinical effects», *Neuroscience & Biobehavioral Reviews* 29.3, 2005, pp. 493-500.

Gutiérrez-García, Aida, y Fernández-Martín, Andrés, «Anxiety and Interpretative Bias of ambiguous stimuli: A review», *Ansiedad y Estrés* 18, 2012, pp. 1-14.

Hamilton, J. Paul, *et al.*, «Depressive rumination, the default-mode network, and the dark matter of clinical neuroscience», *Biological Psychiatry* 78.4, 2015, pp. 224-230.

Hamilton, Nancy, *et al.*, «Test anxiety and poor sleep: A vicious cycle», *International Journal of Behavioral Medicine* 28.2, 2021, pp. 250-258.

Hasenkamp, Wendy, *et al.*, «Mind wandering and attention during focused meditation: a fine-grained temporal analysis of fluctuating cognitive states», *Neuroimage* 59.1, 2012, pp. 750-760.

Hernández, Sergio Elías, *et al.*, «Increased grey matter associated with long-term sahaja yoga meditation: a voxel-based morphometry study», *PloS one* 11.3, 2016, e0150757.

Jang, Joon Hwan, *et al.*, «Increased default mode network connectivity associated with meditation», *Neuroscience Letters* 487.3, 2011, pp. 358-362.

Jayaram, N., *et al.*, «Effect of yoga therapy on plasma oxytocin and facial emotion recognition deficits in patients of schizophrenia», *Indian Journal of Psychiatry* 55, supl. 3, 2013, S409.

Jiang, Haiteng, *et al.*, «Brain-Heart interactions underlying traditional Tibetan Buddhist meditation», *Cerebral Cortex* 30.2, 2020, pp. 439-450.

Jung, Ye-Ha, *et al.*, «The effects of mind-body training on stress reduction, positive affect, and plasma catecholamines», *Neuroscience Letters* 479.2, 2010, pp. 138-142.

Killingsworth, Matthew A., y Gilbert, Daniel T. «A wandering mind is an unhappy mind», *Science* 330.6006, 2010, pp. 932-932.

Kim, Daekeun, *et al.*, «Dynamic correlations between heart and brain rhythm during autogenic meditation», *Frontiers in Human Neuroscience* 7, 2013, p. 414.

Kok, Bethany E., y Fredrickson, Barbara L., «Upward spirals of the heart: Autonomic flexibility, as indexed by vagal tone, reciprocally and prospectively predicts positive emotions and social connectedness», *Biological Psychology* 85.3, 2010, pp. 432-436.

Koob, George F.; Sanna, Pietro Paolo, y Bloom, Floyd E., «Neuroscience of addiction», *Neuron* 21.3, 1998, pp. 467-476.

Labban, Jeffrey D., y Etnier, Jennifer L., «Effects of acute exercise on long-term memory», *Research Quarterly for Exercise and Sport* 82.4, 2011, pp. 712-721.

LaFreniere, Lucas S., y Newman, Michelle G., «Exposing worry's deceit: Percentage of untrue worries in generalized anxiety disorder treatment», *Behavior Therapy* 51.3, 2020, pp. 413-423.

LeDoux, Joseph E., y Pine, Daniel S., «Using neuroscience to help understand fear and anxiety: a two-system framework», *American Journal of Psychiatry* 173.11, noviembre de 2016, pp. 1083-1093.

Lei, Hao, *et al.*, «Social support and Internet addiction among mainland Chinese teenagers and young adults: A meta-analysis», *Computers in Human Behavior* 85, 2018, pp. 200-209.

Lin, Fuchun, *et al.*, «Abnormal white matter integrity in adolescents with internet addiction disorder: a tract-based spatial statistics study», *PloS one* 7.1, 2012, e30253.

Masley, Steven; Roetzheim, Richard, y Gualtieri, Thomas, «Aerobic exercise enhances cognitive flexibility», *Journal of Clinical Psychology in Medical Settings* 16.2, 2009, pp. 186-193.

Mason, Heather, *et al.*, «Cardiovascular and respiratory effect of yogic slow breathing in the yoga beginner: what is the best approach?», *Evidence-Based Complementary and Alternative Medicine* 2, 2013.

Mehta, Purvi, y Sharma, Manoj, «Yoga as a complementary therapy for clinical depression», *Complementary Health Practice Review* 15.3, 2010, pp. 156-170.

Michalak, Johannes; Mischnat, Judith, y Teismann, Tobias, «Sitting posture makes a difference—embodiment effects on depressive memory bias», *Clinical Psychology & Psychotherapy* 21.6, 2014, pp. 519-524.

Miura, Naoki, *et al.*, «Neural evidence for the intrinsic value of action as motivation for behavior», *Neuroscience* 352, 2017, pp. 190-203.

Mobbs, Dean, *et al.*, «Viewpoints: Approaches to defining and investigating fear», *Nature Neuroscience* 22.8, 2019, pp. 1205-1216.

Nejad, Ayna Baladi; Fossati, Philippe, y Lemogne, Cédric, «Self-referential processing, rumination, and cortical midline structures in major depression», *Frontiers in Human Neuroscience* 7, 2013, p. 666.

Neubauer, Simon; Hublin, Jean-Jacques, y Gunz, Philipp, «The evolution of modern human brain shape», *Science Advances* 4.1, 2018, p. eaao5961.

Ng, Betsy, «The neuroscience of growth mindset and intrinsic motivation», *Brain Sciences* 8.2, 2018, p. 20.

Noble, Lindsey J., *et al.*, «Vagus nerve stimulation promotes generalization of conditioned fear extinction and reduces anxiety in rats», *Brain Stimulation* 12.1, 2019, pp. 9-18.

O'Toole, Paul W., y Jeffery, Ian B., «Gut microbiota and aging», *Science* 350.6265, 2015, pp. 1214-1215.

Pal, Rameswar, *et al.*, «Age-related changes in cardiovascular system, autonomic functions, and levels of BDNF of healthy active males: role of yogic practice», *Age* 36.4, 2014, pp. 1-17.

Park, Hyeong-Dong, *et al.*, «Spontaneous fluctuations in neural responses to heartbeats predict visual detection», *Nature Neuroscience* 17.4, 2014, pp. 612-618.

Park, Soyoung Q., *et al.*, «A neural link between generosity and happiness», *Nature Communications* 8.1, 2017, pp. 1-10.

Ross, Alyson, y Thomas, Sue, «The health benefits of yoga and exercise: a review of comparison studies», *The Journal of Alternative and Complementary Medicine* 16.1, 2010, pp. 3-12.

Russo, Scott J., *et al.*, «Neurobiology of resilience», *Nature Neuroscience* 15.11, 2012, pp. 1475-1484.

Sanders, M. E., *et al.*, «Probiotics for human use», *Nutrition Bulletin* 43.3, 2018, pp. 212-225.

Sanders, Mary Ellen, *et al.*, «Probiotics and prebiotics in intestinal health and disease: from biology to the clinic», *Nature Reviews Gastroenterology & Hepatology* 16.10, 2019, pp. 605-616.

Schlosser, Marco, *et al.*, «Meditation experience is associated with lower levels of repetitive negative thinking: The key role of self-compassion», *Current Psychology*, 2020, pp. 1-12.

Schwartz, Peter J., y De Ferrari, Gaetano M., «Sympathetic-parasympathetic interaction in health and disease: abnormalities and relevance in heart failure», *Heart Failure Reviews* 16.2, 2011, pp. 101-107.

Shohani, Masoumeh, *et al.*, «The effect of yoga on stress, anxiety, and depression in women», *International Journal of Preventive Medicine* 9, 2018.

Soon, Chun Siong, *et al.*, «Unconscious determinants of free decisions in the human brain», *Nature Neuroscience* 11.5, 2008, pp. 543-545.

Stephens, Greg J.; Silbert, Lauren J., y Hasson, Uri, «Speaker-listener neural coupling underlies successful communication», *Proceedings of the National Academy of Sciences* 107.32, 2010, pp. 14425-14430.

Stickgold, Robert, «Sleep-dependent memory consolidation», *Nature* 437.7063, 2005, pp. 1272-1278.

Suri, Manjula; Sharma, Rekha, y Saini, Namita, «Neuro-physiological correlation between yoga, pain and endorphins», *International Journal of Adapted Physical Education and Yoga*, 2017.

Tang, Yi-Yuan, *et al.*, «Frontal theta activity and white matter plasticity following mindfulness meditation», *Current Opinion in Psychology* 28, 2019, pp. 294-297.

Tang, Yi-Yuan; Hölzel, Britta K., y Posner, Michael I., «The neuroscience of mindfulness meditation», *Nature Reviews Neuroscience* 16.4, 2015, pp. 213-225.

Taylor, Véronique A., *et al.*, «Impact of meditation training on the default mode network during a restful state», *Social Cognitive and Affective Neuroscience* 8.1, 2013, pp. 4-14.

Teller, Sara, *et al.*, «Spontaneous functional recovery after focal damage in neuronal cultures», *Eneuro* 7.1, 2020, pp. 1-13.

Telles, Shirley; Singh, Nilkamal, y Balkrishna, Acharya, «Managing mental health disorders resulting from trauma through yoga: a review», *Depression Research and Treatment*, 2012.

Tolahunase, Madhuri; Sagar, Rajesh, y Dada, Rima, «Impact of yoga and meditation on cellular aging in apparently healthy individuals: a prospective, open-label single-arm exploratory study», *Oxidative Medicine and Cellular Longevity*, 2017.

VV. AA., *Percepción y hábitos de la población española frente al estrés*, 2017, SEAS.

Wang, Fushun, *et al.*, «Neurotransmitters and emotions», *Frontiers in Psychology* 11, 2020, p. 21.

Wilson, Timothy D., *et al.*, «Just think: The challenges of the disengaged mind», *Science* 345.6192, 2014, pp. 75-77.

Wu, Gary D., *et al.*, «Linking long-term dietary patterns with gut microbial enterotypes», *Science* 334.6052, 2011, pp. 105-108.

Yackle, Kevin, *et al.*, «Breathing control center neurons that promote arousal in mice», *Science* 355.6332, 2017, pp. 1411-1415.

Yeshurun, Yaara, Nguyen, Mai, y Hasson, Uri, «The default mode network: where the idiosyncratic self meets the shared social world», *Nature Reviews Neuroscience* 22.3, 2021, pp. 181-192.

Zaccaro, Andrea, *et al.*, «How breath-control can change your life: a systematic review on psycho-physiological correlates of slow breathing», *Frontiers in Human Neuroscience* 12, 2018, p. 353.

Zadbood, Asieh, *et al.*, «How we transmit memories to other brains: constructing shared neural representations via communication», *Cerebral Cortex* 27.10, 2017, pp. 4988-5000.

LIBROS

Bueno i Torrens, David, *Cerebroflexia*, Barcelona, Plataforma, 2016.

—, *L'art de persistir*, Barcelona, Ara Llibres, 2020.

Castellanos, Nazareth, *El espejo del cerebro*, Madrid, La Huerta Grande, 2021.

Damásio, Antonio, *El error de Descartes*, Barcelona, Crítica, 1996.

Dispenza, Joe, *Deja de ser tú*, Barcelona, Urano, 2012.

Duhigg, Charles, *El poder de los hábitos*, Barcelona, Urano, 2012.

Feldman Barrett, Lisa, *La vida secreta del cerebro*, Barcelona, Paidós, 2018.

Habib, Navaz, *Activar el nervio vago*, Barcelona, Urano, 2019.

Le Van Quyen, Michel, *Cerebro y silencio*, Barcelona, Plataforma, 2019.

Mora, Francisco, *¿Es posible una cultura sin miedo?*, Madrid, Alianza Editorial, 2015.

Perlmutter, David, y Perlmutter, Austin, *Limpia tu cerebro*, Barcelona, Grijalbo, 2020.

Rojas Estapé, Marian, *Cómo hacer que te pasen cosas buenas*, Barcelona, Espasa, 2018.

Walker, Matthew, *Por qué dormimos*, Madrid, Capitán Swing, 2017.